幼兒文學

在文學中成長

WALTER SAWYER
DIANA E. COMER
/合著

吳幸玲 /校閱

墨高君 /譯

Growing Up with LITERATURE

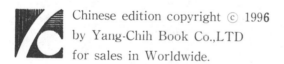

DELMAR PUBLISHERS INC.®

ISBN 957-9091-48-4

Printed in Taiwan,Republic of China

校閱序

歡喜爲序‧誠意推薦

　　十多年來，我醉心於幼兒文學的鑽研與推廣，無論是在修習幼兒文學的留學生涯，傳授幼兒文學的教職工作，或是投身於出版業、幼教界、圖書館界的不同職場，我皆能悠遊於幼兒文學領域中且樂此不疲。在多年累積的工作經驗之下，我堅信幼兒文學深深吸引著孩子，也同時獲得成人的肯定與認同。

　　由幼兒學習的觀點而言，幼兒文學在幼兒成長學習的歷程中，確是扮演不可或缺的關鍵角色，極有助其語言、認知、情意、人格、道德等發展，而即早開始的閱讀經驗更爲日後的閱讀習慣奠下基礎。再由幼兒發展的觀點而言，嬰幼兒階段是發展最迅速的關鍵時期，這個階段的發展亦有其獨特性，祇有由幼兒發展角度出發的幼兒文學，方能切合嬰幼兒的發展、需求、能力與興趣。因此，專爲嬰幼兒而創作的幼兒文學作品，自然成爲孩子唯一獨享的啓蒙讀物；於是，如何選擇好的作品、如何引導幼兒閱讀、如何有計劃的實踐閱讀、並使文學與幼兒的生活學習相結合，則成爲當前的一大重要課題。

　　在長期的推廣工作中，我欣見幼兒文學出版的不斷蓬勃，出版量與質的大幅提昇，也因而帶動閱讀的風潮。於是，如何提昇社會大眾對幼兒文學價值的肯定及欣賞的品味，自是刻不容緩。因此，格外需要專門探討幼

兒文學的參考書籍，以傳遞正確的理念。

《幼兒文學》一書，本著整合文學與教育計劃的中心思想，並以倡導高品質幼兒文學與幼兒互動的理想目標，內容中明確地闡述文學的價值，列舉成功的閱讀計劃，提出選擇優良作品的原則，建立文學與課程、教育媒體的相互整合概念，並說明結合社區資源的重要性，章章精闢卻不失平易，面面兼融理論與實務經驗，可稱的上是一本全方位的幼兒文學專業書籍，也是適合所有幼兒文學同好閱讀參考的書籍。

一本好書如同一顆品種優良的種子，祇要有心散播、悉心培育，自然會有豐碩的成果，我衷心企盼《幼兒文學》一書的問世，能為社會大眾廣泛閱讀，如蒙大家努力實踐，共同耕耘幼兒文學的沃土，來日必會在幼兒的心靈中，綻放朵朵璀璨的文學花朵！

在幾度校閱文稿的過程中，我細細品味，章章斟酌，每讀一回自有一番新的體認，於是，我歡喜為序，亦樂於推薦此書與同好分享之！

吳幸玲／謹識

譯者序

　　剛接到幼兒文學這本書的時候，以爲又是一本中規中矩、枯燥無味的幼教教科書。不料，在閱讀了幾個章節後，我便被這本書的內容所吸引，同時也頗爲欣喜國內的書市上，又將多了這麼一本深入淺出，且內容極爲豐富實用的幼兒文學教育入門書。

　　由於本人本身對文學的喜好，以及曾經主持過安親班，有許多和孩童相處的經驗，我在譯寫本書時，深深地感受到一本符合實際需要的幼兒文學入門書，對孩童以及教育者（甚至父母親）有多重要的意義。

　　且回顧一下我們的童年，並觀察一下身邊的孩子，您會發現孩子們都是充滿著好奇心，渴望著吸收外界的訊息；孩童的思維或尚未發展成熟，但心靈感知的敏銳度卻遠地超越成人。也因爲如此，幼兒文學對孩子們的影響特別地大，不論是一個口述的故事，或是描繪著情節的圖畫書，孩子們往往能專注而深邃地進入其中的情境，並和故事中的人物產生共鳴及交流，其認知的領域則因此而發展並延伸，對具象世界的認識在此過程中累積，情感活動和領悟思考力也逐漸地養成。

　　從實際的教學經驗中，我發現：再調皮好動的孩子，也愛聆聽故事，即使是學習狀況不佳的孩子，也常常在課堂間沉迷於課外讀物的閱讀。與成人世界中普遍對文學及閱讀疏離的景況相較，我們不禁喂然地思索：人們是如何在成長中逐步遠離文學世界的？爲了找出這個問題的答案，我觀察過身邊一些至今仍以文學爲精神食糧的朋友，我發現有文藝鑒賞力及閱讀嗜好的人，通常是自小就養成讀書的習慣，這些愛書愛文學的人們，往

往在日常的思維及表達上，也顯露出更具敏銳性，且更為豁達、靈活的特質。

事實上，每一個幼童的心靈中都潛藏著文學的種子，問題是成人們常常不是不了解澆灌這文學心靈的重要性，就是欲栽培也不得其法，導致孩童敏銳的心智失去了發展的良機，對文學的感悟力及興趣隨著年齡逐漸地枯萎。

回顧我們的童年，您是不是也曾有找不到有趣的書來看的寂寞？

《幼兒文學》這本書正是要教導父母和幼教者，如何以兒童能接受的方式，引導他們一步步展開和文學的接觸。本書提供了許多貼心而實用的教學技巧；如引起幼兒聆聽興趣的「手指謠」，幫助幼兒進入故事情境及訓練表達能力的「紙偶戲」，和教學計劃的設計等等，此外，本書作者也以開放的心態，在幾個章節中暢談選擇優良文學作品的心得，而最令筆者在閱讀及譯寫中，感到興趣盎然，則是欣賞全書中不斷引用的幼兒文學名著範例及生動有趣的插圖，這也讓我對於現今兒童文學創作的多樣化及創意深深地感到欽佩。

譯書的時候，我常想如果有一天有了自己的孩子，一定要好好地按照書中的建議來培養他們對文學的興趣，同時我也再三地向朋友們推薦：《幼兒文學》將是一本讓您幫助下一代心靈成長的好書。

如果您是一位關心兒童的人，相信在閱讀本書時，也會對我的上述感想有所共鳴的。

PS：本書在翻譯過程中，承蒙徐蓮蔭、陳玫如、蕭淑韻小姐幫忙校稿及訂正圖書中之書名特此申謝。

墨高君／謹誌

目錄

運用各種形式的文學作品

結合社區資源

前言

　　《幼兒文學：在文學中成長》一書主要在倡導高品質的兒童文學與幼兒之間所產生的互動，以及對幼兒產生的價值。對於那些想要學習如何在幼兒學習過程中有效地運用兒童書籍的人來說，這本書是一部全方位的指導手冊。書中的各章節包括有：選擇適宜的書籍、激勵兒童的親身體驗、把文學納入具體的學程中，以及如何實施這種教育計劃。雖然這本書的主要讀者是從事幼兒教育的工作者，然而父母們也可以從中得到大量有益的訊息。

　　本書的中心哲學，是把文學當作教育計劃的一個整合的部分，而不單是只有說故事時，才會使用到的一種單一教材。這種做法得到了當今許多思潮、理論以及有關文化教養的發展研究之支持。雖然這本書建立在牢靠的概念基礎之上，但可貴之處，則在於能夠實際運用於兒童教育工作的各個層面之上。對於短期或長期的教育計劃來說，這本書都是一種有幫助的工具，它闡釋了諸如整體語言的概念，說明了電腦技術以及不斷萌發的讀寫能力。同時以深入淺出的語言呈現，讀者極易理解的，也很容易轉化到課堂中並具體的去實踐。

　　這本教材對幼兒教育領域作出了頗有價值的貢獻。很少有關於在幼兒教育中運用文學的書籍，是建立在有關讀寫能力形成的現代觀念和理論基礎之上的。《幼兒文學：在文學中成長》提供了豐富的、實用的、可供課堂教育使用的觀念和策略。書中對具體的應用過程提供了明確、簡明的說明；此外，書中更引用了數以百計適合幼兒閱讀的書籍。並一一列舉書名，以

使讀者認識各式各樣可能的讀物，所提及的著作包涵了從古典到最現代的作品。

本書有幾項特色：其一，也是最重要的特色是書中所強調的方法，本書強調把文學整合為所有課程教育的一個組成部分，每一章裏都包括了進一步閱讀的參考文獻和一系列供思考和討論的問題。這些問題並不是要求死背的答案，而是要求對該章中的教材能認真仔細的分析，以便作出富有見解的和合乎邏輯的回答。

華特‧索耶爾（Walter Sawyer）畢業於Siena College, Assumption College以及State University of New York at Albany。他獲得了文學學士、碩士及教育學博士。他有資格在各個層次的教育機構中工作：從托兒所到研究所。最近，他成為紐約北部沃特福德──哈夫莫恩（Waterford-Halfmoon）學區的行政主管，並在羅素‧塞奇學院（Russell Sage College）教授寫作和閱讀的研究所課程。他也是國際閱讀協會十分活躍的成員，曾擔任地區性閱讀協會的主席，對於講故事有著濃厚的興趣，在讀寫能力方面則曾出版過四十多篇文章、論文和書籍。

戴安娜‧考默爾（Diana Comer）是Becker Junior College幼兒教育系主任。她在Worcester State College獲理學學士，在Cambridge College獲理學碩士學位。在幼兒教育方面，無論是作為教師還是作為教師的訓練者，都具有多年的經驗。

作者衷心感謝曾付出過努力的關鍵人物：感謝Jean Sawyer閱讀了書中許多章節，提出許多中肯的意見。感謝Andrew和Emily Sawyer提供了有家庭朗讀部分所引用的許多兒童讀物。感謝Frank Hodge為本書撰寫序文並一向引導我們正確的道路。感謝我們的編輯Jay Whitney的全力支持和鼓勵。感謝我們的評論家：Champlain College幼兒教育系教授Colin K. Ducolon, Lambton College ECE的教務主任Mary Ann Gordon，以及Lima Technical College幼兒發展助理教授Margot Keller，他們提供了深刻的見解和有價值的評論，使得《幼兒文學：在文學中成長》一書更為完善。

Growing Up with LITERATURE

文學的魅力與價值

「文學在幼兒的發展中具有特殊的地位。」這只是就文字對幼兒的價值作一種輕描淡寫的說明罷了，事實上文學若以溫和的口吻和適當的語調朗讀出來，往往可以成為兒童藉以了解他們生活世界的一種工具或媒介。

雖然電視、無線電通訊以及電腦科技使訊息以日益增長的速度和前所未有的豐富化湧入我們今天的生活，然而人們並不能夠經常以某種有意義的方式處理這些訊息。對於成人來說，這是事實，對於兒童來說，則尤其如此。因此，當訊息量過於繁冗且速度過快時，便會喪失完整的含義。細微的差別往往被忽視，微妙的幽默悄然溜去。訊息往往缺乏文學特有的氣質及情緒，使得感覺變得粗糙，甚至索然無味。

在過去的四分之一世紀裏，有大量的研究說明了書籍和文學對兒童發展影響頗大。那些步入學校時已有閱讀經驗或對閱讀深感興趣的兒童，往往在他們的學前經驗中可以看到一些關鍵性的事實。這些兒童家裏通常有很多圖書，他們觀察成人閱讀，而成人們也常讀給他們聽。他們常跟某些人談論書籍、閱讀和文學。

雖然經驗對幼兒而言是具影響力的老師，但書籍和文學也會對兒童產生深刻的影響。在生活早期，兒童們努力去理解事物，他們試圖了解事物怎樣運作的，他們嘗試了解人們如何對他們作出反應以及他們對自己面對的環境可實施那些控制。布魯諾・貝特爾海姆（Bruno Bettelheim）是一

位著名的兒童心理學家，也是二次世界大戰大屠殺的倖存者。他主張在生活中尋求意義是任何一個人所具有的最大的需要。他認為：對任何一個生活階段的任何一個人來說，尋求這種意義也是最艱巨的工作，很不容易實現。而文學和教育的目的就是幫助人們獲得這一意義。從這一點來說，廣泛地接觸文學是兒童發展中的一個重要因素。

教育和家庭生活是否已成功地實現了尋求生活意義的需要？大體而言，這個回答是肯定的。儘管大量的電視節目使年輕的人們陶醉於其中，兒童讀物的銷售還是訊速地增長。絕大多數作家和許多有成就的成年人都肯定了早年閱讀的重要性。然而，從另一方面來看，美國中學生的輟學率卻高得驚人，和其他工業國家相比較，美國成年人的文盲比率也很高。更重要的是，美國國民似乎不喜歡讀書。吉姆・崔力士（Jim Trelease）引用統計數字表明：在這個國家，《電視周刊》（*TV Guide*）是發行量最大的周刊。他從自己的工作中發現，美國人的閱讀量很少，而且質也很差。

因此，自小鼓勵兒童們發展對閱讀和文學的興趣和態度是很重要的，因為那將伴隨他們終生。這樣的態度可幫助兒童成為有才能的學生和有思想的成年人；更重要的是，文學將豐富兒童的生活，並幫助他們尋找自身存在的意義。開始去理解在幼兒身上如何發展這些態度之前，最重要的是要對文學和閱讀的重要性有充分的認識。這一章將進一步討論閱讀的價值、文學與閱讀的關係，以及閱讀的奧妙概念。

文學的價值

文學滿足許多需要，也傳遞許多價值觀，而這些內容可能是無法直接區辨出來的。文學並不像電子遊戲或是電視節目那麼引人入勝，但它的確提供了某些與眾不同的東西。

不論兒童或成年人，通常都需要有時間反省自己的經驗。反省與思考能促成更深入的學習和理解。而書本能讓人反覆閱讀，可以令人陶醉於有

趣的、吸引人的或是重要的內容之中。這是其他媒介所無法達到的。例如，兒童第一次經歷大雪、在雪中遊戲的經驗可能是很興奮的。想讓他深刻的保有這個記憶，擁有一個更富有意義、更值得回憶，可以引導他讀一讀Wendy Watson所著的《冬天來了嗎？》（*Has Winter Come?*）。

如果兒童不太願意在雪中玩耍，他可以讀Emily Arnold McCully所寫的《初逢大雪》（*First Snow*）。這本書完全是用圖片來表達，描述一個老鼠家族中最小的成員如何戰勝在雪中遊戲的畏懼心理。以上這些書都可以一遍又一遍反覆講給兒童們聽。

問題並不在於文學是積極的而技術是被動的，而是在於文學與技術要如何達成更好的平衡。文學和技術都可以幫助兒童成長。毫無疑問，兒童們有必要認識他們生活世界中的新技術，那將是他們生活中的一個重要部分。然而，書籍和文學也同樣重要，也是他們生活中不可分割的一部分。因為文學可以幫助兒童理解他們的世界，建立積極的態度，並且引發他們的人性。

了解外在世界

透過書籍，兒童可以學習並了解他們周圍的世界。當書籍傳遞知識或詮釋世界各個不同層面及事物時，他們便對世界有了更深入的了解。透過這種形式，書籍還可以喚起兒童的好奇心。在閱讀了關於某些事物的書籍後，幼兒們會尋求對這些事物有更多的了解。他們可能要求再讀類似的書籍，他們可能重新創造出書中的情景。

兒童們也可以透過書籍所提供的訊息，更了解他們周圍的世界，某些兒童曾經體驗或看到卻並不完全理解的事物。透過書籍中更多的學習，可以獲得更準確或更深入的理解，這種學習也可以透過其他管道。當兒童想要了解或體驗某種事物時，可以在經驗之前先讓他們閱讀關於這一事物的書籍。例如，一個人想要去博覽會或是動物園，那麼事先閱讀有關這方面的書籍會使這次遊覽更有意義、收穫更大；例如，可以選擇Katherine

Holabird所著《博覽會的安琪麗娜》（*Angelina   at   the   Fair*），Rita
Golden Gelman所著《無尾熊長大了》（*A Koala Grows Up*），或是Nancy
Tafuri所著《你看過我的鴨鴨嗎？》（*Have You Seen My Duckling*？）。
這些書籍可以幫助兒童在具體體驗時獲得更豐富的意義。學習是一種把新
事物和已知內容相聯繫的過程。由於書籍中的內容可以在不同時間裏反覆
研究、閱讀和思考，它們是幫助兒童學習和理解的理想工具。

建立積極態度

　　除了了解自身以外的世界，對兒童來說，建立對各種事物的積極態度
也是相當重要的。兒童們需要建立起積極的自我評價，把自己看成是有能
力的人，能夠去關心別人並為人所愛。他們需要培養耐心和寬容之心，去
面對那些與自己不同見解或與自己不同類的人。他們需要發展對學習和生
活的好奇心，而書籍和文學那是滿足這種好奇的主要工具。

自我尊重

　　閱讀優良的文學作品，可幫助兒童在充滿緊張壓力的世界中建立積極
的自我形象。經濟貧困、犯罪、吸毒以及世界中的各種衝突在所難免。也
許有人想為兒童們掩蓋這些事實，但這些事實比比皆是，兒童們總會面對
這些事實。家庭問題和健康問題也是兒童們可能要應付的事情，父母的愛
是很強烈的，即使在極貧苦之中，仍可透過Anna Grossnickle Hines所著
《別擔心！我會找到你》（*Don't Worry, I'll Find You*）和Charlotte
Zolotow所著《有些東西聚集在一起》（*Some Things Go Together*）等書
籍來強化讓兒童體會父母對子女的愛。透過書籍，兒童可以與類似自己的
人產生認同，他們可以知道別人是如何處理類似的問題。而透過與成年人
一起閱讀，可引導兒童談論自己對某些問題的看法。
　　文學可以幫助兒童闡明自己的情感，並建立一種自覺。有洞察力的成
人可選擇能反映兒童生活情境的文學作品。閱讀有關別人是如何嘗試認識

類似情境的書籍，會帶給兒童希望。了解那些情感是正常的，可以幫助兒童理解並確認自己是正常的，他們會懂得不必自責或抱以過低的自我評價。

有大量的書籍探討自我概念，並藉以闡述手足及同儕關係的發展。Watty Piper的經典著作《小火車可做到》（*The Little Engine that Could*）長期以來一直被運用。以精妙的幽默處理這一問題的最新作品Tricia Tusa的《雞》（*Chicken*）。特別論及在手足之中建立自覺的讀物有Peter Smith的《珍妮的弟弟》（*Jenny's Baby Brother*），Rosemary Wells的《給路易士的獅子》（*A Lion for Lewi*）。

對他人寬容

優良的文學作品能幫助兒童了解與人相處的重要性，而那些能成功地與他人共事的成年人則提供很好的角色榜樣。他們往往知道在社會中如何使自己的需求得到滿足，同時又能使別人感到快樂。除了提供角色榜樣外，父母和教師還要努力為團體互動確立現實的目標和約束。為正當的人類行為提供榜樣是強而有力的教育工具。

文學透過其藝術性、想像、幽默以及引人動情的角色人物，為發展對他人的寬容提供了很好的教育工具。透過對故事中人物解決社會問題的了解，兒童們會開始扮演某種角色並為自己的行為設定限制條件。

有一些引人入勝的作品，探討了人與人之間差異的性質以及接受他人的問題。Tomie dePaola的《小心你湯中的雞腿》（*Watch Out for the Chicken Feet in Your Soup*），敘述一個小男孩接受他的老祖母以及上一代陳俗舊習的故事。Robin Baird Lewis的《阿瑪迪羅姨婆》（*Aunt Armadillo*）描述一個小女孩和怪癖姨婆的關係。

對生活好奇

兒童對他們周圍的世界充滿了好奇心，他們想要知道各種事物和場景；他們想要了解形形色色的人都是怎樣的人；他們為自己已經學會的事物感到驕傲。在包含大聲朗讀的文學教育中保持好奇感，將有助於兒童的

日後學習及生活。

　　當然，許多兒童可以學會記住字母、注音符號、數字、地名等等，這一點不假，正如有些兒童能夠大量地使用速記卡，開始利用圖片學習單詞一樣。然而，這並不意味著這種學習一定是好的。

　　如果兒童想要在以後的學校學習中獲得成功，相當重要的是，他們要有學習和進步的欲望。儘管可以強迫兒童學習支離破碎的閱讀技能，但是即使施予再大的壓力，也無法迫使他們超越自身的能力極限。對年幼的兒童施加這種壓力，對他們的學習和閱讀欲望，往往產生負面的效果。一旦兒童們認為某些書籍或文學作品是枯燥、乏味、煩人時，壓力並不能驅使他們對這些內容抱以好奇和熱忱。一旦喪失了理解自己和生活的願望，想要再恢復它，簡直難上加難。對父母和教師來說，應時常與兒童分享那些能促進自尊、寬容別人以及對生活好奇的故事。

增進人際互動

　　一個好的故事，對兒童是具有多重功效的。給兒童讀一本書可以對兒童和共讀者產生多方面的效果。以這種關係產生的閱讀活動創造了一種重要的人際互動，使兒童與共讀者之間產生一種親密的互動，這在其他形式媒介的體驗中是很少有的。兒童從共讀者的肢體愛撫中感到溫暖和安全。共讀者可以為兒童提供安全感，並可探究隱含在兒童心靈深處真正的問題。至於書籍，既可以放下不讀，也可以重新閱讀。在任何時候都可以進行討論而不會妨礙對故事的整體感受和經驗。

　　在這種情形下，書籍已不僅僅是由符號、圖片組成的一堆紙。語言的聲音和節奏可以或慢或快、或強或弱、或是表達出故事所需要的情緒。語言與故事的優美，透過適宜兒童的形式逐漸顯露出來。書中的圖畫、照片可以被觸摸、研究、討論，然後再回到故事的進行中。這一切都是在兒童與共讀者所建立的關係之下進行的。

閱讀時的興趣和快樂可以從年長兒童給年幼兒童講故事時分享良好情感而加強
Courtesy Diana Comer.

讀寫能力的發展與文學

　　所有父母和老師都希望他們的兒童學習閱讀、喜歡閱讀。然而，關於
兒童究竟應當從什麼時候開始閱讀？則有一些爭論。應該培養學前兒童的
閱讀能力嗎？應該將正式閱讀教育延遲到滿七歲後再開始嗎？應該把一年
級的課程往下延伸到幼兒園裏嗎？應該讓那些還沒掌握幼兒園基本技能的
兒童接受幼兒園和小學間的銜接教育，直到他們掌握這些技能嗎？

對這些問題的回答取決於所謂「閱讀」這個詞究竟意味著什麼。在這本書的背景下，閱讀是指從文字形式的內容中獲得意義，著重點放在意義上。由此意義而言，兒童從出生的一瞬間起，就已開始學習閱讀的過程。當他們頭一次開始傾聽父母的聲音、故事的音韻節奏或是一段搖籃曲的旋律時，他們便已經在學習閱讀了。也許有些人認為：年幼的孩子僅僅是在聽而已，但這種對聽和閱讀之間所作的區分只是人為的，這兩者之間有著不可分割的相互關係；且互為存在的條件。

把各個年紀視為有顯著區別的做法，也是對兒童學習閱讀之方法的一種不恰當的看法。在學校裏，年級劃分只是出於成人的方便，而不是決定於兒童自身。這種劃分使成人能夠依兒童的年齡、發展、文化認識和閱讀能力進行分類。兒童發展的速度有其個別差異，在個人發展中何時開始學習閱讀也有很大的不同。期望所有的兒童都在同樣的年齡或年級以相同的能力學習閱讀，是一種絕無可能的天真想法。兒童在準備迎接新的挑戰時，往往會發出訊號。成人們該做的事情是好好地閱讀這些訊號，並對它們作出恰當的反應。

想要利用文學，實施兒童的教育計劃之前有必要先了解讀寫能力是怎樣產生的，以及文學在這過程中所扮演的角色。培養這種認識之前，人們必須建立基本概念：了解實際讀寫課程的內容並與閱讀技巧所產生的真實理解相聯結，而此一觀點亦需與兒童的現實期望相結合。

讀寫能力課程

在過去的幾十年裏，湧現了大量關於兒童讀寫能力發展的研究。似乎可以這樣說，讀寫能力在文學環境中發展得最好。依本書所持的觀點，一種文學環境具有某些特質。這些特質就是促進兒童由自己的實踐中獲取意義之能力的經驗和材料。Jerome Harste & Virginia Woodward曾研究早期讀寫能力的課程，他們多年的研究鑑別出文學環境的三個重要概念：

- 支持學習者成功
- 注重語言學習
- 允許學習者探索語言

所有這些方面都值得加以考慮。

支持學習者成功

　　這個概念是指兒童往往最擅長從第一手的直接經驗中學習。因此環境中應該充滿各式各樣的文字材料。講故事應該在教育中扮演重要的角色，並提供兒童閱讀、寫字、繪畫的機會。生態環境的空間中應安排各種不同的主題；諸如：家務管理、藝術、音樂、數學、文學等。最後這種課程應運用於團體活動中既要在戶外參觀旅行中探索它也要邀請外來訪問者介入。

注重語言學習

　　作者假設：兒童在他們成長中的不同階段發展讀寫能力，因此必須讓他們在個人實際的程度上進行讀、寫活動。文學應被視為一種探索世界的工具，而不是教導閱讀技能的工具；閱讀和寫作應被視為表達觀念、澄清思想的工具。

探索語言

　　語言非常複雜的，需花畢生時間掌握它。能夠完全掌握語言並有效地運用它，則需要相當複雜的策略。透過大量的閱讀、寫作的機會及經驗，兒童在他們的閱讀和寫作嘗試中，變得愈來愈能夠純熟的運用策略。透過父母、教師及其他人的榜樣，兒童們可以更容易地嘗試更複雜的語言技能。透過大人所提供的大量機會，例如，講故事、討論、個別表達等形式擴展他們的交流能力，兒童可以建立起一種作者的身分感 (a sense of author-ship)。作者身分這一概念，是指使自己獨特自我的一部分進入故事或相互溝通。兒童們可以透過傾聽、創造、解釋、情節重現、戲劇表演、故事討論等來開始。

閱讀技巧

　　學習閱讀對所有的兒童而言是非常重要且必要的。想要成為一個有能力的閱讀者，需要各式各樣的閱讀技巧。有人認為，激發兒童注重學習字母發音的語音式方法最好。另一些人則主張注重學習整個詞彙的看─說式方法最好。究竟是語音式方法還是看─說式方法好，仍處於長期爭論中，但雙方的主張卻大大忽視了更重要的問題。他們的觀點傾向於反映對閱讀的重視；但他們都忽略了一個事實：閱讀不只是探究文字的發音或辨別一連串的文字，閱讀應是了解文字與文字之間的意義。

　　兒童最終需要發展語音能力以及能從視覺上識別的詞彙量。然而，他們也需要理解語言的其他特徵；諸如：語義、句法以及語用學。語義是指語詞所具有的含義，由於閱讀的目的是要獲取意義，理解語詞的含義對於真正的閱讀也就格外重要。句法是指語言的各個部分，名詞不同於動詞、而動詞又不同於形容詞。在句子中它們分別擔負不同的職責，它們在組合中所構成的內容便賦予句子某些特殊的意義。語用學是語言的實際功能，諸如：語音的聲調、正規的使用方法以及成語等，都屬於這範疇。每一方面都對語言的真正含義扮演著相當重要的角色。

　　有關閱讀技巧的最後一個觀點是，何時及如何教導兒童或讓兒童學習這些技巧？傳統的做法是，無論字詞的表達與理解技能，都是被分別單獨教學的，也就是透過一連串文字、部分的文字、句子或簡短的段落，教導兒童學習閱讀技巧，而這些技巧也許會、也許不會在一些指定的文章中被試驗。簡言之，就是認為如果教導兒童認識閱讀技巧中的每一小部分，兒童就能將這些部分組合起來。教導初學閱讀的現代整體論主張：運用真實作者的寫作書籍中的真實文字教導兒童閱讀，也就是在文學作品中學習閱讀技巧。因為，在傳統分開式教學中，並無法獲得真正的閱讀技巧，而這些技巧亦無法在文學作品中有意義的學習。這樣的方法為教導語言的語義、句法和語用學提供更多的學習機會。

現實的期望

　　兒童需要實現他的期望,當兒童達到期望,就會有滿足和自我價值感。如果目標制定得過高,他們會導致挫折、憤怒和失敗感。如果目標設定得過低,又會導致缺乏努力並助長他們滿足於平庸的傾向。

　　由誰來制定期望目標呢?在教育中,期望制定者通常是教師和家長。也許這一系統應當受到質疑:兒童可能也需要參與確立自己的期望。當其他人來制定目標時,那些必須努力實現這些目標的人往往缺乏情緒投入。這並不是說兒童應該實施完全的控制,而是他們需要一種安全感,即認識到成人是可以被依賴並提供適當的指導和合理的約束。

　　當目標被制定得過於一般化或過高時,就會產生嚴重的問題。這在教育中亦普偏存在著。也許我們很難確切地說出它的因果關係,但對兒童而言其實際後果往往是帶來挫折,無論如何教育中責任的轉移可以當作一個新起點。隨著大眾要求改善教育,立法機構提出各種得失評估方案。這些方案大多傾向於更嚴格的制定成為一名教師的標準,並增加針對兒童閱讀、寫作及其他基本技能的能力測驗。為了使兒童對這些測驗有所準備,小學中的課程也時時受到衝擊。

　　如今即將入幼兒園的孩子在其入園的基本條件方面要受到常規篩選,一些孩子常常要延遲一年入園或被安排到銜接班裏。有些學校甚至將幼兒園區分為二,一種是為那些已經「合格」的孩子設立,另一種是為那些被認為仍需要一段時間才能達到標準的孩子而設立的。對於這些政策有許多理由,它們聽起來都是出於善意的;例如,要給孩子更多的時間「做好準備」。然而,大體說來,這些教育方案實際上是根據智力、文化背景以及語言技能等因素對兒童進行分類及設計,所有政策都可能被誤導。這種區分出較有能力的兒童之做法,往往會造成他們的期望被提高到一個導致挫折的程度,這種區分還剝奪了他們與能力較差兒童分享他們的能力,並接受低能力者的機會。區分能力較差兒童的做法,是把他們從語言能力較好的

榜樣群體中分離出來，極可能摧毀他們的自我價值感。

　　一個真正的讀寫能力教育課程應該可以容納所有的兒童，無論他們是天才的、平庸的或缺乏教養的、還是有殘疾的。欲實現這一點，則需提供豐富的語言環境，接受各種不同能力的兒童，並抵制那些有關讀寫能力的狹隘觀念。

閱讀的奧秘

　　讓兒童感受到閱讀是一種愉快的經驗，是這本書的中心主旨。透過正確的引導，文學可以成為兒童一生的朋友和伴侶。為了實現這一點，從事幼兒教育的成年人需要在自己的生活中發展與文學的關係。在教學上常有一種錯誤的觀念：一個人可以教兒童熱愛閱讀和文學，可是自己卻不具有同樣的熱愛。兒童是非常有洞察力的，他們常常能夠立刻發現虛假的熱情。

　　如今一些最優秀的作品是為兒童寫的，好的兒童書籍是開始發展兒童熱愛文學的出發點。本書中所建議的各種運用策略，將以這種愛為基礎。

本書的架構

　　本書的各個章節是依據為了解兒童早期的文學教育，提供邏輯發展的順序而安排的。然而，它們也可以取決於讀者的需要而調整閱讀的順序。第二章描述各種有助於閱讀成功的計劃。第三章和第四章著眼於文學本身的價值及呈現方式，介紹選擇高品質書籍的標準，以及對兒童使用各種文學類型的策略。第五章和第六章介紹閱讀動機、情境的安排，以及故事的呈現方式。第七章探討將閱讀融入各種課程的重要性，並提供各種促進教學的方法和建議。第八章闡明圖書治療法（bibliotherapy）運用圖書幫助兒童了解世界的方法。第九章討論電視及其他傳播媒體對文學的影響，以及如何有效地運用。最後，第十章簡述結合運用社區資源的理念。

閱讀完一本書可以和兒童討論歷險的經驗　　Delmar Publishers Inc.

作家與插畫家

　　許多為兒童寫作和畫插畫的人，都會依據自己的童年經驗進行創作，他們也經常細心觀察周圍的幼兒。因此他們的作品往往與兒童產生共鳴。讓孩子了解一個作家或插畫家的個人生活和思想，可能是激勵他們閱讀動

訪問插畫家是一種最令人激動的時刻　　Courtesy Dick Bruna.

機的有力因素。因此，了解作家的生活是很重要的，這種資訊可以在閱讀時傳遞給兒童，有些書籍甚至展現作家的成長歷程以及書籍的誕生過程。Tomie dePaola的《藝術課》（*The Art Lesson*）是以一個兒童的自傳寫成的，這個兒童後來成為兒童讀物作家和插畫家。Aliki的《如何做一本書》（英文漢聲）（*How a Book Is Made*）清楚、準確地描述了一本兒童讀物的實際創作過程。此外有關作者的訊息，也可以從書籍的封套、圖書館兒童部的參考書、作者的自傳，以及寫信給作者而獲得。如果可以和作者一起生活一天，無論對兒童還是成人，都是一種極具價值的經驗。

結語

本書的基本假設是：文學對兒童有深遠的價值。文學與其他形式的訊息媒介不同，它通常需要與另一個人共同閱讀。文學從三個方面反映出它的價值：

- 文學傳授知識並激發兒童對他們所生活的世界產生興趣。文學有助於發展積極的自我形象和對他人的寬容
- 文學幫助兒童和共同閱讀者以及書中的人物三者密切聯繫在一起

文學在整體化讀寫能力課程中有其一定的地位。在兒童探索語言的材料中，文學占有絕大部分。兒童是透過傾聽、重現和解釋故事而學習的。在讀寫能力課程中，兒童學習正確的閱讀技巧。在教學中，現實的期望必須依每一個兒童內心的需要而形成。

文學應該是一種愉快的經驗，它的確呈現出生活中的美好事物，並使閱讀更具意義，此外亦幫助兒童在兒童讀物作者和插畫者之間建立起密切的關係。

思考與討論

1. 如何區別來自電視節目的訊息轉換與來自圖書的訊息轉換？

2. 支持或反對：美國是一個「閱讀的國家」？

3. 文學如何幫助幼兒了解他們的世界？

4. 兒童的自尊能夠透過文學顯現出來嗎？

5. 支持或反對：有能力學習字母和單詞的學齡前幼兒應該在學齡前學習這些內容？

6. 「閱讀」一詞的真實含義是什麼？

7. 小學閱讀能力測驗如何對學齡前幼兒產生消極影響？

8. 根據 *Harste & Woodward* 的觀點，在一個讀寫能力課程中應顯現哪三個關鍵特徵？

9. 為什麼語音不足以幫助兒童學習閱讀？

10. 傳統式和整體化的教學方法對文學啟蒙有何差異性存在？

兒童圖書書目

Aliki (Brandenberg), *How a Book Is Made* (New York: Harper and Row, 1986).

Tomie dePaola, *The Art Lesson* (New York: G. P. Putnam's Sons, 1989).

Tomie dePaola, *Watch Out for the Chicken Feet in Your Soup* (New York: Simon and Schuster, 1974).

Rita Golden Gelman, *A Koala Grows Up* (New York: Scholastic, 1986).

Anna Grossnickle Hines, *Dont Worry, I'll Find You* (New York: E. P. Dutton, 1986).

Katharine Holabird, *Angelina at the Fair* (New York: Viking Penguin, 1985).

Robin Baird Lewis, *Aunt Armadillo* (Scarborough, Ontario, Canada: Annick Press, 1985).

Emily Arnold McCully, *First Snow* (New York: Harper and Row, 1985).

Watty Piper, *The Little Engine that Could* (New York: Platt and Munk, 1930).

Peter Smith, *Jenny's Baby Brother* (New York: Viking Penguin, 1988).

Nancy Tafuri, *Have You Seen My Duckling?* (New York: Viking Penguin, 1984).

Tricia Tusa, *Chicken* (New York: Macmillan, 1986).

Wendy Watson, *Has Winter Come?* (New York: Philomel, 1978).

Rosemary Wells, *A Lion for Lewis* (New York: Dial, 1982).

Charlotte Zolotow, *Some Things Go Together* (New York: Harper and Row, 1969).

參考文獻

Berry T. Brazelton, *What Every Baby Knows* (Reading, Massachusetts: Addison Wesley, 1987)

Betty Browman, *The Early Years in Childhood Education* (Boston, Massachusetts: Houghton Mifflin, 1982).

Kathryn Williams Browne and Ann Gordon, *Beginnings and Beyond: Foundations in Early Childhood Education* (Albany, New York: Delmar Publishers, 1985).

Rosalind Charlesworth, *Understanding Child Development—For Adults Who Work with Children* (Albany, New York: Delmar Publishers, 1987).

John Dopyera and Margaret Lay-Dropera, *Becoming a Teacher of Young Children* (New York: Random House: 1987).

Joseph Chilton Pearce, *Magical Child* (New York: E. P. Dutton, 1977).

CHAPTER 2

成功的閱讀計劃

　　無論你什麼時候要為兒童講故事，如果事先有所準備及計劃，這種經驗就會更有價值。安排一個好的閱讀環境也有同樣的效果，所謂閱讀環境不僅僅是一個四面圍起來的空間，而是指整體的閱讀氣氛，包括軟體及硬體兩方面。尤其是教師的表情、動作、聲調，更是閱讀環境的主要組成部分。如果教師因準備不足而顯得慌張，這種氣氛很容易感染到孩子，使他們產生緊張及不安的情緒，而無法從故事中獲益。此外，座位的安排也很重要，讓孩子排排坐在桌前這種拘謹、規矩的方式已經落伍了，也不符合兒童心理發展原則。

　　為了使閱讀及說故事實際讓孩子身心受益，發揮閱讀的功效，老師實有必要對所謂的成功的閱讀環境、內容、制定方式及計劃作進一步的了解。

　　不同年齡層有不同的需要、興趣和偏好，這些差異往往被教師利用於鼓勵兒童介入故事之中。在計劃閱讀活動時，教師可以思索以下的問題：

- 這些材料適合這一年齡層嗎？
- 我曾經讀過這個故事以至我對它很熟悉嗎？
- 我怎樣才能鼓勵兒童願意接受這個故事？
- 我們在什麼地方、什麼時間閱讀這個故事？
- 為什麼我讀這個故事？

■ 怎樣才能使這個故事對孩子們產生最大的意義？

在問答問題之前，需要考慮大量的材料。而在每次計畫閱讀一個故事之前先探究這些問題的答案，將對教師和兒童都有裨益。

爲嬰兒（兩歲以下）創造良好的閱讀環境

許多理論和訊息資源皆記載著有關嬰兒成長、發育的研究，在這裡有必要回顧這些研究，尤其是些基本的概念，因爲它們是以下提出的各個觀點的依據。這一回顧將有助於您對了解兒童發展與讀寫啓蒙教育之間的關係的基礎。

在語言獲得的過程中最重要的因素，是成人與兒童的互動關係。那些柔和的、具有鎮靜作用的語詞及聲音，幫助嬰兒在受到驚嚇或不安時得到平撫。這些聲音可以是父母關愛的語調，一首催眠曲的音調和節奏，或是悅耳的韻律。

雖然關於兒童如何發展語言，仍存在著不同的論點，但基本的相同觀點是：即使很幼小的嬰兒，也能傾聽語言的聲音，並作出反應。在最初嬰兒透過自己發聲作爲反應。這聲音幫助他們表達自己的需求與情緒；例如，在前三個月，嬰兒會以不同的方式哭喊，以表示饑餓、不舒服及其他感受。到了三個月末，咕咕的聲音被用來表示快樂。在大約六個月時，嬰兒已開始出現咿呀作語的聲音了。

語言的出現

約在一歲左右，語言才開始真正出現。在這裡所使用的「語言」是指對嬰兒有確實含義的詞句。對某些發展較好的嬰兒來說，這可以發生在八個月的時候。對一些發育遲緩的嬰兒來說，這可能要到三歲甚至更晚一些。

兒童通常能夠理解一些自己還沒有開始說的語言。在一周歲的時候，兒童平均能夠具體地說出三個詞。最初，語言的成長速度很慢，但隨後則迅速增加。在兩歲時，幼兒大約能掌握272個詞的含義。在以後幾年的發展中，更進一步增加到幾千個詞。

　　在整個語言發展階段中，成年人有必要透過說話和與環境的互動，為幼兒提供大量的語言。成人應提供鼓勵和機會，讓嬰兒體驗他們生活的語言環境。這可幫助嬰兒探索語言的內容，了解語言和它的用途，並幫助幼兒探索語言是怎樣發聲的？它是做什麼用的？以及如何使用它？

語言和文學的結合

　　唱歌、讀故事、做簡單的手指謠遊戲、玩各種遊戲，增加成人與嬰兒的互動，都是促進文學啟蒙的最佳方式。傳統的韻律、童話故事，以及詩歌皆很容易記憶和背誦，無論他們是被緊緊抱著、被放在搖籃裏搖著，或只是待在嬰兒床上，他們都喜歡這種有聲音的語言環境。

　　約從六個月開始，拿起一樣東西並講述一個關於這種東西的故事，對嬰兒來說是件很快樂的事。例如，父母可以拿起一個小的絨布玩具貓，置於嬰兒面前，一邊讓他觸摸或輕拍玩具貓，一邊背誦三隻小貓的兒歌。當嬰兒到了八至十五個月的時候，學習各種東西所發出的聲響很能引發他們的興趣。隨著他們的發展，嬰兒們喜歡模仿小汽車，卡車，飛機，火車，輪船等物體所發出的聲音。這在他們能說出這個物體的名字之前就能做得很好了。透過增強和肯定兒童發聲，可以進一步鼓勵兒童語言的獲得和對語言的理解，這使兒童知道別人可以理解他們日益發展的語言模式。

為嬰兒說故事

　　從嬰兒一生下來的那一刻起，你就可以、也應該為他們說故事。最好每個月都能為他們說一些故事，因為這些故事將深印在他的腦海中，並對

日後語言發展有相當大的幫助；因為，錯過了這個時機，可能就一去不復返了。當然，這些書應是經久耐用的，因為這個時期的孩子可能會試圖抓這些書。厚紙板書，木頭書，塑膠書，都是很好的啟蒙讀物。書中的圖畫應是簡潔的，因為對於年齡很小的孩子來說，即使他們開始注視書上的圖畫，也無法專注於複雜的畫面。

在選擇嬰兒階段使用的圖書時，成人對書籍的態度很重要。書籍應被視為一種特殊的東西；它們跟食物不一樣，從一開始成人就應該為尊重書籍的觀念樹立榜樣。平裝本的圖書不適合嬰兒使用，因為它們的裝訂方式經不起大多數孩子的抓、扯。這並不是說人們應避免給孩子使用這種書，成人必須保持對圖書的控制權，並建立對書的正確態度；例如，書是可以共同分享的。

和嬰兒一起閱讀時，可以運用一些道具（例如，玩具）來幫助閱讀。有效地運用布偶、玩具車及其他物品，特別是當故事中出現這些東西時，可以強化閱讀經驗。而這些東西是以一種有效的積極的方式把兒童和故事緊緊的聯繫在一起。

嬰兒的閱讀環境

為嬰兒安排一個聽故事的環境時，最好是讓他坐在大人的膝上、趴著或在任何地方以各種姿勢聽故事。最理想的說故事地點是在地板上，有顏色漂亮的枕頭、被子和墊子，那是一個具有吸引力而且舒適的環境，若再佈置幾個填充玩具，就會使這個環境顯得更特別。

此外，也可以增加一些動態作品（例如，壁畫、軟木雕刻）以增強環境效果，甚至利用一些簡單的道具例如，用卡片盒當作故事中提到的汽車、輪船和火車等。這樣也可以為故事創造一個具體而有創意的情境，有助於激發兒童的想像力。在遊戲中重現故事內容是語言發展中的一個重要內容。透過故事的重現，可以幫助嬰兒學習，並運用作者所使用的語言。

Dorothy Kunhardt的《輕撫兔子》（*Pat the Bunny*）非常有趣，很

適合與嬰兒分享。隨著故事情節的發展，小讀者有機會觸摸小兔子毛茸茸的身軀，聞聞花的香氣，照照鏡子，玩躲貓貓的遊戲，以及參與其他有趣的感官活動。人們可以利用書中的想法，在閱讀環境中重新創造這種閱讀和語言的經驗。例如，可以在閱讀環境中玩躲貓貓遊戲，可以玩鏡子遊戲，也可以佈置香噴噴的花。無論嬰兒或是成人，都可以一遍又一遍地從閱讀中獲得樂趣。

一本令人喜愛的書是可以吸引小孩甚至大人反覆閱讀的，孩子們往往會指出他們最喜歡的作品，即使在他們在尚未能用語言說出請求之前。重要的是透過不斷地重複閱讀他們喜歡的作品，和他們一起共同享受語言的優美。無論是說的還是寫的，語言應該是在一種溫暖、愉快的環境中表達出來。如果閱讀的興趣和快樂能自動培養並表現出來，那麼書籍將會自然而然地成為孩子生活中的一個重要的部分。

為學步幼兒（二至三歲）創造良好的閱讀環境

一幅颶風咆哮、掠過夏日天空、掃蕩數英里大地的畫面，似可作為一個學步期幼兒（約二至三歲）一天生活的最佳寫照。學步期幼兒們總是那麼好奇，似乎固執地要把幾年的探索和發現都收到一天裡完成。學步幼兒的注意力可能會迅速地從一個事物轉移到另一個事物。而另一方面如被激勵並投入其中，他們又可以把注意力維持在一個特定的興趣物上。絕大多數學步幼兒都樂於完成任務。然而，這些任務必須適合他們的年齡，以便他們能夠獲得成功而不遭遇挫折。

學步幼兒有更大的能力來堅持自己的觀點和獨立性。「不」這個詞對他們來說並不僅僅是一個詞，有時，它似乎是一個信條。由於這一原因，當幼兒覺得他們已完成一項任務時，若要鼓勵他們繼續從事這種活動，就必須特別小心。在任務結束時，若沒有驚嘆的表示，學步幼兒們很少會說「我做完了！」這句話的。

在為學步幼兒設計閱讀環境時，閱讀動機是很重要的。如果他覺得聽

故事和看書是很興奮的事，他們就會主動地去從事這些活動。說故事的人或共讀者必須提供有效的說故事方法，並在活動中表現出快樂。閱讀活動中的親密和關愛，也是幼兒期望的內容。閱讀時他們喜歡在書上指指點點，並喜歡體驗這種內容，成人需要在選擇圖書時為此作出計劃。

運用語言

在這發展階段，人們可以觀察到學步幼兒嘗試使用許多語言。他們使用語言來滿足需要，使自己被人理解，並了解他們周遭的世界。他們可以在有能力說出某些詞、句之前，先理解這些內容。他們會在使用的語言的基礎上，對語言進行智慧性的類推，例如，一個兒童可能會說：「我傷害自己」（I hurt-ed myself），或「我走了」（Me go）（動詞形態及主詞用法錯誤）。

大致說來，書寫的萌芽階段就發生在這一時期。從幼兒第一次用蠟筆在紙上塗鴉時，書寫能力就開始發展了。這方面的發展將要花費好幾年的時間，然而以視覺形式使某些線條賦有意義的嘗試，都是兒童發展書寫能力的過程。

在這階段，成人必須提供時間、機會、榜樣、鼓勵和肯定。幼兒可能被帶入任何語言環境中，他們喜歡語言的聲音和節奏，成人應提供良好的語言榜樣和多樣化形式的經驗。幼兒需要成人對他們與嘗試創作的努力予以肯定。他們需要有人傾聽他們的言語，需要與人談論他們的圖書作品。因此，這階段並不適宜糾正幼兒在語言結構上的錯誤。

學步幼兒的幽默

在這一時期，幼兒發展出幽默感。這種幽默是以一些簡單的替代開始的例如，兒童知道「mama」是代表媽媽的意思，「papa」是代表爸爸的意思。當媽媽在「我是誰」的遊戲中問這個問題時，兒童回答說「爸爸」，同時看著媽媽，然後大笑起來，這是孩子在開玩笑。在此後的日子裡將會有更多類似的玩笑與幽默出現，尤其是如果幼兒從聽眾的笑聲中得到鼓勵。

許多圖畫書和故事為學步幼兒提供了幽默的內容與情節例如，Judith

Barrett & Charles B. Slackman《我不喜歡洗澡》(*I Hate to Take a Bath*) John Burningham《和甘伯伯去游河》(台英社)(*Mr. Grumpy's Outing*) 以及Pat Hutchins《母雞蘿絲去散步》(上誼)(*Rosie's Walk*)。《母雞蘿絲去散步》這本書,提供了豐富的兒童式幽默,尤其適宜。幼兒們會試圖警告那正面臨危險的母雞而與故事進行交流,閱讀這本書是一種極大的樂趣。

許多兒歌童謠也提供幽默感。例如,你是否真的見過一個碟子連同湯匙不翼而飛?你是否見過貓洗手套?人們真的住在南瓜裡嗎?把這些荒誕的事畫出來更增添聆聽或背誦這些歌謠的幽默效果。兒歌童謠還可以輔助藝術活動和戲劇表演,這些都深受幼兒喜愛。Blanche Fisher Wright的《真正的鵝媽媽故事集第一冊》(*The Real Mother Goose Husky Book One*) 和《真正的鵝媽媽故事集第二冊》(*The Real Mother Goose Husky Book Two*) 是一套優秀的叢書,很適合說給幼兒們聽。其中的插圖更具效果,而故事中的重複字句也便於幼兒們複述,他們可以時時背誦及朗誦那些重複的句子。

學步幼兒的興趣

學步幼兒對他們周圍的所有事物都有興趣,他們想要認識每一個人、每一樣東西及每一個事件。Tana Hoban的作品中,最有趣之處就在於針對許多早期概念做解釋。在《推─拉,倒空─填滿》(*Push- Pull, Empty-Full*) 一書中,她使用圖片清楚地說明各個概念。Lois Lenski的故事集是用一種很吸引幼兒的風格寫成的。孩子們可以實際地拿本適合他們的書來閱讀。這些書籍的內容從《黛比和她的家庭》(*Debbie and Her Family*) 到有關《小帆船》(*The Little Sailboat*) 和《小牧童》(*Cowboy Small*) 的故事都有。其他許多作者的書籍也已分別闡明了幼兒有興趣的問題。Helen Oxenbury的作品可以被用來說明許多基本概念,其插畫簡單、明瞭,沒有用任何文字便可以充分表達故事內容。例如,《晚安•早安》(*Good Night, Good Morning*) 為幼兒講述了每天例行的生活故事。書中的小主角貫穿了全書,做的是小讀者們在日常一天裡可能做的相同事情,可以充分

像這樣的書以生動性和趣味性打動了學步幼兒的好奇心
Courtesy Delmar Publishers Inc.

引起小讀者的共鳴。

　　Jan Ormerod的《交朋友》（*Making Friends*）也是一本令人喜愛的書，裡面的字體印得很大，文字內容簡短插圖吸引人，很適合幼兒閱讀。Jan Ormerod在另一些書裡講述了運動、陽光和嬰兒等主題。在第一本書系列叢書（The First Little Golden Book）中更闡述了許多概念例如，Stephanie Calmenson的《四季的書》（*My Book of Seasons*）一書透過讓小讀者使用五官去體驗每一個季節，幫助小讀者逐漸了解各個季節的特色。

幼兒文學：在文學中成長

無論發生在何種地方閱讀都是一種特殊的活動 便宜的道具就可以增加閱讀的氣氛
Courtesy Diana Comer.

這些充滿智慧、顏色豐富的書籍很受人喜愛，且 妙趣橫生。

　　艾瑞卡爾（Eric Carle）的作品對學步幼兒來說是不可多得的，那些插圖具有令人興致高昂的色彩，它們具有在其他作品中難得一見的視覺構圖。例如，《好餓的毛毛蟲》（上誼）（*The Very Hungry Caterpillar*）介紹毛毛蟲，以及毛毛蟲可能吃的食物。這本書一直都是一本膾炙人口的作品。

學步幼兒的閱讀環境

　　為學步幼兒安排的閱讀環境必須是具有鼓勵性的。這種環境可以是在地板上，但也可以在一個較低的樓層，因為學步期幼兒們喜歡爬高，為了增加安全性和樂趣性，在環境中放上大枕頭和填充玩具會很有吸引力，或放幾個大得可以讓幼兒坐在裡面的填充玩具也會具有特殊的效果，此外，

如可搖動的椅子在任何閱讀環境中都會是一種愜意的設施，這種搖動具有舒緩的效果，而搖椅通常都很大，足以讓說故事的人和兩個幼兒一起坐在上面閱讀故事。若是在地毯上，則應該放上一些木製家具或臺階式構造。

　　裝飾過的牆壁和汽車都是非常簡便的增強物，它們可以經常被改變，而使幼兒保持較高的興趣。能見度對於學步幼兒來說是非常重要的，因此在閱讀環境中，牆壁上的裝飾及其他輔助物品應儘量放置於低處。

　　以枕頭為中心而放置的盒子、箱子或巨大的攀爬架可以使閱讀環境變得十分特別。如果使用大盒子的話，應在上面開一些窗口。可以用白色顏料裝飾成一個小冰屋，或改造成一艘太空船，還可以把盒子塗成棕色，而成為一個叢林茅屋；與盒子相關主題的書籍可以放在盒子裏。幼兒們參與創造和改造閱讀環境及輔助道具將有助於增強他們的閱讀興趣。

為學齡前幼兒（三至四歲）創造良好的閱讀環境

　　三歲和四歲的孩子們總是沒完沒了地問「為什麼」。這些問題雖然是學齡前教師進行教學計劃時的苦惱，但也是他們的有利條件。因為學齡前幼兒對他們自己以及他們的家庭十分感興趣，對自己周遭的世界充滿好奇，這份好奇使他們認識到：在他們的現實環境之外還存在著其他事物。這是一個令人難以置信的知識累積時期。他們在這段時期大量吸取知識，永遠想知道「如何」、「為什麼」、以及「在哪裏」。

運用語言

　　學齡前幼兒迅速發展他們的語言能力並累積詞彙。他們在3歲以後便能使用語言作為溝通工具，理解他們自己和周遭環境，他們也能夠正確地使用各種形式的語法結構和句子。

　　學齡前幼兒的書寫能力是由圖畫開始，這是他們自我表達的一種嘗試，他們透過圖畫來表達自己的想法及需要。無論成年人是否能辨認幼兒畫些什麼，這些藝術品對幼兒來說是有絕對的意義。在這一時期，成人的

角色是傾聽、提出問題、回答問題、提供語言示範榜樣以及分享各種經驗，與幼兒充分的互動。

學齡前幼兒的幽默

在這一時期幼兒的幽默感，似乎超出了簡單字詞的替代階段。他們已成為更世故、更複雜的幼兒，像碟子帶著湯匙逃跑的把戲是不會使他們發笑的。要讓學齡前幼兒感覺幽默詼諧，其緣由要有起碼的可能性。H.A.Rey的《好奇的喬治》(*Curious George*) 說明了快樂的幼兒有更為複雜的幽默。喬治是一隻淘氣的猴子，陷入各種由生活環境而非臆造出來的麻煩。這一情節的幽默內容是可能的，但卻是不可預料的，而其幽默及吸引人之處就正在此。例如，當喬治玩電話時，錯誤地接通了救火隊，因而引起一系列的連鎖事件，更是令學齡前幼兒所喜愛。

這一年齡的幼兒還喜歡另一些不同類型的幽默。三歲或四歲的幼兒還會為某些詞句發笑，但更多的時候是替代一個可預料的而不是不可預料的術語。對這些幼兒來說，想像力量是很重要的。學齡前幼兒喜愛玩扮家家酒，扮演其中的角色。在這個年齡，《小紅帽》(*Little Red Riding Hood*) 已不再僅僅是一個故事，它是一件憑幾樣簡單的道具就可以扮演出來的故事。

學齡前幼兒的興趣

給學齡前幼兒的許多故事裡，經常包含了多種價值觀念。這個年齡的幼兒關心他們自己和他們的體驗。例如，Don Freeman的《小熊可可》(上誼) (*Corduroy*) 描述了一個小玩具熊因丟了一個鈕釦，而被人拒絕的故事，最後它被一個無論什麼都喜歡的小女孩接受了。這個故事很適合學齡前幼兒，因為它說明完美的愛之可貴。

Seuss博士的作品經常運用插圖和語言，在提供極大樂趣的同時，強化價值觀念。Horton大象則在這兩者當中面臨了困難的抉擇，最後強化了作出忠實選擇的正確性。Grinch的作品展現了愛如何能改變人，Lorax激勵兒童們思考環境。每一本書都有它們特殊的風格。在《賀頓孵蛋》(*Horton*

Hatches the Egg）中，Horton坐在鳥蛋上經歷了可怕的嘗試和苦難。最終蛋孵出來了，小讀者可以由這個故事得到一個令人驚訝的結論。兒童們會捧著這本很長的書一遍又一遍地看個沒完，因為這本有趣的故事書能讓他們自始至終與故事發生共鳴。

學齡前幼兒會著迷於發現各種事物之間的差異。他們注意到性別、大小、形狀、各種不利條件、住房等方面的差異。正如研究幼兒心理學專家所預測的那樣，他們想要知道為什麼存在著這些差異。Susan Lapsley的《我是被收養的》（*I Am Adopted*），Myrtle Shay的《到醫院將會發生什麼事？》（*What Happens When You Go to the Hospital ?)*》，以及Stan & Jan Berenstain的《男熊熊，女熊熊》（*He Bear, She Bear*），都是以積極而巧妙的方式介紹這些差異的書籍，它們的格調非常適合於學齡前幼兒。

學齡前幼兒也有某些恐懼，對此不應忽視。如果能讓他們認識到其他人也有同樣的恐懼，能夠大大減輕這些恐懼帶來的緊張。恐懼可能包括：孤獨、處理年長手足的關係，憤怒、挫折、黑暗等等。關於這類主題的作品和作家有：Bernard Waber的《伊拉到我們家過夜》（*Ira Sleeps Over*），Judith Viorst的《亞力山大和最糟糕的一天》（*Alexander and the Terrible, Horrible, No Good, Very Bad Day*），Maurice Sendak的《野獸國》（英文漢聲）（*Where the Wild Things Are*），以及Erica Frost的《強納森的神奇冒險》（*Jonathan's Amazing Adventure*）。

學齡期幼兒的閱讀環境

閱讀環境更富有冒險情趣；例如，閣樓、帳篷、卡車輪胎等，都是很好的選擇。隨著年齡的增長，光線變得越來越重要，因為兒童會更近距離去閱讀文字，所以，應盡可能地利用日光。因此，本書推薦把閱讀環境安排在靠近窗戶的地方。認識這個年齡的孩子想要探究各種事物之「所以然」的需要，這對創造一個閱讀環境有很大幫助。人們可能採用一些有關季節、植物、星星的動態作品。在教室的牆壁掛一些有人體、山巒、大地的壁畫。

在靠近閱讀的地方安置些真實的動物，也是一個很好的主意，尤其在講關於動物的故事時。

　　很顯然的，這些主意需要經過周詳的計劃，然而把這些內容廣用到課堂裏，將有助於激發兒童的興起。在讀完故事後，可以鼓勵兒童利用各種道具，透過討論和遊戲重新創造或重視故事內容。例如，在讀完Jimmy Kennedy的《小熊的野餐》（*The Teddy Bear Picnic*）之後，在閱讀環境中的搖椅上放一隻玩具熊和這本書。在絕大多數情況下，我們會很快看到兒童坐在椅子上，順手翻起那本書，摟抱那隻玩具熊的情形。此外，經常改變閱讀環境，有助於教師和兒童依據書籍繼續進行創造性的互動。

爲幼兒園兒童（五至六歲）創造良好的閱讀環境

　　幼兒園的孩子可以成功地完成許多任務活動。他們的技能經常表現出對自我的信賴。成人的監督已不必像以前的發展階段中那麼直接了。這階段的兒童非常積極活躍，喜歡活潑的戶外遊戲。無論是在家庭裡、還是在學校，遊戲中會呈現較多與別人合作的行爲。另一方面，五歲和六歲的兒童混合在一起，會表現出相當廣泛而多元的技能和能力。幼兒園兒童很留意朋友們的言行舉止，這種對別人想法的關心，會導致他們不願參加活動。除非別人先參加，否則他們較少主動參與。有時教師必須在兒童知道是什麼遊戲之前，先把他們帶到活動中來。這些活動和故事必須精心選擇，以激發兒童的活動興趣。

語言的力量

　　在五歲和六歲這個階段，兒童開始體驗到語言的力量。他們開始理解語言如何被用於表達觀念和情緒，創造故事和意義，以及體驗生活。這時，他們已意識到他們是被文字所包圍的。此階段的兒童已能使用複雜的句子結構、更爲容易對字詞進行比較、講故事、在文字中認字。他們不僅可以認識一些字，並且還試圖在自己的塗寫中寫出這些字來。

在語言發展的這一時期，成人的角色是利用由兒童的語言所表現出的各種機會。成人必須運用這些機會幫助兒童讀寫能力的發展。人們可以鼓勵兒童了解這些印刷出來的字與詞，可以代表口頭語言所表達的意義和感受。重點應放在意義而不是形式的正確性。對兒童可自己發明的拼讀（例如，「I lik mi kat.」）應當予以接受，而不給予否定的評價。如此兒童將能逐漸掌握正確的拼寫。正確形式的發現將會自然地出現，並與兒童最初的書寫相結合。

幼兒園兒童的興趣

幼兒園兒童對各種力量和神秘的事物有極大的興趣。諸如：《灰姑娘》（*Cinderella*）、《睡美人》（*Sleeping Beauty*），（*Rapunzel*）等經典故事非常適合大聲朗讀給五、六歲的兒童。他們對英雄魔法和力量戰勝邪惡的歷險有非常強烈的回應。故事越是離奇，也就越能吸引他們。許多並不著名的神話傳說和故事，也可以維持兒童的興趣並與受歡迎的故事版本相比較。例如，兒童們會發現白雪公主在另一些故事中有一個姐姐叫紅玫瑰。閱讀同一故事的不同版本可以幫助兒童對故事進行比較分析與思考。幼兒園兒童喜歡發表他們的觀點。

由Rose Dobbs重新改寫的《安徒生童話》（*Anderson's Fairy Tales*）以及Grimm Brothers的《家居故事》（*Household Stories*），這兩部作品集插圖不多，但收錄了很多的故事。一部膾炙人口的作品是由Karen Milone繪圖的《美女與野獸》（*Beauty and the Beast*）。這本書中好妒忌的姐妹是那樣醜陋，以至於相較之下野獸也並不那麼可怕了，其結局純粹是童話式的。

幼兒園兒童非常專注於了解他們自己的身體和從事社會互動。因為同伴之間相互適應的需要日益增長，他們常常發現遊戲和交往是很困難。他們也同時發現這些複雜的情感也出現在其他兒童身上，這將有助於兒童的心理健康。Beverly Cleary關於雷夢拉·昆比（Ramona Quimby）的作品非常適合幼兒園兒童。這些精雕細琢的作品，永遠都受人喜愛。主人翁

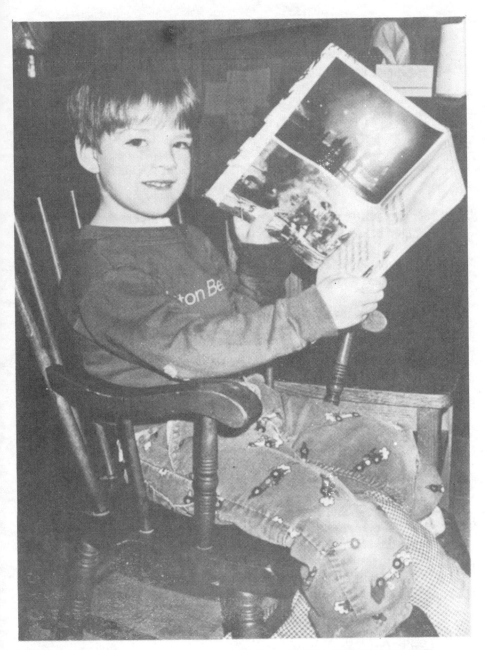

兒童在他們能夠閱讀之前即渴望好好閱讀 他們樂於了解自己周遭世界的意義
Courtesy Diana Comer.

雷夢拉時常行為衝動，然後又後悔剛剛所做的事情，這就像幼兒園兒童平時的行為表現一般。《雷夢拉的煩惱》（*Ramona the Pest*）是這年齡層兒童特別喜愛的故事，因為這些故事正好發生在幼兒園中。各種煩惱的問題對幼兒園兒童有很大影響，那些引起成人矛盾衝突的問題同樣也折磨著孩子們，當成人們正在經歷由死亡、離婚、分離、失業或其他個人困境所造成的情緒壓力時，他們通常試圖保護兒童免於受到傷害。不幸的是，這種努力很少能發揮作用。無論如何兒童們總能感受到其中的痛苦，當發生這種情形時，他們還是會體驗到被排斥的感覺。孤獨或感到孤獨幾乎不會有助於任何人度過困境，共同分擔是一種排遣方式，它使得痛苦開始進入復原的進程。閱讀有關這一方面的故事可以幫助兒童逐漸理解所發生的事情。

幼兒園兒童關心的問題也涉及那些被收養的兒童和殘疾兒童。人們常常聽說兒童會很殘酷的對待與自己不同的孩子，當這種行為發生時，如果有機會去了解這種差異，絕大多數兒童都能以友好和幫助的方法對待那些孩子。對許多兒童來說，是因為害怕某種障礙或情境以及同伴們的忽視，而引起不友好的行為。諸如：Carole Livingston的《為什麼我是被收養的？》（*Why Was I Adopted?*），Harriet Sobol的《我的弟弟是智障兒》（*My Brother Steven Is Retarded*）等作品，都非常清楚、謹慎地解釋了這些概念。這些書籍旨在消除恐懼和錯誤觀念；例如，「如果我不乖，父母會把我送給別人……這是會傳染的……他就是想吸引注意。」利用文學故事恰當地處理這些概念，可以消除對真理和理解的忽視，而理解往往會引出關心和接受。

我們身處在一個知識爆炸的世界，幼兒園兒童也身歷其境中。他們喜歡這類的書籍；例如，Aliki《我的恐龍之旅》（*My Visit to the Dinosaurs*）和Franklyn M. Branley的《火箭與衛星》（*Rockets and Satellites*）。這些出色的作品以及類似的書籍可以為那些渴望了解事物的內容、原因、方式的兒童提供大量的知識。

幼兒園兒童的閱讀興趣將不斷增長。隨著年齡的增長，入門書籍以及

基礎讀物對他們越來越具吸引力。無論一個人是否贊同早期閱讀教育計劃，基礎入門讀物總是受歡迎的。有大量可選用的書籍，它們各具特色，並附有各種風格的插畫。例如，Norman Bridwell的《克利佛德的ABC》（*Clifford's ABC*），Susanna Gretz的《泰迪熊的ABC》（*Teddybear ABC*），Anno的《阿諾的字母》（*Anno's Alphabet*），Vincent Jefferds的《迪斯耐的ABC》（*Disney's Elegant ABC*），Deborah Niland的《怪獸的ABC》（*ABC of Monsters*）以及Richard Scarry的《找尋你的ABC》（*Find Your ABC's*），都只是這些膾炙人口作品中一小部分。

幼兒園兒童的閱讀環境

為幼兒園兒童安排一個閱讀環境應視為一個團體計劃。先將兒童組織起來，讓他們共同參與閱讀環境的設計、建構和改造活動。首先把房間中的閱讀區域區隔出來，準備一些材料，並和孩子一起討論如何創造一個閱讀環境。兒童參加策劃的愈多，他們對閱讀環境以及閱讀情緒的投入就愈大。即使有些想法在最初看上去似乎是不可能的，但在一定程度上也是可以實現的。憑著想像力，可以在閱讀環境中創造出花園、星星、山洞、叢林，以及木屋。

閱讀環境的實用建議

閱讀環境是在房間中闢出一個區域，作為閱讀的參與、交流的空間，它可以是指閱讀角或閱讀區。閱讀場所及孩子們在這裡所處的時間，都反映出教師對書籍、閱讀、讀寫能力以及對兒童的態度及重視程度。使用這塊閱讀空間的人，感受到環境舒適與否，遠比空間的大小來得重要。其次兒童是否能有效地利用這一空間也是很重要的。

閱讀環境的視覺效果與美感有助其使用率，而為兒童安排適合的閱讀環境及熱情的吸引力，將可實現鼓勵兒童閱讀的目的。

佈置閱讀環境的適當場所

閱讀環境幾乎可以佈置於任何地方，每一個空間都有不同的佈置方式，而每一佈置方式亦有其優缺點。閱讀環境可以佈置在空間角落，靠著一面牆，或是在閣樓上。當設計一個場所時，我們應特別注意通路和照明。

在一個教室裡，通路是很重要的，每個人可以移動桌子和屏風，在房間中佈置或大或小的空間。較大的空間允許來往走動，這對於某些活動而言是非常必要的。不過空間過大也可能會分散注意力和造成混亂。較小的空間也有不同用途，可以把孩子分別分到較小而有趣的空間中。然而較小的空間也可能造成過於擁擠和嘈雜的情形。因此，閱讀環境最好佈置在比較安靜的地方，離開過大或過小的擁擠區域。我們也可能希望把閱讀場所佈置在靠近更衣室或音樂教室的地方，因為在這種情況下，可以產生出許多關於故事扮演的想法。所以事先構想各式各樣的佈置方案，再看看哪種方案最適合特定的課堂內容和計劃，並限定閱讀環境中的容納人數。

對閱讀環境而言，燈光是一個很重要的要素。過暗的燈光或不適宜的光源都會造成視覺問題。大多數的教師都喜歡自然光，因為自然光柔和而便利。很顯然的，這意味著閱讀環境必須靠近窗戶，如此有助於各種與閱讀相關的活動；例如，幻想、看窗外的小鳥、注視雲彩等。

但在許多情況下，並不能夠利用自然光。因此，應當有所準備，以應付陰天、清晨以及傍晚時候的昏暗。學校都有日光燈照明，然而有些情況可能需要一個較暗的環境，只用一盞電燈閱讀。電燈受到喜愛是因為它們放出柔和的白熱光。此外，有人發現日光燈很刺激眼睛，因為它會在光滑的紙面和淺色黑板上產生耀眼的反光。使用電燈閱讀時，至少要用60瓦的燈泡，柔和的白色燈泡比普通的燈泡好，因為它們減弱了閃爍現象。

那麼，應當使用哪種燈具呢？放在桌上沈重的枱燈應絕對避免。它們很容易被碰翻，造成對孩子的傷害。吊燈、壁燈、門燈都可避免這種危險。在鼓勵走動、爬行、活動的場所中，電線也是很危險的，孩子們可能把玩

它們或被它們絆倒。安全地裝置在房頂或牆壁上的燈就不會出現這種情形它們不會被碰翻。同時要把電線覆蓋起來或小心捲起來以免妨礙活動。

對於那些光線較差的地方例如，閣樓、小房間、衣帽間等，壁燈則很合適，它們便宜、安全、容易安裝，而且提供了很好的光源。所使用的任何電燈都應正確安裝，要有保險公司實驗室的認可圖章，不可有磨破或裸露的電線，聰明的做法是不要使用超過標定的瓦特電率。

在選定了空間和照明之後，還需要考慮閱讀環境裡的家具。是否使用長沙發和地毯？是否要依主題佈置，要搭個棚子嗎？這些抉擇皆取決於空間的大小、創造能力以及現有的材料。無論如何，它都存在著無窮無盡的可能性。

佈置閱讀環境的費用

費用是任何一項計劃中的考慮因素。托育機構和學校必須知道：閱讀環境不必花費太大，但花費總是難免的。學校和托育機構應把閱讀環境的花費編入預算裡，但也可以考慮其他資助來源。免費的材料來源包括：商店、家庭、朋友、舊貨市場以及社會服務機構。當設計閱讀環境時，人們應將所需材料列成清單。這個清單可以分發給所有可能有免費材料來源的機構，並為這些捐助物寫親筆感謝函。這些感謝函可為日後的教學努力建立一種友好的關係。如果學校或報紙為這些捐助刊登報導，可以為學校和捐助人提供良好的公共關係。

佈置閱讀環境的材料

一個閱讀環境需要有放書和讓人活動的空間，它需要區隔的設施，道具和裝飾。視聽設備例如，錄放影機、幻燈機和屏幕都可以在閱讀環境中使用，但可以在其他地方存放。這些聲像設備通常可以從學校或中心的其他部門借到或共用，因為它們僅僅是為了一些特殊的活動才去借或租。

佈置圖書的地方

教學目錄通常都會展示一些金屬網架或圖書陳列架，那是很適合陳列兒童圖書，因爲它們能使書籍的封面向外，這些陳列架通常都是用牢固的金屬或硬木料製成的，可以用很多年，是值得長期投資的。通常使用的規格有兩種，一種是較矮的桌櫃式，一種是落地高櫃式。然而這兩種規格都比較昂貴，或許可以找有木工技術的人特製並提供既適合使用價格又便宜的陳列架。

舊書架也可以用來作爲儲藏和陳列書籍的家具。那些準備重新整修或開張的商店也許能提供適合存放書籍的組合陳列架。一個幼兒中心曾用這種方法了買了一個很結實的陳列架，附帶四個抽屜，且背面封著木板，這樣一個五層的書架只花了15美元，現在充當屏風、房間分割物、儲藏架以及爲孩子陳列書籍和其他物品的架子。

零售商店也可能提供厚紙板製成的陳列架。絕大多數情況下，這些陳列架在使用一段時間以後，都會散架。當商店不再把它們做爲陳列架時，通常都願意把它們送掉。對絕大多數兒童圖書來說，它們還是很好使用的。一家幼兒中心曾從酒吧買了一個聚苯乙烯做的陳列架，並使用了很多年。人們必須發揮創造性思考，以尋求這些商品陳列架的各種可能用途。

其他非傳統的設施也可以被用來存放圖書或陳列圖書用。這些設施包括：塑膠洗碗盆、蘋果籃、洗衣籃、裝牛奶的箱子、細柳條筐、金屬洗衣盆、廚房壁櫥、塑膠廢品籃等。如運用一些製作技巧，我們可以用木料場的松木板和水泥磚創造出廉價而牢固的陳列架。

供人閱讀的地方

「輕柔的雨滴不停地拍打著窗子……溫暖的被子緊緊地裹著你的身體……趴在爸爸的膝蓋上傾聽一個故事」，這是一個極好的故事場景的寫照，是一個安逸、溫暖、舒適的景象。對於閱讀環境來說，「舒適」是一個關鍵

詞。在設計如何以最佳方式利用可能的空間佈置閱讀環境時，我們應時刻想到孩子的年齡和身高。兒童喜歡被舒服地摟抱著聽故事，他們喜歡左右轉動著，或不時扭動身體，他們有時也可以安靜地坐著閱讀。所謂坐著閱讀環境，就是在地板上或是在墊子上，保護他們避免跌落。

其他有關坐著閱讀的建議可以考慮；例如，小布袋椅子、一般大小的軟墊椅子都可以使用。如使用硬木製成的椅子等家具時，應當特別當心，成人家具也可以鋸短些，使其大小更適合於兒童；可以用沙發靠墊和墊子放在地上當做坐墊；裝墊子的套子可以當作小船、汽車或是山洞；在充氣式的幼兒游泳池裏可以放一些墊子和填充玩具當坐椅用；小椅子、搖椅以及凳子都可以在閱讀環境中使用。

除了這些顯而易見的選擇外，另外一些建議也很有幫助，可以向製造商和運輸公司要舊的卡車輪胎，先用硬刷子、清潔劑、去污劑和水將它們徹底洗乾淨，再在輪胎上畫一些圖案或裹上毛毯，使它們感覺更舒適些，然後再放到閱讀環境中。

小木屋可以為兒童營造一個非常好的閱讀環境。如果選擇小木屋，必須要請有經驗的人來做，應選擇用木頭製成，高度不要高於地板四英尺，而且要做得牢固。如果使用護板或柵欄，它們的間隔不應大於兩英寸，以免孩子卡在木條之間。要避免使用枕頭或其他可能導致從小閣樓上摔落下來的東西。如果用地毯作為坐臥的鋪墊，在作出決定用哪種地毯之前。要鑑別其質量。羊毛地毯可能太熱且讓人過敏；室內及室外兩用地毯比較經久耐用；尼龍地毯容易清洗。可以向地毯經銷商買零碎的地毯，價格極便宜，只要把破舊的邊剪掉即可，再用大針和結實的線，將這些地毯組合成一幅藝術拼毯。這種拼接地毯的優點是上面有各種各樣圖案、紋路、及不同的風格，它可以成為一件觸感極佳的作品，也可以區隔每一個孩子的空間範圍。

閱讀環境的區隔

一個閱讀環境應當遠離教室中人流川行的地方。房間內的區隔有助創

造一個空間，其有不被外界干擾的感覺。你可以利用書架、公告板、木板、絨布板、以及黑板做區隔，家具也可以構成閱讀環境的邊界，沙發靠背、一排椅子、一排墊子，都可以當作區隔用。當然，人們可以購買室內隔板，也可以用大號厚紙箱或四乘八英尺幅面的壓縮板製作。只需要三或四英尺高的隔板即可形成一個隔離的小天地，而這高度可以使教師看到教室中其他部分的情況。

閱讀環境的特殊設計

不斷的嘗試變化，或注意細節的安排，都能創造出更好的閱讀環境。我們應該考慮把閱讀環境作為展示教室風格的一個表現手法，它應該包括能反映兒童的活動和創造性的素材。可以在牆上掛一塊布告板，並隨著季節的變化而改變，可以透過閱讀環境反映教室活動主題，而在閱讀環境中放置木偶或填充玩具亦可以展現兒童喜愛或正在閱讀的故事內容。

在「恐龍週」單元，可以讀Syd Hoff的《丹尼・恐龍》（*Danny the Dinosaur*）和Bernard Most《如果恐龍回來了》（英文漢聲）（*If the Dinosaurs Came Back*）等書籍。把孩子喜歡的各種恐龍掛起來，或在閱讀環境的其他玩具動物裡加入一個填充恐龍或充氣恐龍，也可以在牆上掛一幅恐龍的圖畫；甚至可以在閱讀環境放一個紅色的塑膠球當作恐龍蛋。這些素材可以從幼教社、舊貨市場、親戚和朋友那裡收集。此外，亦可在書店中購得有關書中人物、角色的填充玩具。

其他有關裝飾的新奇想法包括：使用大箱子創造各種特殊的環境；在閱讀環境內放上一枝樹叉可以增加閱讀的愉快氣氛；還可以根據當時的季節裝飾閱讀環境可用來裝飾的材質五花八門；例如，用皺紋紙或棉球做成雪片，讓兒童們依樣複製，可增強他們對季節變化的概念。在閱讀環境中無毒的活植物總是引人興奮、受到歡迎但應放在嬰幼兒碰不到的地方。

拼圖、序列卡、巨書、幻燈片、錄音帶都可為閱讀環境帶來新的境界。由此，閱讀環境可以成為一種積極的、互動的情境，而不只是一個隨便翻

圖*2-1* 閱讀環境的圖例　Courtesy Diana Comer.
閱讀環境的大小和內容各不相同，但都應具備溫暖、怡人的情調

書的地方。孩子也可以對閱讀環境中的美學氣氛付出心力。讓孩子參與佈
置設計，擺放圖書貼海報、標籤等工作，對他們個人是一種獎勵，在陳列、
展覽時，這些內容使環境中充滿了積極正向的自我成就感。孩子們開始意
識到：他們的貢獻和這閱讀環境中的其他書籍和裝飾同樣重要。

把所有方面整合起來

　　為了使閱讀環境有一個「整體構想」，應該先在紙上規畫出一個草圖。
在草圖上可以看到所有內容的組合，幫助你對這個環境產生一種整體概
念。(**圖***2-1*) 展示了佈置一個閱讀環境的幾種構想。

圖2-2　在使用中的閱讀環境　Courtesy Diana Comer.
一個成功的閱讀環境是使兒童在其中感到適並能自由使用的環境

　　　　　　　　　　幼兒文學：在文學中成長

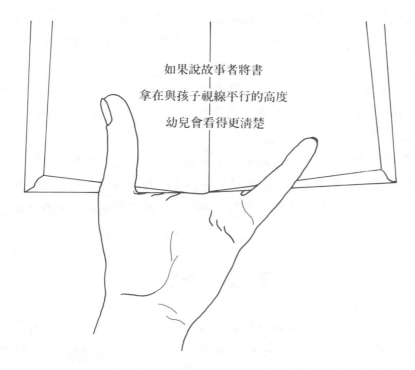

如果說故事者將書

拿在與孩子視線平行的高度

幼兒會看得更清楚

手拿著書使兒童能夠看到書上的文字和插畫，只需要稍做訓練，但卻是
引發兒童對故事產生共鳴的重要條件　Courtesy Diana Comer.

　　每個人會根據自己的偏好和兒童的需要增加其他的細節。在圖中所展
現的構想只是教師可以作爲閱讀環境的構想之一。(圖 2-2) 陳列了幾幅實
際敎室中閱讀環境的圖片請注意它們的相似與相異處。要時刻記住：兒童
愈能參與閱讀環境的設計和佈置，他們在幼兒園中作爲讀者、傾聽者、分
享者並了解圖書故事中令人興奮的世界時，就愈覺得舒適。

拿書講故事

　　許多人在爲兒童說故事時，不能成功地掌握一些技巧的重要性。爲孩

子說故事絕不僅僅是拿起一本書大聲地朗讀。閱讀環境、題材選擇很重要，拿書的方式也很重要。說故事者應緊緊的拿著書，並置於與兒童視線平行的高度。

在閱讀每一頁時，應將書適度的由一方移動至另一方，使所有的孩子都能看到圖畫和文字。如果孩子們看不到圖畫，他們會感到煩躁或沮喪，極可能會喪失對故事本身的興趣。

如果教師對故事的內容非常熟悉，那麼用這種方式拿書，並不會影響故事的流暢。如果孩子們坐在教師的身邊或教師的膝蓋上，拿書的方式就是把大姆指放在一頁的中部，讀書正面展開在孩子們的面前，不要隨便晃動書，以使孩子們能夠坐著卻很容易地看清書上的內容。

選擇適合的位置

教師在為一群孩子唸書時為自己所選擇的位置，取決於孩子的數量及空間的大小。在孩子人數較多時，教師通常選擇一個圓圈區域。在孩子人數較少時，以一個小角落為閱讀區域比較理想。午睡前是大聲朗讀故事的好時機，當孩子安靜時，故事可以提供一種安適的聽覺經驗。

一般而言，有幾個因素對積極的閱讀經驗有貢獻。當然，我們應選擇有充足的光源卻不會直射孩子眼睛的舒適場所。其次，要確保有足夠的空間允許孩子們移動身體，這樣孩子們才不會相互發生摩擦。(圖 2-3) 介紹幾種成功的座位安排法。

此外，要選擇一個沒有外在直接干擾的地方。娃娃角太吵雜，並不適合做閱讀場所。在戶外閱讀時，要避開螞蟻洞、潮濕草地和各種可能被蟲子干擾的地方。我們可運用一些手指謠或歌曲使孩子們對故事發生興趣，並確保所有的孩子們都坐在恰當的位置上，能夠看到插畫。最後，我們在為孩子們說故事或與他們一起閱讀之前，自己必須熟悉故事內容。

尋找好書

下一章將討論選擇一本好書的標準。這一節則介紹在什麼地方找高品質的書籍。在任何一次課堂教學中，圖書都是一個重要的因素，但圖書可能很昂貴，要在預算計劃之內增購教室圖書資料，的確是很不容易。一旦教師已經決定需要為課堂圖書室增加哪些圖書，接踵而至的問題就是如何找到這些書。

圖書館

如果教室是由公立或私立學校所擁有，學校的圖書館是借閱所需書籍的第一個來源。絕大多數圖書館員都歡迎由教師提出的有關為學校圖書館選擇書籍的建議。在幫助教師找到合適的書以豐富教學主題、單元和特殊的課堂計劃方面，圖書館管理員是最合適不過的了。每一堂課都應當備有固定的配合書籍，為了找到這些書籍，可以到舊書市場、書店、圖書俱樂部、圖書館廢棄書拍賣店、圖書交易會、書市以及流動售書車等地方搜尋。

在購買任何書籍之前應該說明的一個問題是，究竟平裝圖書是否應該成為課堂圖書室的一部分。對於由教師大聲朗讀的方式來說，平裝書和精裝書一樣，提供了相同的內容，但價格卻便宜得多。教師們對於平裝書是否適合課堂使用可能有爭議，爭論的每一方都持有力的理由。

平裝書

無論是古典作品還是現代獲獎作品，這些優秀書籍都有平裝版。而裝釘技術已經大大改善了許多平裝書的品質和耐久性。

由於一本精裝書的價格昂貴，人們可能寧願用買一本精裝書的錢去買好幾本平裝書。由於平裝書的價格相當便宜，教師們可以買更多的書籍，而不是每年只買少量幾本。由於這原因，使我們在課堂圖書室可以看到書籍的種類，非常迅速地增加。

當和一、兩個孩子閱讀時,最舒適的方法就是與孩子共坐一張椅子,並讓孩子坐在你的大腿上

與較少孩子閱讀時並排而坐比較好

對於三到二十個孩子群而言,傳統的半圓型座位一向是有效的座位安置方式,它提供了很好的視線

圖2-3　成功的座位安排形式
Courtesy Diana Comer.

　　　　幼兒文學:在文學中成長

對於十五人以上的大群
體，可以讓一半的孩子
坐在地板上，另一半孩
子坐在小椅子上，這樣
可能是比較有效的安排
方式

對於較大的群體，安排階梯
式座位或是讓孩子們坐在臺
階或樓梯上，可以具有更好
的視覺效果

精裝書

　　精裝書比較昂貴，但它們更能經得起每天課堂使用時的磨損和撕扯。雖然最初的購買價格較高，但很有可能這些書不需要經常地更換。由於絕大多數書籍都是先出版精裝印刷的，所以精裝書可以看到更為廣泛的作品。

　　對於平裝書與精裝書的爭論的回答也許是：這兩類書籍在圖書室裡都有自己合法的地位。教師可以採集雙方的優點，買一些平裝書增加多樣性，買一些精裝書增加收藏的耐用性。如果有必要，平裝書可以限於教師使用或兒童短時間的使用，使其使用壽命增長些。

　　兒童和幼兒需要直接接觸的經驗，人們可能希望把平裝書限制在只由教師使用。另一方面，讀書教養的發展要求：一旦書籍在兒童手上能被有意義的使用就應當把書籍交給他們。結實耐用的厚紙板書，以及邊角打圓的塑膠書，對於幼兒和兒童都是極適合的。

　　圖書俱樂部可以為教師購買圖書提供有效的幫助。這些俱樂部提供一種便宜的方式買高品質的現代的和古典圖書。通常提供的書籍都是平裝書，但可以獲得圖書點券。點券可以用來購買精裝本、幻燈片、錄音帶以及海報。每一個月幼兒園還可以得到一些免費海報、圖書和貼紙，圖書俱樂部也常常提供美國卡德考特得獎作品。此外，兒童的父母們還可使用這些俱樂部作為增加家庭藏著的一種方便的管道。當然你不應迫使家長或他們的孩子感覺他們必須加入圖書俱樂部。俱樂部這一資源永遠都應當只是供人們參考的一種選擇。

　　提供適合兒童圖書的俱樂部有：Scholastic's Firefly and SeeSaw Book Clubs, Troll Book Club, Grolier's Dr. Seuss and His Friends Book Club, Trumpet Book Club, Walt Disney Music Company and Western Publishing's Sesame Street Book Club. 這些俱樂部的地址可在附錄A中找到。

　　出版圖書目錄通常為課堂圖書室的初建提供了極好的開端。購書計劃

可以按照主題內容分類，也可以按照年級分類。

大開本的圖書現在也越來越多了。所謂大開本圖書是指它們的尺寸很大，足以使兒童更容易地和教師一起共同閱讀。有些大開本圖書是用大型版式重新印刷的流行故事。另有一些則是專爲大開本圖書特別寫作的故事。這些新寫作的故事往往有可預見的內容，即很多重複的段落和句子。這樣做是爲了使兒童能夠認出某些印刷文字，以參與實際的閱讀活動。銷售大開本圖書的出版商的銷售大開本圖書的出版商有：Random House, Learning Well, Scholastic, Western Publishing, and The Wright Group. 這些出版商的地址可在附錄A中找到。當寫信給出版商時，通常說明你感興趣的年齡或年級會更有幫助。

扮演優秀的說故事者

Clara Thompson是一位跨世紀的教育家，她曾說道：人類的本性並不會在教育中有所改變，因爲她最初是在一間房子的學校裡受教育。教育的作用只不過和受教育者本人在其中所努力的作用一樣。當一個人能夠與兒童溝通，把他們帶入教育過程中時，兒童才開始學習。

儘管學習輔助技術有了新的發展，學習的最初資源還是教師。如果輔助工具和材料沒有即時得到……如果電視錄放影系統發生故障……如果教師的指導手冊被燒了……有能力的教師依然可以教學，有能力的教師仍然能激勵和教育兒童。這工作最重要的工具——教師本身的資源——依然存在。因爲教師把兒童帶入學習過程中所具備的知識、創造力、熱情才是眞正的教育。

教師必須牢記：身體語言和準備所表現出的細微的變化都將被兒童覺察到。當教師充分而有效地準備好講故事或教學，自然會有自信的神情，兒童會覺察到這一點，並作出反應。當教師感到自信和輕鬆時，熱情便自然增加，教師便會在講述故事時變得泰然自若，沒有拘束之感。

傳達訊息

講故事並非單純地唸書上的文字。人們必須傳達出字裡行間和插圖中蘊含的訊息與情緒。

在計劃說故事時，第一要件就是充分了解這個故事。如果教師不熟悉故事情節，就不可能計劃一個說故事的活動。

當說故事或複述故事時，除非兒童能注意傾聽，否則不要開始。教師可以使用一種轉換活動和引導動機的方法，把兒童帶入故事情境中，以促使他們渴望聽故事。

說故事的人必須咬字清晰。速度要比一般說話時的速度更清楚，這樣能幫助所有的孩子理解每一個字。

運用聲音

說故事的人必須有效地使用自己的聲音。他的聲音可以是柔和的、嚮亮的、逗趣的、清脆的、或是有安慰作用的，這是說故事的有利工具。對故事中不同角色使用不同的聲音，以及富變化的音色和語調，都有助於引發和維持孩子對故事的興趣。說故事的人必須保持故事的節奏感。這意味著：在故事的某些部分，聲音要大一些、速度要快一些，而在故事的其他部分，聲音則需要平緩、柔和一些。

運用肢體語言

肢體語言也是說故事的一部分。為了排除身體不必要的移動和動作，在說故事前要選擇一個舒適的姿勢。說故事者的臉孔可作為故事畫面的鏡子，當然可以略帶誇張。保持眼對眼的接觸有助於維持兒童對故事的專注力，在故事情節的轉折處稍作停頓，可以增加對故事的興奮感，甚至可以在一個充滿懸疑的地方停下來，針對可能會發生的情節提出開放式的問題。最後，人們應當在說故事的過程中表現出愉快的心情，選擇一本無論對教師或是兒童都受歡迎的好書，不要僅僅因為目前可以取得或因為過去曾經使用過而選擇一本書，應該讓每一本書都成為一種特殊的回憶。

結語

在這一章裡，可以看到，對兒童進行文學教育的閱讀環境是非常重要的。爲說故事和閱讀書籍設計情境，是任何一項幼兒教育計劃中的重要部分。兒童會對環境作出反應，他們還會對參與這一環境的策劃的機會有所反應。

閱讀環境應該是精心設計的，且能反映出不同年齡孩子的特點。因此，有必要對嬰兒、幼兒、學前兒童的閱讀能力和發展作深入的了解，這些知識將有助於教師設計閱讀環境。

教師是把書上的訊息傳遞給兒童的重要工具。說故事的技巧可能不是每一個人天生具有的，但它們是可以隨著練習和預先計劃而逐漸發展。有效地運用肢體語言和聲音對促進閱讀有極大的貢獻。計劃好說故事的方法，則是與孩子分享故事的重要步驟。

思考與討論

1.在計劃說故事時，應當考慮些什麼？

2.嬰兒何時開始將聲音與意義聯結在一起？

3.描述一個可以爲兒童說故事的環境。

4.幼兒的哪些特徵是說故事者需要予以考慮的？

5.在爲嬰兒和幼兒設計的插畫中，人們應該注意些什麼？

6.學齡前幼兒如何表現出幽默感？

7.將一個嬰幼兒閱讀環境變成一個適合幼兒園兒童的閱讀環境時，應當改變哪些內容？

8.當幼兒進入幼兒園階段時，可能會產生那些社會性變化？

9.請支持或反駁這一觀點：幼兒園兒童太小，不能涉足有關現代社會問題。

10.如何設計一個適合學齡前兒童的閱讀環境？

11.選擇閱讀場所時，應考慮些什麼？

12.討論各種陳列圖書的方式，以鼓勵兒童使用它們。

13.討論各種為閱讀而安排的座位的方式，並說明使用每一種方式的條件。

兒童圖書書目

Aliki (Brandenberg), *My Visit to the Dinosaurs* (New York: Crowell, 1969).

Anno (Mitsumasa), *Anno's Alphabet* (New York: Crowell, 1975).

Judith Barrett and Charles S. Blackman, *I Hate to Take a Bath* (New York: Scholastic, 1975).

Stan and Jan Berenstain, *He Bear, She Bear* (New York: Random House, 1974).

Franklyn M. Branley, *Rockets and Satellites* (New York: Crowell, 1970).

Norman Bridwell, *Clifford's ABC* (New York: Scholastic, 1986).

John Burningham, *Mr. Grumpy's Outing* (New York: Holt, Rinehart and Winston, 1971).

Stephanie Calmenson, *My Book of Seasons* (Racine, Wisconsin: Western, 1982).

Eric Carle, *The Very Hungry Caterpillar* (New York: Philomel, 1981).

Beverly Cleary, *Ramona the Pest* (New York: Dell, 1976).

Rose Dobbs (trans.), *Anderson's Fairy Tales* (New York: Random House, 1958).

Don Freeman, *Corduroy* (New York: Viking, 1968).

Erica Frost, *Jonathan's Amazing Adventure* (Mahwah, New Jersey: Troll, 1986).

Susanna Gretz, *Teddybear's ABC* (New York: Follett, 1975).

Grimm Brothers, *Household Stories* (New York: McGraw-Hill, 1966).

Tana Hoban, *Push-Pull, Empty-Full* (New York: Macmillan, 1972).

Syd Hoff, *Danny the Dinosaur* (New York: Harper and Row, 1958).

Pat Hutchins, *Rosie's Walk* (New York: Macmillan, 1968).

Vincent Jefferds, *Disney's Elegant ABC* (New York: Little Simon, 1983).

Jimmy Kennedy, *The Teddy Bear Picnic* (LaJolla, California: Green Tiger, 1983).

Dorothy Kunhardt, *Pat the Bunny* (Racine, Wisconsin: Western, 1962).

Susan Lapsley, *I Am Adopted* (New York: Bradbury, 1975).

Lois Lenski, *Cowboy Small* (New York: Walck, 1949).

Lois Lenski, *Debbie and Her Family* (New York, Walck, 1969).

Lois Lenski, *The Little Sailboat* (New York: Walck, 1965).

Carole Livingston, *Why Was I Adopted?* (Secaucus, New Jersey: Lyle Stuart, 1978).

Karen Milone (illus.), *Beauty and the Beast* (Mahwah, New Jersey: Troll, 1981).

Bernard Most, *If the Dinosaurs Came Back* (New York: Harcourt, Brace and Jovanovich, 1984).

Deborah Niland, *ABC of Monsters* (New York: McGraw, 1978).

Jan Ormerod, *Making Friends* (New York: Lothrop, Lee and Shepard, 1987).

Helen Oxenbury, *Good Night, Good Morning* (New York: Dial, 1982).

H. A. Rey, *Curious George* (Boston: Houghton-Mifflin, 1963).

Richard Scarry, *Find Your ABC's* (New York: Random House, 1973).

Maurice Sendak, *Where the Wild Things Are* (New York: Harper and Row, 1963).

Dr. Seuss (pseud. for Theodor Geisel), *Horton Hatches the Egg,* (New York: Random House, 1940).

Myrtle Shay, *What Happens When You Go to the Hospital?* (Chicago: Reilly and Lee, 1969).

Harriet Sobol, *My Brother Steven Is Retarded* (New York: MacMillan, 1977).

Judith Viorst, *Alexander and the Terrible, Horrible, No Good, Very Bad Day* (New York: Atheneum, 1972).

Bernard Waber, *Ira Sleeps Over* (Boston: Houghton-Mifflin, 1972).

Blanche Fisher Wright, *The Real Mother Goose Husky Book One* (Chicago: Rand McNally, 1983).

Blanche Fisher Wright, *The Real Mother Goose Husky Book Two* (Chicago: Rand McNally, 1983).

參考文獻

T. Berry Brazelton, *Infants and Mothers: Differences in Development* (New York: Dell, 1983).

David Elkind, *The Hurried Child* (Reading, Massachusetts: Addison-Wesley, 1981).

Stanley Greenspan, MD, *First Feelings* (New York: Simon and Schuster, 1973).

Arthur Jovan, *The Feeling Child* (New York: Simon and Schuster, 1973).

CHAPTER 3

選擇最好的文學作品

這是一個資訊和商品大量衝擊的時代，消費者往往被淹沒在抉擇的困境中。無論採買或使用任何一項產品，我們都必須耗費心思作選擇，汽車、珠寶、食品、立體音響，各有其特殊規格、色彩、風格及裁式，甚至作者刻正書寫這個句子的工具亦是如此。當然，為幼兒選擇適合的書籍也是一件需要吸收資訊而後過濾、選擇的浩大工程。

根據統計每年全世界大約有2400本為兒童出版的新書。如果將過去幾十年來，為兒童出版而又有閱讀價值的書籍列入計算，那麼簡單的乘法就可以算出可供選擇的兒童書籍竟有數萬冊之譜。如果每位幼教工作者每天在課堂上朗讀或介紹三本書，一年下來需要七千多本書。而即使一位幼稚園教師每天用兩本書，一年上180天的課，一年大概需要用掉360本書。

在數萬本已是值得一讀的書中再做出有限比例的，並不是一件簡單的事情：一方面閱讀和刪選的過程相當繁浩，另一方面，要為有不同需求的學生選出適合的書籍，篩選者也需要有相當的敏銳和審慎思維，需要非常敏感和費心思。教師必須同時考慮到課程規劃和兒童本身的需要，然後再挑選適當的圖書。此時，圖書本身的品質是最重要的。一部宏篇巨著並不一定適合於某些學童；而一本冗長乏味的書，即使題材非常適合課程，但可能對於教師或兒童來說卻缺乏實用的價值。

此外，教師也將使用該本書的目的列入考慮目的。比如說是否書中的

圖表和照片適合某一教學單元？有助於兒童理解正在學習的主題？如果兒童學習某一主題的樂趣所激發出的高度興趣將有助於兒童在閱讀較長段落時的注意力。如此一來，兒童就能夠吸收有關不同種類的恐龍之名、習性等的大量新知識了。

探討的主題包括了：啟蒙的方式、優秀的文學作品以及如何介紹或融會書籍的內容等等。同時也提供了幾種不同類型之作品及摘要和其享譽的評論之介紹。

如何踏出第一步

培養選擇優良兒童書籍的能力最好的方法是先成為觀察兒童的專家，這不並是說要像心理學家般地以圖表或測驗來歸類整理兒童的行為，教師應該積極地觀察兒童的行為：言語，及其社交活動模式，時時對孩子們透過語言或行動要表達的意思保持探究好奇心，並思索他們採取這種方式表達自己的原因。透過觀察，教師將逐漸進入孩子的世界，並以他們的眼睛及心來了解什麼是對他們有意義的。這一點是非常重要，因為語言的最大目的即為表達意思。

著名作家寫的書，即使充滿著令人眼花撩亂的插圖和華麗的詞句，如果對孩子來說沒有意義，那麼它一點用處都沒有。Cascardi的主張是所謂最好的書其實並不存在，雖然每類書籍中都有一些好書，但不同的孩子有著不同的興趣，有的可能覺得此一類書比另一類書更吸引人，也有的孩子有不同的喜好，……總之，盡可能地讓孩子們廣泛地接觸各種書籍總是好的。

透過兒童的觀點，來選擇對他們有意義的圖書並不是件易事。教師必須避免選擇那些個人興趣和偏好的書籍。每一個人都有每個人的偏好，但是，很重要的是選擇符合班級上學童興趣的圖書對教師和兒童雙方成長都很有幫助。

教師必須考慮聽者或讀者的年齡。事實上，經由教師的朗讀，兒童常常能聽懂那些他們自己無法看懂的書。圖書館中的兒童書籍通常是依據孩童心智發展的程度分類排放的，經分類的重點可幫助新教師順利地踏出第一步，對資深的教師而言，也可能從中獲得額外的收穫。

鵝媽媽故事、神話傳說和其他類型書籍很適合非常小的幼兒。開本較大、色彩豐富、主題簡單、有可觸摸的表面、以及語言富節奏性的書籍非常受幼兒們歡迎。幼兒們也對那些有關自己、自助技能、家庭和與周圍之事物有關的書籍有興趣。教師應當對學童在課堂上的個別的問題和感受保持敏銳。書本中的有些內容和主題可能會驚嚇到某些兒童。但相對地，一個經歷過寵物死亡的幼兒也可能會從有關這一主題的書籍中得到慰藉。

Betsy Hearne曾說過「兒童讀物常是展現動人的情感、動人的語言、和動人藝術的媒介。如果你覺得正在讀的那本書枯燥乏味的話，索性把它扔掉。不過，雖然這本書可能很枯燥，但其他成千上萬的書未必都如此。」這種方法似乎很激烈，但卻也很有效。不應讀那些會讓學童感到枯燥的書或故事給他們聽，教師的角色是要灌輸學童求知、想像和閱讀的慾望。如果一本32頁的書讀到第3頁就讓兒童開始躁動、厭煩，他除了想要逃離這乏味的情境之外，是不會被激發出任何正面的感受和動機的。

教師在選擇圖書時必須考慮到班上學童的興趣。即使一本書符合所有選擇的標準，但仍可能就是吸引不了某些兒童的興趣。在這種情況下，就應當把這本書拋到一邊，或者以後也許可以再試著讀讀看。

一旦對所教導的兒童有所了解，便可以開始尋找適合的圖書。書店、圖書館和多數社區都有兒童圖書俱樂部，圖書取得並不是主要的問題。和圖書館員、教育家及其他與兒童有關的人士交談，也是獲取可利用之書目訊息的好方法。這些人也許還會建議其他的資源例如，《學校圖書館期刊》（*School Library Journal*），《號角雜誌》（*The Horn Book Magazine*），以及其父母親通訊刊物《為什麼需要兒童讀物？》（*Why Childrens Books?*）。

優秀兒童文學的必備要素

　　兒童書籍的優劣標準和評斷成人文學作品的標準有無差異呢？也許沒有。當然成人書籍的作者所寫的作品可能篇幅更長，主題更複雜。但這只是量的區別。無論對於兒童還是成人，文學作品的品質都應該一樣的。那些花大量時間閱讀兒童文學作品的讀者很快就會發現：成功的兒童文學作家都是有很高天賦的人。他們在每一方面都是堪與成人作品的作家匹敵。但是，這並不表示所有兒童讀物都是好的，就像為成人寫的作品一樣，兒童文學也有良莠之分。

　　當針對書、兒童和課程之間達成恰當選擇之後，便可以考慮一些文學方面的因素，包括：角色塑造、背景、情節和主題。這些要素恰當的發展構成了所有高品質文學作品。不同的作品中，某一個要素可以比其他更突出，但所有要素都會呈現。

角色塑造

　　每一個故事中至少有一個角色，通常是好幾個。故事中的角色可以是動物、人、物體、或是想像中的東西，但角色的數量不應超出講述故事的需要。首先，他們對於兒童來說必須是真實的。禁得起時間考驗的文學角色，其情緒和行動都予人真實的感覺。他們使讀者窺見到自我。這樣一種感受：「是的，我能體會那種情感和情境。」簡言之，讀者關心故事中的角色是因為他與該角色有一種情緒上之聯結。

故事中主人翁必須是可信的

　　書中的主人翁必須予人真實感，其言行舉止均符合所設定的角色或個性。一個優秀的作家能透過人物的思想、言語談吐、行為以及表情的描述

熊媽媽和熊爸爸　　Courtesy Stan and Jan Berenstain.

了解人物的個性和動機。作者必須掌握精確的表達方式，以使這些角色對讀者而言有可信度。Brinton Turkle的《朋友歐巴第》（*Thy Friend, Obadiah*）描述生活在Nantucket殖民地的一個六歲男孩的故事。這個男孩穿著殖民地服裝，準確地講著當時的語言，作者成功地讓這個男孩跨越了殖民時代及現代時空的鴻溝，而獲得了讀者的認同。

在司徒彼德的家庭系列叢書中；《司徒彼德外出》（*The Stupids out*）《司徒彼德之死》（*The Stupids Die*）《司徒彼德有一顆球》（*The Stupids Have a Ball*），Harry Allard & James Marshall組成的作家和畫家班底創造出了令人信服的人物，儘管他們本身有些不可思議。司徒彼德（Stupids）是一個家族，他們所做的每一件事都那麼地……嗯，愚蠢！孩子們用草坪修剪器推剪地毯，用花園灑水器澆室內盆栽。司徒彼德太太從活雞身上拔取羽毛做衣服，而司徒彼德先生則佇立在大雨中吃雞蛋。只有書中的貓和狗反而予人稍微正常的感覺。但由於這一切都恰當地反映了人物本身真實的面貌，所以受到讀者的喜愛。讀者們認同司徒彼德是因為每個人都像他們一樣都做過一些愚蠢的事。James Marshall在他以《喬治和瑪莎》（*George and Martha*）為首的系列叢書裡，對這種人性的愚蠢的一面作了進一步地發揮探討。

角色必須保持一貫性

角色可以改變和成長，但基本本質需具備一貫性。也就是說，人物不應當因為故事中的經驗的結果而完全變成另外一個人。在Munro Leaf的《費迪南的故事》（*The Story of Ferdinand*）一書中，環境改變了那著名的公牛，但Ferdinand仍然是一個和平主義者。而在《好奇的喬治》一書中，H.A.&Margaret Rey筆下的猴子從錯誤中學習，但並不喪失自己的個性或猴子的屬性。有時人物不會成長或從錯誤中學習例；如，在Norman Bridwell關於《大紅狗》（*Clifford*）的書籍中，那條狗一成不變地總是製造麻煩，看過這本書的孩子可以了解這點。

角色可以在很多方面成長，但又不失一致性。Robert Munsch的《永

遠愛你》（*Love You Forever*）一書中的主人翁便是一個範例。在這個感人故事中，一個新生兒和他的母親一起生活了許多年，直到這個孩子成爲靑年，有了自己的孩子，而他媽媽已變得又老又衰弱。在這個故事中，讀者一路跟隨著這個孩子身體和心理方面的成長歷程，從童年，靑少年，到成年，充份感受到兩個人物所共有的善良和愛的本性直至最終，極致地反映出兩代人所一致共有的愛。

　　文學作品中值得人回憶的角色往往深具不同凡響的性格。他們並不一定要具有超然的能力。相反地，他們是由眞實的人性構成的，如此發展出性格行爲使他們特別令人難忘，也許這是因爲他們做事或說話的方式使讀者想到而已，也許因爲讀者希望自己也能做到他們所做的事。幾乎沒有哪個孩子不認識Seuss博士和Mercer Mayer筆下的人物的，雖然絕大多數人並不太能精確地講出是些什麼人物。讀者和角色之性格之間的強烈的互動是來自該角色之個性和眞實性的力量。Virginia Lee Burton把讀者帶入《小房子》（國語日報）（*The Little House*）中的一幢建築的性格和情緒的世界中，而Shel Silverstein在《給予樹》（*The Giving Tree*）一書中則將一棵樹塑造成了讀者認同的主人翁。Silverstein將讀者帶到這棵樹的心中，體驗季節的變化以及樹和男孩之間感性的關係。

　　兒童讀物中的孩童主人翁常是性格不刻板化的人物，Charlotte Zolotow的《威廉的娃娃》（*William's Doll*）中的男孩，不在乎世界上其他任何事物，唯一的願望就是擁有一個自己的玩偶。這個故事中的其他人物始終無法理解爲什麼一個男孩會要一個布娃娃，直到祖母以富有智慧的方式解釋任何一個孩子想要一個玩具或娃娃都是很自然的一件事。在Tomie dePaola的傳記故事《藝術課》中，主人翁的個性和創造性至今仍有啓發意義，他對學校藝術課程的僵化要求提出了頑強的抗爭。

　　Ludwig Bemelmams塑造的Madeline, Edward Ardizzone描寫的Little Tim, Rosemary Wells刻畫的Max, Peggy Parish創造的Amelia Bedelia和Arnold Lobel筆下的靑蛙和蟾蜍等人物都讓讀者們畢生懷念。這些人物以智慧、幽默、情感共鳴觸動讀者心中追尋獨立成長的需求。

FUN ON WHEELS

by Joanna Cole
Illustrated by Don Gauthier

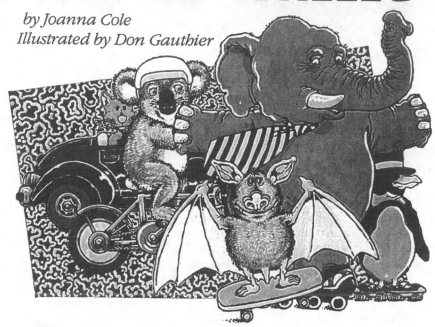

兒童喜歡閱讀動物角色的故事從中得到快樂
Courtesy Delmar Publishers Inc.

動物角色

　　動物角色的塑造是兒童文學相當重要的部份。Beatrix Potter賦予她的動物人格，但仍保持牠們原本可愛的動物天性。她讓她們繼續遵從她們的自然本能。透過插畫，我們看到牠穿著衣裳，具有人的個性的動物角色，儘管牠們從花園裏偷蔬菜，住在老鼠洞裡，但每一個角色卻又都是有說服力的，而且仍保有牠們的動物屬性的迷人之處。Else Holmelund Minarik也在她的「小熊叢書」(Little Bear Book)裡。採取和Janhe & Stan Berenstain的Berenstain Bears系列叢書中同樣手法。在後來的續集篇裡，動物角色的行為、情緒和所面對的情境都仍是擬人化的，但這些狗熊們看上去並不只是僅僅走出了森林而已，牠們還有一個人類形式的家庭，住在一間用樹木搭起的房子。

　　結合人和動物這兩種不同類型角色的故事，往往在二者之間建構一種獨特動人的聯繫。在Susan Jeschke的《帕菲克特，豬》（*Perfect the Pig*）中，一個人照顧一頭殘疾的豬。帕菲克特（Perfect）生來矮小，但具有一副翅膀，使他能夠飛翔。由於這種異常，她被她的家庭拋棄。她漂流而經歷了一系列風險，一路上既遇上了善良的人物，也碰到了邪惡的角色。在Susan Meddaugh的《野獸》（*Beast*）一書中，一個小女孩不畏無名的恐懼而調查被囚禁在家中穀倉裡的野獸，結果女孩和野獸之間建立起了融洽的友誼。Arthur Yorinks的《路易士，魚》（*Louis the Fish*）一書中，人類主人翁希望自己變成魚而渡過此生。雖然他的父母一直撫養他，希望他繼承家族的肉品事業。但Louis總覺得自己就是一條「離開水的魚」。他不喜歡肉的味道，在他做的每一件事情上都看到魚的影子。甚至他的顧客在他看來也像魚。在他畢生對此抗爭後，終於有了自己能生活於其中的水族館，此時Louis的人格才安定了下來。

　　塑造不同性格的動物主人翁是很適合兒童文學的手法，這類作品常能帶給小讀者很愉快的閱讀經驗。複雜艱深的主題可以透過動物角色來表達，這些角色較少會反映出某些兒童創傷的經驗，有時在某些書中兒童可能會看到自己生活中的情境或體驗諸如：新生兒的加入、搬家、醫院、離婚以及死亡，透過採用動物角色，就可以和現實生活保持一定距離。藉由處理某些主題時，可能需要設定這種安全的情境。兒童常常從書籍中的動物角色裡了解動物和牠們的習性。如果故事中的動物角色不符合牠們真正屬性的話，有時他們還會對一提出更正或質疑。即使出現了這種情況，也不會削減幻想之情節或擬人化動物對小讀者引起的快樂。它會引起兒童對動物的極大興趣，這種興趣是絕大多數孩子早年都具有的。優秀的作者塑造出的動物角色往往是真實的動物屬性和人類行為的巧妙結合。

故事背景

　　「背景」一詞通常使讀者想到故事所發生的地點和時間。這只答對了一部分，「背景」往往還意味著更廣泛的內涵。除了故事發生的實際地點和時間外，「背景」還可以包括人物生活的方式和環境的文化特性等。假如一個故事發生在南北戰爭時期的一個小鎮裡，那麼這個小鎮是在南方還是北方，可能會讓故事有所不同，地理因素本身也許不見得有多大關係，會造成相當大的差異的可能是地域性的道德觀念。一個故事的發展還可能受到人物居住在貧窮或是富裕地區的影響。

　　「背景」有無數的可能性，每一種都可能影響故事中的道德觀、倫理和社會風尚。事實的確如此，因為人物角色是與環境密切關聯的。角色並不是在真空中表現的，他們是在具體的場所、時間和社會環境中存在生活的，就像人們在真實生活中的狀況一樣，故事中的角色之行為也遵從某些模式，而這些模式常常取決於他們所處的環境。例如，同樣是非常饑餓的人，在一間教室、一所教堂還是一家餐館裡所表現出的行為就是不同的。當然，這是人們對故事和真實生活的合理預期，不過，出乎預料的人物有時也會帶給人有趣和興奮的感受。

　　兒童讀物中的背景有著千差萬別。它既可以是一個具體的場所，比如Robert McCloskey所著《讓路給小鴨子》（國語日報社）（*Make Way for Ducklings*）一書的波士頓公園（Boston Gardens）。也可以是一個故意不明確指定的小鎮、農場、或森林比如Lynd Ward所著《最大的熊》（國語日報社）（*The Biggest Bear*）一書中的背景，「背景」也可以從一個地點跳到另一個地點，完全取決於故事的需要。David McPhail的《雪中之獅》（*Snow Lion*）就是一個極好的例子。那頭獅子在一個山頂上發現了雪，希望能和他在叢林裡的朋友共同分享。因此，故事中的活動在寒冷、多雪的山區和濕熱的叢林之間來回轉換。另一個例子是Barbara Cooney的作品《Rumphius小姐》（*Miss Rumphius*）。作者親自為這本書畫了插圖，在

這個感人的故事中，一年幼的女孩從緬因河岸誕生、又在這個地方結束了她整個一生。然而，在故事進行的中間，背景隨著她的環球旅行而不斷地改變。Cooney藉由這個小女孩旅行的歷程很巧妙地把各種不同的背景融合一個完整的故事中。

背景也可以是隱含的，而不必在文字或插圖中具體地說明。叢林動物和牠們家庭的描寫足以使讀者能夠推斷故事是發生在叢林或是動物園。

背景可以強化一個故事的基本主題。在Margaret Wise Brown所寫的《晚安，月亮》（*Goodnight Moon*）一書中，兔姑娘那灑滿銀色月光的臥房，正強化了那個孩子安頓下來要睡個好覺時，所感受到溫暖、安全、和安心這個主題為所發現的溫暖。Maurice Sendak在《野獸國》中描寫另一個發生在兒童寢室裡的故事。作者聰明地把所有情節都限定在那個房間裡。透過兒童和讀者的想像，背景轉換到大海，最後又轉換到生活著許多野生小動物的遙遠海島。讀者跟隨著這個夢徜徉。那個孩子最初被送到第一個場所——他的房間時的憤怒，在從想像的、充滿憤怒的旅程回來時，全被所發現的熱騰騰的晚餐抵消了。而那頓媽媽送來的晚餐，正表明他是被疼愛的。在故事的進行中，背景的轉換強化了主人翁之感受的描寫。

以家庭為背景

以家庭為故事背景來描寫一些意想不到的事情的發生，可以用來表現焦慮、幽默、或悲傷的主題。在William Joyce所著的《喬治縮小了》（George Shrinks）一書中，當主人翁醒來發現自己只有幾英吋高時，平時家裡的一切事物都有了完全不同的意義。在Tomie dePaola的作品《娜娜，樓上與娜娜，樓下》（*Nana Upstairs and Nana Downstairs*）中，當一個兒童經歷了祖母的死亡之後，他所熟悉的世界變得充滿困惑和憂傷。整個故事只是透過這個兒童主人翁的富創造性的性格和故事發生背景間的交互作用來進行，最後故事中的問題得到了解決。在Nancy Carlson作品《巫婆女士》（*Witch Lady*）中，Terror轉而為Louanne Pig感到驕傲和滿足。當她的腿受了傷，被老巫婆帶進一間「鬼屋」時，Louanne發

現那個老巫婆其實是個很善良的老太太，只不過有些古怪。Judith Barrett 的《麥當勞老先生有一公寓房子》（*Old MacDonald Had an Apartment House*）以一種令人發噱的方式改變了人們對房子的觀念。MacDonald先生，是位建築專家，他總是想要有一個農場，一開始他先種一種蕃茄植物，但很快地整個建築物裡都養殖起植物和動物。原本應帶有悲劇色彩的結局，因為作者對於荒誕之背景的巧妙應用，而完全逆轉了過來。

以學校為故事背景

　　故事背景設在學校裡是非常普遍的因為比較容易得到兒童的認同。Patricia Reilly Giff的Ronal Morgan系列叢書《小心！今天是一個倒霉日》（*Today Was a Terreible Day, Watch Out, Ronald Morgan*）；《生日快樂》（*Happy Birthday, Ronald Morgan*），擁有相當廣泛的讀者。Ronald在學校裏似乎總是有許多麻煩。他的自我概念很差，常常意識不到在他周圍發生的事情。他的教師繼承了最好的教師傳統，幫助他、鼓勵他靠自己去發現其實他是可以做很多事情的。

以自然為故事背景

　　諸如：高山、大海之類浪漫壯麗的背景，也是頗受歡迎的Cynthia Rylant的作品《山中舊事》（遠流）（*When I Was Young in the Mountains*）描述了生活在維吉尼亞西部山區是大家庭時的童年回憶。富裕與否對當時並不重要，因為山區環境和家庭是所有幸福的泉海。在David McPhail寫作並繪製插圖的《大貓》（*Great Cat*）一書中，故事背景只是在大海中的一個小島，只有在此，男主人和他的肥大寵貓才能找到屬於他們的安寧和幸福。另一個描述在大海中生活的動人的故事是Alvin Tresselt的《霧中尋覓》（*Hide and Seek Fog*）。當濃霧帶給人們的是困擾時，兒童們卻巧妙怡然地運用了此一大自然的變化而為生活帶來了轉變。Roger Duvoisin所繪的濃霧環繞之村鎮的插圖，也非常逼真，以至讀者幾乎感受嗅到那股空氣中的潮濕氛圍。

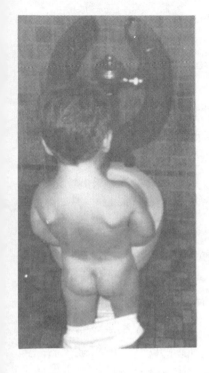

在現代兒童文學中甚至包括大小便訓練這一主題
Courtesy Diana Comer.

情節

　　情節如同故事發展的線路圖。作家設計出情節來幫助讀者進入並領受故事要表達的意義。雖然情節可以按時間順序展開，但也並不一定總是如此。

　　情節是人為的設計，而非自然存在的，它的目的是要簡化生活中的瑣碎細節。作者篩選出某些事件人物和情緒來構成情節。故事裏只能包容有限的段落，因此，只有故事須要的內容才被置入其中。

　　設計情節時必然以角色和背景為依據的重點，更具體地解釋此一過程，也就是說，要設想，當構思了一些人物和一個特定的背景時，將有哪些事情會自然地發生呢？從此出發點，Thrall，Hibbard，Holman進一步

解釋：情節的功能就是把人物註譯爲具體的活動。在Aliki的《我們是好朋友》（英文漢聲）（*We Are Best Friends*）一書中，Peter和Robert是一對死黨，他們突然面臨到這樣一個事實：Peter要搬家了，在經過不同的情緒，從憤怒、孤獨、無聊，逐漸調適到重新尋得幸福和新的友誼，讀者被故事情節推展中表現出的機敏和幽默深深地吸引住。

一般認爲情節應包括：序曲、中曲和尾聲。以兒童文學而言開始的部分應當迅速地引起讀者的興趣，因爲年幼的兒童注意力的保持時間很短，所以這一點十分重要。引發興趣的方法可以是讓讀者對自己和關心的人之矛盾衝突產生聯想。這種矛盾衝突應當要能抓住讀者的注意力，並引起一種想要弄清事件原委的欲望。在Holly　Keller的作品《Lizzy的邀請》（*Lizzy's Invitation*）中，Lizzy面臨這樣的事實：她沒有被邀請參加另一個孩子的生日晚會。Keller在她的另一本書《再見！Max》（*Goodbye, Max*）裡，安排另一個對兒童來說十分嚴重的問題：寵物的死亡。在Bernard Waber所著的《伊拉到我們家來過夜》中，伊拉原本被邀請到朋友家過夜的快活，被他大姐一句是否還想要他的玩具熊的質問所打破，於是他必須處理這一矛盾衝突：是想要進一步成長，還是繼續抓住童年安慰物能帶來的安全感。在Robert Munsch的充滿機智趣味的作品《我要上廁所》（*I Have to Go*）中，頭一頁引出了父母和兒童陷入大小便訓練問題的主題。

到了情節的中段，矛盾衝突或問題可能發展得更明確。人物間交互作用所產生的活動，讓讀者的情緒能更深入地投入到情節中。此一階段，矛盾衝突的解決之道或主人翁對於導致此矛盾衝突的原因和對象的覺醒，都還不應該發展得太明朗，如果讀者現在就知道發生了什麼，這個故事便不太可能繼續下去了。相反地，應該讓讀者感到越來越深地陷入到故事中去，而後，加快的節奏和緊張性的發展繼續伴隨讀者直到結尾。有時，甚至可以透過新的問題和假結尾的穿插，來增加故事的曲折性，以誘導、激勵讀者讀完整個故事。在Barbara　Shook的作品《Hazen一貧如洗的時光》（*Hazen's Tight Times*）中，在父親業已失去工作的時候，小主人翁和他

一貧如洗的家庭花了很多時間在他想要擁有一隻寵物的願望上糾結衝突。Nancy Carlson的《亞妮及被偷的馬克筆》(*Arnie and the Stolen Markers*) 則藉由剖析主人翁的內心世界來表現慾望和罪疚感的交錯矛盾情緒。

結尾部分則包括情節的高潮和解決。高潮是指戲劇性緊張發展的最高程度,此刻,每一角色都非常靜默,坐在自己椅子的邊緣上。好似等待最後的宣判。結局是矛盾衝突或問題的最後結果。即使結局是快樂的,也仍可能產生意料不到的曲折。在Seuss博士的《賀頓孵蛋》一書中,孩子們會因大鳥為忠實的Horton孵蛋而大為快樂。Seuss博士的 (*The Lorax*) 裡,則為孩子們安排了一個意想不到的結局,讓主人翁在最後一刻從污濁的困境中逃脫出來。

當情節中安排一個兒童試圖解決矛盾衝突時,最適宜的情況是,這個兒童主人翁在沒有來自故事的成人的干預下來解決這個問題。在Nancy Evans Cooney的作品《安全毛毯》(*The Blanket that Had to Go*) 裡,第一天進幼兒園而害怕失去自己那安全的毛毯的主人翁最後為問題找到了滿意的解決。Marlene Fanta Shyer在《獨子生活》(*Here I Am, an Only Child*) 一書中讓孩子自己逐漸接受這樣的事實:沒有任何兄弟或姊妹可以和我玩。

情節應當是明確和有說服力的,即使作者有意讓讀者在一個幻想的世界中旅行,也應遵循這項準則。情節應流暢且連續地從一部份進入另一部份,以確保兒童讀者可以理解及保持讀下去的興趣。過度直接或紛繁混亂的情節,會讓年幼的兒童感到乏味。小讀者覺得困惑不解時,便很難保持興趣。相對地,如果教師從第一頁就能看出結局,恐怕兒童也能做到這一點。所以,正確的作法是,書中的情節要充滿智慧和創造性。

主題

　　一個故事的主題是指作者在故事中所包藏的抽象概念。例如，友誼的力量、生活的困境、家庭生活，或發展獨立性等。主題是透過故事的其他部分；例如，人物、環境和情節來具體化的。主題通常說明一個道理，或者說服讀者某些觀念。

　　也可以用插圖來強化主題。在Chris Van Allsburg的《北極快車》(*The Polar Express*) 一書中，作者將兒童主人翁及其家庭置於灰濛濛的冷冽雪景中，以烘托主題的情調。而色彩豐富的插圖最適合Verna Aardema《爲什麼蚊子老是在人們耳朵邊嗡嗡叫》(上誼)(*Why Mosquitoes Buzz in People's Ears*) 的主題，這些插圖是由Leo和Diane Dillon所繪的。每一位插畫家都會尋找到一種獨特的方式來反映主題，並把文字和插圖結合一起。

界定主題

　　主題可以是一部書的整體或基本內容。在一個故事中，可以有一個或多個主題，或爲多個次主題。主題通常揭示了作者寫作這部書的目的。作者可以運用故事來幫助理解某些問題或事物，或發展兒童對它們的敏感性。即使給幼兒看的簡單書籍，也有其基本主題；例如，自尊、獨立自主等。也許，幼兒可以將此聯繫到學習靠自己穿衣服等活動。

　　Marie Hall Ets的作品《和我一起玩》(*Play with Me*) 看起來像是一本很簡單的書，說的是一個兒童捕捉草地上的動物的故事。然而，它的主題卻涉及到應該樂於安靜地觀察大自然，而不是去試圖捕捉和佔有它。James Marshall寫一系列關於幽默的George & Martha的作品，其中一個故事講到Martha爲George準備了一頓可怕的飯菜。透過這個故事，友誼和忠實這個基本主題明白地呈現在幼兒讀者面前。隨故事的發展，George的兩難境地也以一種積極而幽默的方式得到了解。

Charlotte Zolotow是一位寫過許多有關處世道理的作品的作家。他的《姐姐與妹妹》（*Big Sister and Little Sister*）敘說了一個姐姐嘲弄妹妹的故事。嘲弄、被嘲弄，以及手足之間需要和平等這些普遍的主題都出現了。

主題不應當過分顯而易見；應該是逐漸向讀者揭露的。絕大多數寫作出色的故事都把道理或主題分為多個層次，隨著情節逐漸增加深度和廣度。John Steptoe的《Mufaro漂亮的女兒》（*Mufaro's Beautiful Daughters*）以非洲為背景的故事，可以被當成一個非常簡單的故事來閱讀，其內容主要敘述一個賢淑有德的女兒得到的褒獎。不過，它的可讀性也在於它還包含的對別人友好、妒忌、勇敢、接受自己行為的結果等主題。讀者可以從這個有關生活和人類本性的故事中，學到許多道理，此書的插畫也得了卡德考特（Caldecott）的榮譽獎，更以此書的價值角色、情節、背景和主題這四方面在一個成功的故事中是整合在一起的。以前面所提到的各項標準，篩選出來的一份書單將會非常有用。每本書以一頁或半頁紙來做一摘要。項目如下：

- 書名
- 作者
- 書中涵蓋的觀念
- 故事摘要
- 本書是否符合角色塑造的準則
- 本書是否符合背景設定的準則
- 本書是否符合情節設計的準則
- 本書是否符合主題表現的準則

這個書目檔案可隨著新作品的問世不斷積累，也將隨著歲月的流逝而增加它的價值。

表現手法

　　除了故事內容所呈現的情節、背景人物主題之外，文字風格、敘事風格、色彩、插圖、相片等，對一個故事是否作充分且適切的呈現，及此書品質的好壞有著相當重要的影響。這些部分應視為會交互影響的整體，而不應被視為單一因素，將它們逐一拆開來看。因為一本好書將把它們整合為一個完整的工作，這個整體遠大於各個部分的總和。在這裡，僅僅是基於便於討論的目的將這四個呈現故事的層面分開來解釋：

- 印刷中使用的字體風格
- 敘事風格
- 使用的插圖或照片
- 書中的反偏見元素

字體風格

　　書籍中採用的印刷風格對一部完整作品的形象很重要，而且對文字與插圖的統一性也有影響。有數百種字體可供兒童讀物選擇，或專為兒童書籍創造出。印刷字體的大小必須適合故事要表達的主題和感覺。

字體大小

　　Roger Duvoisin的（*Veronica*）一書使用了纖細的標準印刷體，以襯托河馬那大得有幽默效果的插圖，使她看起來顯得格外龐大。Jean de Brunhoff的《巴伯與國王》（*Babar and the King*）採用了一種書寫體字，看起來就像兒童早年潦草的習字作業而不是手寫印刷體。de Brunhoff的作品有時把插圖放在書頁的底部，有時佔滿整頁篇幅。在他某些的書中，

COMPUTER OUTLINE
14 point
ABCDEFGHIJKLMNOPQRSTUVWXYZ&
1234567890
(.,:;""*?¿!¡)%¢$/ÇÉíÑ

D CPP 309 No. 0731

24 point

TYPOGRAPHY IS THE SELECTION

ITC LSC Condensed®

D CPP 012 No. 0170

ABCDEFGHIJKLMNOPQRSTUVWXYZ&
abcdefghijklmnopqrstuvwxyz1234567890
(.,:;""?¿!¡)%¢$ ÇÑçéíñß

Typography is the selection of a congruous typeface

ITC LSC Condensed Italic

D CPP 059 No. 0171

ABCDEFGHIJKLMNOPQRSTUVWXYZ&
abcdefghijklmnopqrstuvwxyz1234567890
(.,:;""?¿!¡)%¢$ ÇÑçéíñß

Typography is the selection of a congruous typ

Congress Regular
FONTS Congress under license from Ingrama. S A

T/D CPP 256 No. 2293

ABCDEFGHIJKLMNOPQRSTUVWXYZ&
abcdefghijklmnopqrstuvwxyz1234567890
(.,:;"*?¿!¡)%¢$/ÇÑçéíñß

10 on 11 point

TASTE IN PRINTING DETERMINES THE FORM TYPOGRAPHY IS TO TAKE. THE SEL
ection of a congruous typeface, the quality and suitability for its purpose of the
paper to be used, the care and labor, time and cost of materials devoted to its

---

Congress Italic

T/D CPP 253 No. 2294

ABCDEFGHIJKLMNOPQRSTUVWXYZ&
abcdefghijklmnopqrstuvwxyz1234567890
(.,:;"*?¿!¡)%¢$/ÇÑçéíñß

TASTE IN PRINTING DETERMINES WHAT FORM TYPOGRAPHY SHALL TAKE. THE
selection of a congruous typeface, the quality and suitability for its purpose of
the paper to be used, the care and labor, time and cost of materials devoted

---

Congress Medium

T/D CPP 268 No. 2295

ABCDEFGHIJKLMNOPQRSTUVWXYZ&
abcdefghijklmnopqrstuvwxyz1234567890
(.,:;"*?¿!¡)%¢$/ÇÑçéíñß

TASTE IN PRINTING DETERMINES THE FORM TYPOGRAPHY IS TO TAKE. THE
selection of a congruous typeface, the quality and suitability for its purpose
of the paper to be used, the care and labor, time and cost of materials devot

---

COMPUGRAPHIC CORPORATION

字體的風格

文字被放在用線框圈起來的插圖之間，而插圖則通常是放在故事情節最適合的地方。簡單的表達式插圖和潦草的印刷字體混合在一起，並無不和諧之感。

Seuss博士的《老巴身上跳》（遠流）（*Hop on Pop*）意在幫助初學閱讀的讀者。他選擇了一種在許多閱讀書籍中都可以看到的標準的手寫體，不過，字號特別地大。標準印刷體大約有四分之一公分那麼高，但在Seuss博士的書中，被強調的字體有一公分那麼高，句子中其他部分字詞的字體也有四分之三公分那麼高。這正適合於該書的目的和風格，她和小丑的插圖形成很好的對照。

Dorothy Kunhardt在《輕拍小兔》中用了非常小的字體。然而，所印刷的字也有半公分那麼高，是以一個兒童的手寫筆跡印成的。在《森林裡的生活》（*Life in the Forest*）一書，Eileen Curran使用了加粗的半公分高標準尺寸字體。書中的文字嵌進插圖中。展開書本，每兩頁紙看上去就像一幅沒有中斷的森林畫，但是圖畫中的名字仍很容易讀見。

在Eric Carle的作品《壞脾氣的瓢蟲》（*The Grouchy Ladybug*）中，字體由一種大小開始，隨著故事的發展逐漸增大。Carle使用較小的版心（印刷內容在一頁書上占的篇幅），隨著瓢蟲遇上越來越大的讀物，版心也越來越大，同時，也利用字體大小的變化來加強效果。在這本書的結尾處，字體達到了驚人的尺寸。Virginia Lee Burton在她的作品《啾啾：小火車的故事》（*Choo Choo: The Story of a Little Engine Who Ran Away*）中，也使用了這種字體大小的變化。通篇故事中火車的名字連續不斷地出現。每一次它出現時，都使用了更大一號的字體，在書中顯得特別明顯。大號名字印刷的頻率隨著故事情節進入高潮而增加。

字體顏色

色彩是印刷的另一項重要選擇。Tana Hoban在《兒童動物園》（*A Children's Zoo*）一書中用加粗的白色立體字體對應於黑色的背景。Robert McClos Koy在《讓路給小鴨子》中採用了標準字體，其顏色和插圖中的深

褐色完全一樣。而其他書籍也以創造性的方式依故事的主題和需要來運用顏色。

印刷位置

　　內容的印刷可以放在書頁中不同的位置，也可以像詩那樣劃分開來。雖然絕大多數文字都是以段落形式排放的，但也可以嘗試各種不同的變化。

　　總而言之，印刷的風格會加強或削弱故事及其插圖的效果。在一部高品質的作品中，印刷風格的選擇之重要性正表現在實際顯示出的效果上。

敘事風格

　　每一位作者都有自己的個人風格，這種風格透過作者如何敘述故事而表現出來。風格往往反映在詞句的選擇、敘述的口吻、語言的節奏模式、句子結構以及修辭方法等。風格間的差異造成了兒童文學中的巨大的多樣性。例如，Steven Kellogg在《比馬丁還大》（*Much Bigger than Martin*）中使用了誇張的插圖。在這個故事中，Martin的小弟弟幻想著自己長得更高大一些，並控制他那專橫的哥哥。故事主題是以幽默和誇張（作者使用了誇張的事實）來緊緊抓住兒童的心思和情緒的。而Tasha Tudor的風格則完全不同於Kellogg。她的幽雅、鄉村式故事裡都是些充滿幻想的兒童遊戲和完耍。

詩化的風格

　　A.A. Milne在Christopher Robin故事集裡用詩歌來把讀者帶入Christopher & Pooh的世界。節奏很活潑、風趣，讓讀者也感受到這些故事本身的快活及風趣。

　　Grimm兄弟為了特殊的效果常以詩歌來建構故事體；例如，《白雪公主與七矮人》（*Snow White and the Seven Dwarfs*）中的一章裡有一段帶著詩韻的話頗令人印象深刻：「王后主子，您美極了，此言不虛，但白

雪公主比您更美。」（Queen, you are full fair, tis true, But Snow White fairer is than you）又如，Aschenputtel中的一段：「小樹，小樹，爲我搖曳，銀子、金子，爲我落下，把我蓋上。」（Little tree, little tree, shake over me, That silver and gold may come down and cover me）

Lewis Carroll在經典之作《艾麗絲夢遊仙境》（*Alice's Adventures in Wonderland*）中運用敍事、短篇小說、五行打油詩和詩歌的混合形式。這種組合使內容富於變化而迷人。

重複的風格

Wanda Gag在《億萬隻貓》（*Millions of Cats*）中以「重複」之手法創造出一個輕快活潑的故事。當朗讀者要講到「億萬隻貓」時，孩子們急切地預待並一起重複。

Ludwig Bemelmans簡短、帶節奏感的敍事手法非常適合用在他最受歡迎的Madeline系列叢書中十二個小女孩的故事。這些叢書中的歷險故事總是以同樣幾行開門見山的文字起頭，對成千上萬的孩子來說，這段文字已經成了快樂有趣的故事即將展開的標誌。

Margaret Wise Brown在她爲兒童撰寫的作品中總是展現出一種自然樸實的動人特質。《晚安月亮》是最受學齡前兒童歡迎的睡前讀物之一，幾乎每個孩子，每天晚上都要在房間內再進行一次聆聽那簡單的故事之儀式，才肯安心入睡。

Judith Viorst在《亞力山大和最糟糕的一天》中運用了一種流動暢快的敍事體，其中「重複」的手法表現出了故事中的思想和焦點。其實，故事名字本身就帶有重複的味道而插畫也表達出主人翁亞力山卓在遭遇到故事中的種種事件時的感受。這本書非常引人發噱，幾乎所有的讀者都會被這個故事所打動。其中，描述性的語言包括「擠壓的聲音」（scrunched、smushed）等，治療性語言有「我要去澳大利亞」。許多成年人都像兒童一樣喜愛這本書。

觀點

　　無論風格如何，所有好的文學故事仍應具備優秀的小說或非小說類作品的所有要素。除了情節和背景設定等技術性層面之問題外，還包括觀點。

　　敘述故事所採的觀點，隨年代的變遷而改變。現今，故事通常是從兒童的角度而非成人的立場來講述。請想像一下：兒童可能會如何描述廚房。在過去，你能夠聽到的可能會是：「我家廚房有四個有亮紅墊子的椅子，甜餅罐子看起來很像一個大胖娃娃，總是裝滿了好吃的東西。」現代文學則採用了更寫實的兒童觀點，可能會這樣描述同一個廚房：「廚房有好多腿和一片藍色的地板，地上有麵包屑，和一塊固定的墊板，被貓舔得很乾淨。」後者是出自一個三歲半的女孩的敘述，她對廚房的描述並不同於一個成人想像中的兒童所看到廚房的樣子，而是她自己實際看到的樣子。這種差別是很重要的。敏銳的兒童讀物作者有能力從兒童的眼光來看待生活和事件。正是這種特殊能力創造出了兒童所喜愛的經典作品。這些作品往往就是兒童想要一遍又一遍閱讀、愛不釋手的書籍。

　　好的敘事風格往往由幾項基本要素組成：首先，語言的流動及排列要與故事相稱，詞彙的使用應能加強兒童故事及其試圖傳達的內容的了解。故事風格應要能吸引讀者的興趣，並包含某些本身玄機、神秘或驚奇。矛盾衝突和衝突的解決應使讀者覺得有意義並感到很恰當。好的敘事手法應能把讀者帶入故事，並讓他們關心故事中的矛盾衝突。最後，印刷上的選擇也應與作者的目的相吻合。

　　兒童文學的內容與主題在過去幾年裡有了極大的擴展，但一個優秀的作家的藝術才能仍然是一個優秀而值得紀念的作品之基礎。故事的風格是一個能夠讓一個故事被懷念、重溫、並令人喜愛的最重要的因素。一個優秀的作品應是真實、能感動孩子和每一個仍隱藏著童心的成年人的故事。

　　優秀兒童文學所展現的美好、簡明和喜劇性令人無法抗拒。一個優秀的兒童故事也使成人有機會回憶往昔，重溫舊夢，讓他們從那童年時代曾擁有的奇妙感觸中再尋得樂趣。

插圖與照片

在兒童文學中使用的插圖和照片對於兒童而言，和故事情節是同等重要的。隨著兒童開始自己的生活，也應為他們提供高品質的藝術作品，因為接觸優秀的藝術作品和照片能讓孩子們產生對藝術的欣賞和熱愛。兒童有開放的心靈和想像力去接受各種不同的藝術。他們不會被有關各種形式之藝術的觀點和偏見所影響。

判斷兒童讀物中的插圖和照片之優劣的標準包括了故事的整體性，對細節的注意、構圖、色彩等。

藝術風格

用以評定插圖品質的標準和其他不同形式的藝術相同，在使用顏色方面，藝術家可以選擇蠟筆、油畫筆、粉筆、水彩等等。陰影渲染、細節描繪、滲污法等，則是使用這些工具的技術，每一種都使插圖有不同的表現。這些工具可以創造柔和的情調，大膽的表現，或是其他情緒。Feodor Rojankovsky, Raymond Briggs, Nancy Ekhorn Burkert是在運用顏色方面表現出卓越天才的藝術家。

鋼筆和墨水是最傳統的媒介在兒童讀物經常被運用。可以用來勾勒輪廓或以不同的素描手法加強細節。Shel Silverstein, Nonny Hogrogian, E. H. Shepard, Robert Lawson, Leonard Weisgard是這方面的大師。

木刻畫和浮雕畫也被一些藝術家用來創造風格多樣化的作品。它們能產生非常細膩的效果或是粗獷而戲劇化的形象。顏色通常是棕色、黑色的或其他較暗的顏色，也可以加上一點亮光之處理。有時畫家也以手工將不同的顏色描畫或印染在木刻版上。使用這種技術的最佳範例可見於Wanda Gag, Evaline Ness, Marcia Brown, Don Freeman, Antonio Frasconi, Ed Emberly和Marie Hall Ets的作品中。

有色的鉛筆畫或木炭畫能產生與蠟筆或油畫不同的畫面效果和感覺。

畫家Ezra Jack Keats.　Courtesy Beverly Hall.

要為整本書畫這種作品是非常辛苦的工作，但它能產生一種其他手法無法
產生的效果。藝術家Susan Jeffers, Taro Yashima, Chris Van Allsburg（用短筆）以這種方法創作過不少傑出作品。

　　兒童文學攝影家是群具有特殊才能的人，他們必須擁有孩童的視覺眼
光，以及能精確地捕捉那些能滿足故事需要的畫面之技能。Tana Hoban,
Roger Bester, Thomas Mattieson在這類攝影藝術方面樹立了令人景仰
的榜樣。

　　拼貼畫藝術家自身通常也多少是個收集家。Ezra Jack Keats將碎布
釘在自家的牆上，以隨時觀看，刺激靈感，拼貼畫能提供的構圖和感覺之
可能性是無限的。材料可以來自任何地方、任何東西。Eric Carle使用棉
紙，Keats使用布頭和牆紙，這些都是常用的材料。除了Carle & Keatsx
外，Leo Lionni, Marcia Brown和Blair Lent（用透明紙）都有不少拼
貼畫的佳作。

彩色插圖

兒童讀物最常使用顏料繪製插圖，有時藝術家也常以顏料和其他材料一起使用，以產生對比性的質地和色彩。顏料有很多種，水彩或加膠劑的水彩可表現出淡而柔和的色彩，油彩能繪出濃而厚重的紅和紫；壓克力樹脂適於表現厚而富於紋理的色調。顏色和質地的多樣性和豐富性使顏料成為頗受歡迎的創作媒介。Maurice Sendak, Mitsamasa Anno, Gyo Fujikawa, Brian Wildsmith, David McPhail, Dick Bruna, Margot Zemach, Tasha Tudor, Tomie dePaola, Steven Kellogg, Arnold Lobel, Anita Lobel, Donald Carrick是少數幾位作品常見與兒童文學的優秀畫家。

畫家的工作中最困難的部分是創造一系列讓讀者和自己滿意的插圖，有些藝術家習慣選擇單一媒介來工作讓技巧趨於熟練和完美，也有一些喜歡用多種形式的媒介。Marcia Brown是一位多才多藝的插畫家他曾成功地嘗試了幾乎所有形式的媒介。例如，《迪克、費汀頓和他的貓》（*Dick, Whittington and His Cat*）中使用黑白木版畫。Brown的著作——獲卡德考特獎作品《灰姑娘》則為清淡的蠟筆畫。她為另一部獲卡德考特獎作品Blaise Cendrars所著的《影子》（*Shadow*）所畫的插畫是用對比拼貼法製作。

有些藝術家將歷史性、主流的或現代的風格運用在他們的作品中。Leo & Diane Dillon在為Margaret Musgrove的（*Ashanti to Zulu*）繪製插圖時，採用了部落中的傳統圖飾。Paul Goble在《野馬之歌》（遠流）（*The Girl Who Loved Wild Horses*）中則採用了道地美國式的美麗粗獷圖騰，Alice & Martin Provensen在Nancy Willard的作品《參觀威廉布拉克客棧》（*A Visit to William Blake's Inn*）中採用歐式技法。Barbara Cooney則在Donald Hall的《牛車伕》（*Ox-Cart Man*）中延襲文藝復興時期大師們的風格，因為這本書是一個參觀者欣賞美國藝術博物館收藏品的回憶。以上這些風格的達成都需要藝術家本身下工夫做大量的研究，和

對細節付出極細微的注意。

　　高明的藝術家懂得巧妙地應用明暗之技法。Chris Van Allsburg在《北極快車》的插圖裡戲劇性地運用了明暗對比手法。Jane Yolen的《月下看貓頭鷹》(上誼) (*Owl Moon*)巧妙地運用亮度烘托出了老鷹捕獵的故事進程。John Schoenherr的直率的風格則使讀者感受到自己正在森林中行走。

　　Rosemary Wells以一種她自己特有的風格幽默地運用字體和插圖。例如，當她在行文中使用「之間」(between)」這個詞時，它真的被放在插圖中兩個物體的中間。在《莫里斯的妙妙袋》(上誼) (*Morris's Disappearing Bag*) 中，Morris躲入一個袋子中，而孩子們因為認同他，所以也覺得自己好像進入了袋子裡。

　　所有前述的藝術家：John Burminham, Uri Shulevitz, Richard Egielski, Trina Schart Hyman, Gail Haley, William Steig, Peter Spier, Stan & Jan Berenstain, Frank Asch，等等的插畫作品都讓兒童文學增色不少，也因而能長期地受到兒童的喜愛。十九世紀Randolph Caldecott, William Mulready, Kate Greenaway, Sir John Tenniel&Leslie Brooke的作品風格也沿襲在某些當代兒童文學插畫中，就像新的作家代代輩出一樣，有的也不斷有新的插畫藝術家竄起繼承傳統，也有的正探索新的技法。

　　選擇兒童讀物的另一標準是此書是否能通過時間及愛的考驗，為兒童選擇的每一本書，無論在故事上還是在插畫上，都應講究高品質。下面幾位作者有深入探討兒童讀物之插畫的著作可供參考：Patricia Cianciolo, Judith Saltman, Clifton Fadiman, John W. Griffith & Charles H. Frey, Charles Panati, Betsy Hearne & Marilyn Kaye，May Hill Arbuthnot & Zena Sutherland。

行文的整體性

　　所謂內文和插圖，照片的整體性指的是：是否故事的每一部份都和這

些元素很一致且契合。比如說，一個關於叢林生活的故事如果採用大雪覆蓋的山坡爲插圖，就很不恰當。Leo & Diane Dillon之所以如此成功地撰寫了非洲的故事，兩度獲卡德考特獎，原因之一是他們能夠讓讀者有身歷非洲的感受。他們有效地整合了顏色、構圖和背景而達成了如此奇妙的效果。

插圖必須具備整體一致性。Leo Lionni在這方面是大師。在《小黑魚》（上誼）（*Swimmy*）中，他讓讀者在整個大海中看到魚兒在游泳而創造出一種巨大的感覺。其中甚至包括正要游出紙外的魚，生動地就像牠還繼續在游一樣。Donald Crews也具有這種整合的天賦。在他的《火車快跑》（遠流）（*Freight Train*）裡，火車不斷增加速度從一頁駛向另一頁。

優秀的文學作品還能把文字和插圖統合在一起。在Tana Hoban的《兒童的動物園》中，白色的立體字符，和充滿整個篇幅以黑色粗線構成的動物圖片形成鮮明對照。黑色的背景加強了每一頁的對比和清晰度。在Aliki的《我們是好朋友》中，字跡就像是初學兒童的作品。整本書裡，文字都放在頁的底部，與插圖分開來。當故事內容進展到那篇令人心碎的信時，悲傷的感覺戲劇地增加了十倍。這封以初學兒童的手跡寫成的信與故事巧妙地統合在一起。Seuss博士最擅長以創造性的手法統合故事中圖文的效果。在《我與其他物品的形狀》（*The Shape of Me and Other Stuff*）中，他成功地把明亮的顏色、大而粗的字體陰暗式的形狀整合在一起。文字被清楚，有趣地強調出來，而又兼具猜影像遊戲的趣味性。

品質較差的作品則不具有這種富巧思的統一性。它們通常使用花招來顯示小聰明。但實際上，這種花招背離故事，也干擾了敘事的進行。在預覽兒童讀物時，人們應當檢查一下書中所使用的字體風格，看它是否適合於該書的格調以及小讀者的年齡。還應當檢查一下，看字體是否清晰、易讀，而不是隱藏起來使讀者找不到。字體印刷不應排得過密，讓兒童在字間找空隙，而不知詞斷在什麼地方。

注意細節

　　高品質的文學作品和插圖之所以超出於平庸之作，也因爲其對細節的注重。插圖必須準確地反映故事內容。比方說，如果一個故事敍說一個猴子戴著一頂紅帽子，那麼在整個故事中就總應當戴同一頂帽子。而一本糟糕的作品就很可能會忽略這種細節。

　　兒童希望給他們的故事是眞實的。他們會數紙上的每一種東西，確認那兒是否眞有二十隻貓，是否和書中說的一樣。

　　1988年卡德考特獎得主Jane Yolen的《月下看貓頭鷹》一書的插圖是由John Schoenherr所繪製的，這本書體現了繪著者對細節的敏銳力和注意力。插圖中，貓頭鷹似乎要飛出紙面，站在那盯著讀者，使人有一種瞬間停止呼吸的感覺，除了隨後一頁的幾個字外，觀圖的感受並不被文字所妨礙。像這樣好的插圖好像能使讀者吸引入紙中去，它提供了讀者一些可有待發掘的東西。面對這樣的好作品，每一次欣賞都會有新的收獲。

　　優秀的攝影家並不僅僅提供一條船的照片。他捕捉住某一天的某一瞬間或時刻，使這條船看起來具有特殊的意味。這樣一幅照片的背景必須是精心選擇的，底片的型號和攝影的速度都必須列入考慮。也許幾百幅照片才能選出一張最理想的來。這些細節都體現在最後的成品，它們說明著優秀作品中的品質上的差別。

質感

　　優秀的插圖能帶給人三度空間的觸感和質感。有的藝術家使用油畫，有的使用拼貼畫，或木版畫。每一種類型的優秀藝術作品都能提供一種讓圖書、文字和讀者連爲一體的感覺。空間和技巧的熟練地運用應能延伸內文的意涵。一個藝術家可以先用黑線勾勒出形狀清晰人物，或是用顏色來界定邊界或特殊的文字，無論使用哪種技巧，他們都應當仔細地把故事的文字和宗旨緊密聯繫在一起。

色彩

　　顏色能帶來戲劇性的效果，增添任何一件已知的藝術作品之魅力。然

而，重要的是，要認識到：顏色本身並不是一本書的品質的指標。有許多傑出的書籍並沒有任何顏色，或僅有少數幾種的顏色，但卻真正令人難忘。就像有些電影作品刻意製造出黑白效果一樣，有些書籍也有意避免使用豐富的色彩。

Crockett Johnson的《阿羅有枝彩色筆》（上誼）（*Harold and the Purple Crayon*）完全用紫色的蠟筆以線條圖的形式繪製插圖。這本書深受幼兒們的喜愛，激勵他們去創作他們自己的紫色繪畫作品。這本書的幽默和新奇性特別能引起孩子們的興趣。Else Holmelund Minarik的《小熊的朋友》（*Little Bear's Friend*）是由Maurice Sendak繪製插圖的，這本書也是一部極好的作品。插圖是用黑色線條配上淡淡的棕色和綠色精心畫成的，其效果令人神往。此一效果有效地加強了繪畫的故事性，非常吸引兒童。Alvin Tresselt的《我看到海洋進來》（*I Saw the Sea Come In*）一書是由Roger Duvoisin繪製的非常精妙。黑色墨水畫的輪廓中塗上淡淡的藍色加上黑色的陰影，強調出空曠的海灘的景象。當他使用完整的色塊才產生對比效果時效果十分攝人，這些插圖造成視覺上的戲劇性效果。

Antonio Frasconi的《傑克所建造的房子》（*The House that Jack Built*）中用木板畫形式繪製顏色濃重的插圖，強調木版畫的拙樸風格。明亮的黃色、纖細的綠色、火熱的粉紅色，還有橙色，雖然不是兒童書籍中的典型的顏色組合，但在這裡卻有一種整合統一的效果。相反地，再看看Robert McCloskey的《讓路給鴨子》，雖然沒有任何顏色，但仍是幼兒最喜愛的書籍之一。整本書都以柔和的深棕色版畫製成。插圖圖畫中細節的現實主義風格使整本書雖沒有顏色卻非常生動。

Eric Carle & Ezra Jack Keats這兩位插圖家經常使用拼貼畫形式進行創作。他們作品的構圖和顏色誘使兒童去觸摸書籍，看看這些圖畫是否是真的。的確，Carle的作品有的以有令人感到可觸摸的三度空間效果。這些插圖和文字混合在一起非常出色，以至看上去似乎融為一體。

在兒童文學中使用的插圖和照片應具有統一性，巧妙地運用設計、顏色並與故事融合。所以讓讀者感到插圖的趣味性，並將情緒投入其中。

《月下看貓頭鷹》（*Owl Moon*）中John Schoenherr畫的插圖

illustrations © 1987 by John Schoenherr.

粉筆畫　　　　　　　　　　　　　　水彩畫

圖3-1　關於貓的圖書作品　Courtesy Diana Comer.

　　許多有天賦的藝術家在兒童讀物的藝術創作中頗有建樹，不僅成人，所有的孩子們都稱讚他們的努力。如果藝術家能在不斷成長的孩子心中喚起對藝術的認識和熱愛，這種愛將在這孩子長大成人之後仍然長存不衰。這個藝術家為兒童打開了一個充滿審美快感的永恆世界，兒童經常能嘗試以各種方式，重新創造故事中的情景。(圖 3-1) 描述了兒童在聽完一個關於貓的故事後可能創作出的各種貓的形象。

消除偏見的元素

　　今天，出版兒童書籍的著名出版公司已不會接受帶有種族、性別、宗教、年齡、或對弱智者有偏見的作品。然而，在圖書館和學校的多年的收藏作品中，仍然有許多書籍的確包含著微妙或明顯的負面偏見。任何針對兒童文學作品擬定的計劃，都應慎審地評定作品中是否會有偏見成分。

拼貼圖

點子圖

蠟筆畫

印跡圖

續圖3-1

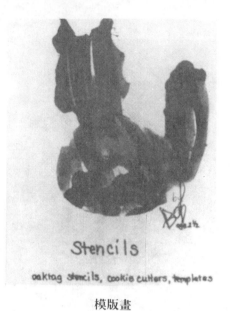

模版畫

標記／墨水筆

文字畫

自由創作

續圖3-1

有許多優秀作品可以幫助兒童理解人與人間以及與人有關的事物之間的差異
Illustration by Gyo Fujikawa, reprinted by permission of Grosset and Dunlap from
Faraway Friends, © 1981 by Gyo Fujikawa.

許多年輕人不記得Dick和Jane風格的書籍。在這些書籍中，Jane穿一件長裙，對Dick興高采烈地做所有兒童性活動抱以消極的眼光。也許可以試著回顧一下這類型的書，以評量一下我們社會和兒童文學中所發生的變化，並藉此培養認知反對偏見的意識。

另一種不太明顯的偏見是，在故事中的主人翁只有白種人。這種偏見可能因疏忽造成，但在有些學校藏書中非常普遍，這些藏書很少包括涉及多重文化的書籍。

關心兒童的人們要對偏見非常敏感，以確保收藏的書籍能反映社會的真實面貌。書單中應列入多重文化書籍，無論孩童中是否有少數民族與否。

鑑別偏見

要鑑定書籍的收藏是否因疏忽而造成偏差並不是很難的事。首先，數一數共收藏了多少書籍。其次，計算一下有多少書籍是涉及動物的、有多少是有關白人兒童人物、西班牙裔兒童人物、黑人兒童人物，以及其他少數民族兒童人物的。最後，流覽這些數字，並作出你的判斷。沒有所謂標準的數字或百分比，但如果統計出的數字和百分比令你驚訝，恐怕就有必要採取行動了。

理想的收藏並不一定要包括所有以少數民族或多重文化為內容的書籍，但它所包含的這方面的書籍應當具有一定的代表性。這些書籍應有吸引所有的兒童的特質，不僅是因為它們包含了某些種族、性別、年齡或弱智人物才被選入的。人物必須適合故事內容而沒有矯柔造作的人為編造。故事本身應當是最重要的色素，所包括的少數民族人物必須與故事融為一體。這種融合須非常出色，以使兒童產生一種感受：這是一個了不起的故事，而不是覺得這是一個很好的黑人故事或很好的西班牙人的故事。許多有關非洲或市區普通居民生活的主題對所有兒童都很有吸引力。許多關於種族的童話或農場的故事也都能使所有的兒童產生同樣的回響和感受。像這樣的書籍就應當被列入收藏之列：這些書籍擴展了所有兒童的感性認知和理解。

同樣的基本觀念也適用於書籍中的性別主意。例如，Beverly Cleary 作品中的雷夢拉・昆比（Ramona Quimby）和Patricia Reilly Giff作品中的艾蜜莉・亞羅（Emily Arrow），都是有影響力的女性形象。她們同是完美無缺的兒童，都具有為所有兒童所欣賞的共同人性品格。教師可以使用諸如Elizabeth Levy的《好女孩》（*Nice Little Girls*）等書籍，把性別問題公開提出來，和孩子們一起討論。在這個溫暖而富有意義的故事中，探討了女孩與男孩子的行為方式的問題。像這本書裡所論的性別區分在今天的課堂上仍然可以看到。如果教師和家長能認識微妙的性別主觀之存在，那麼這種狀況是可以消除的。

　　其他偏見還包括了對殘疾人士、持有不同宗教信仰或某些地區階層人的成見。例如，Harriet Sobol的《我的弟弟是智障兒》和Carol Carrick 的《遠離摩門教徒》（*Stay Away From Simon*）等作品，都可以幫助教師和孩子們認識到我們世界中這方面的現實。如果以同樣的方式來處理其他主題，則由於疏忽而造成的這些偏見也都是可以避免的。

結語

　　為孩子們選擇最好的書是非常重要的，由於孩子們正處於對各種事物的思想和觀點的形成及發展階段，人們必須以實用、有洞察力、並深入的思考來幫助和鼓勵他們。提供兒童最優秀的故事和插圖，可以在這方面幫助他們成長，同時也引導他們培養鑑賞高品質文學作品的能力。選擇文學作品的標準是很複雜的，然而，一旦教師或家長掌握了這些重要的技巧，就可以充份地運用了。

　　這些標準包括了判斷文學各方面及評估故事之構成幫助，優秀的文學作品能夠激勵兒童傾聽故事並培養閱讀的欲望。教師的敏感性將優劣兒童學習如何成為認真的、愛動腦筋的讀者，並開始發展重要的思考事實和資訊的能力。

思考與討論

1. 教師如何選擇優秀的文學作品？
2. 對文學各個方面的理解和對故事之呈現技巧的認識，為什麼有助於教師選擇高品質的文學作品？
3. 如何藉由卡德考特獲獎者名單來選擇書籍？
4. 如果僅使用獲得卡德考特獎的書籍會有哪些局限性？
5. 如何判定一本書中的插圖是否合適？
6. 提供兒童文學作品的一般目的何在？
7. 為什麼在選擇書籍時必須考慮情節、人物、環境、主題？
8. 為什麼檢查兒童讀物中存在的偏見是很重要的？
9. 在書籍插圖中可以使用哪些不同的媒介？

兒童圖書書目

Verna Aardema, *Why Mosquitoes Buzz in People's Ears* (New York: Scholastic, 1985).

Aliki (Brandenberg), *We Are Best Friends* (New York: Greenwillow, 1982).

Harry Allard, *The Stupids Die* (Boston: Houghton Mifflin, 1981).

Harry Allard, *The Stupids Have a Ball* (Boston: Houghton Mifflin, 1978).

Harry Allard, *The Stupids Step Out* (Boston: Houghton Mifflin, 1974).

Judith Barrett, *Old MacDonald Had an Apartment House* (New York: Atheneum, 1979).

Natalia Belting, *Whirlwind Is a Ghost Dancing* (New York: Dutton, 1974).

Ludwig Bemelmans, *Madeline* (New York: Viking, 1939).

Marcia Brown, *Cinderella* (New York: Scribner, 1939).

Marcia Brown, *Dick Whittington and His Cat* (New York: Scribner, 1950).

Margaret Wise Brown, *Goodnight Moon* (New York: Harper & Row, 1947).

Virginia Lee Burton, *Choo Choo: The Story of a Little Engine Who Ran Away* (Boston: Houghton Mifflin, 1937).

Virginia Lee Burton, *The Little House* (Boston: Houghton Mifflin, 1937).

Eric Carle, *The Grouchy Ladybug* (New York: Crowell, 1977).

Nancy Carlson, *Arnie and the Stolen Markers* (New York: Viking Penguin, 1987).

Nancy Carlson, *Witch Lady* (New York: Viking Penguin, 1985).

Carol Carrick, *Stay Away from Simon* (New York: Clarion, 1985).

Lewis Carroll, *Alice's Adventures in Wonderland* (New York: Knopf, 1983).

Blaise Cendrars, *Shadow* (New York: Scribner, 1982).

Barbara Cooney, *Miss Rumphius* (New York: Viking Penguin, 1982).

Nancy Evans Cooney, *The Blanket that Had to Go* (New York: Putnam, 1981).

Donald Crews, *Freight Train* (New York: Greenwillow, 1978).

Eileen Curran, *Life in the Forest* (Mahwah, NJ: Troll, 1985)

Jean de Brunhoff, *Babar and the King* (New York: Random House, 1963).

Tomie dePaola, *The Art Lesson* (New York: Putnam, 1989).

Tomie dePaola, *Nana Upstairs and Nana Downstairs* (New York: Putnam, 1973).

Roger Duvoisin, *Veronica* (New York: Knopf, 1969).

Marie Hall Ets, *Play with Me* (New York: Viking Penguin, 1955).

Antonio Frasconi, *The House that Jack Built* (New York: Harcourt, 1958).

Wanda Gag, *Millions of Cats* (New York: Coward McCann, 1928).

Patricia Reilly Giff, *Happy Birthday, Ronald Morgan* (New York: Viking Kestral, 1986).

Patricia Reilly Giff, *Today Was a Terrible Day* (New York: Viking Penguin, 1980).

Patricia Reilly Giff, *Watch Out, Ronald Morgan* (New York: Viking Penguin, 1985).

Paul Goble, *The Girl Who Loved Wild Horses* (New York: Macmillan, 1978).

Donald Hall, *Ox-Cart Man* (New York: Viking Penguin, 1979).

Barbara Shook Hazen, *Tight Times* (New York: Viking, 1979).

Tana Hoban, *A Children's Zoo* (New York: Mulberry, 1985).

Susan Jeschke, *Perfect the Pig* (New York: Scholastic, 1980)

Crockett Johnson, *Harold and the Purple Crayon* (New York: Harper & Row, 1955).

William Joyce, *George Shrinks* (New York: Harper & Row, 1985).

Holly Keller, *Goodbye, Max* (New York: Greenwillow, 1987).

Holly Keller, *Lizzy's Invitation* (New York: Greenwillow, 1987).

Steven Kellogg, *Much Bigger than Martin* (New York: Dutton, 1976).

Dorothy Kunhardt, *Pat the Bunny* (Racine, WI: Western, 1962).

Munro Leaf, *The Story of Ferdinand* (New York: Viking, 1936).

Elizabeth Levy, *Nice Little Girls* (New York: Delacorte, 1974).

Leo Lionni, *Swimmy* (New York: Pantheon, 1963).

James Marshall, *George and Martha* (Boston: Houghton Mifflin, 1972).

Robert McCloskey, *Make Way for Ducklings* (New York: Viking, 1941).

David McPhail, *Great Cat* (New York: Dutton, 1982).

David McPhail, *Snow Lion* (New York: Pantheon, 1983).

Susan Meddaugh, *Beast* (Boston: Houghton Mifflin, 1981).

Else Holmelund Minarik, *Little Bear's Friend* (New York: Harper & Row, 1960).

Robert Munsch, *I Have to Go* (Toronto, Ontario, Canada: Annick, 1987).

Robert Munsch, *Love You Forever* (Scarborough, Ontario, Canada: Firefly, 1986).

Margaret Musgrove, *Ashanti to Zulu: African Traditions* (New York: Dial, 1977).

H. A. and Margaret Rey, *Curious George* (New York: Houghton Mifflin, 1941).

Cynthia Rylant, *When I Was Young in the Mountains* (New York: Dutton, 1982).

Maurice Sendak, *Where the Wild Things Are* (New York: Harper & Row, 1963).

Dr. Seuss (pseud. for Theodor Geisel), *Hop on Pop* (New York: Random House, 1963).

Dr. Seuss, *Horton Hatches the Egg* (New York: Random House, 1940).

Dr. Seuss, *The Lorax* (New York: Random House, 1971).

Dr. Seuss, *The Shape of Me and Other Stuff* (New York: Random House, 1973).

Marlene Fanta Shyer, *Here I Am, an Only Child* (New York: Macmillan, 1985).

Shel Silverstein, *The Giving Tree* (New York: Harper & Row, 1964).

Harriet Sobol, *My Brother Steven Is Retarded* (New York: Macmillan, 1977).

John Steptoe, *Mufaro's Beautiful Daughters* (New York: Lothrop, Lee & Shepard, 1987).

Alvin Tresselt, *Hide and Seek Fog* (New York: Mulberry, 1965).

Alvin Tresselt, *I Saw the Sea Come In* (New York: Lothrop, Lee & Shepard, 1954).

Brinton Turkle, *Thy Friend, Obadiah* (New York: Viking Penguin, 1965).

Chris Van Allsburg, *Jumanji* (Boston: Houghton Mifflin, 1982).

Chris Van Allsburg, *The Polar Express* (Boston: Houghton Mifflin, 1985).

Judith Viorst, *Alexander and the Terrible, Horrible, No Good, Very Bad Day* (New York: Atheneum, 1972).

Bernard Waber, *Ira Sleeps Over* (Boston: Houghton Mifflin, 1972).

Lynd Ward, *The Biggest Bear* (Boston: Houghton Mifflin, 1982).

Rosemary Wells, *Morris's Disappearing Bag* (New York: Dutton, 1975).

Nancy Willard, *A Visit to William Blake's Inn* (New York: Harcourt, Brace Jovanovich, 1981).

Jane Yolen, *Owl Moon* (New York: Philomel, 1987).

Arthur Yorinks, *Louis the Fish* (New York: Farrar, Straus, Giroux, 1980).

Charlotte Zolotow, *Big Sister and Little Sister* (New York: Harper & Row, 1966).

Charlotte Zolotow, *William's Doll* (New York: Harper and Row, 1982).

參考文獻

Daniel N. Fader and E. B. McNeil, *Hooked on Books: Program and Proof* (New York: Berkeley, 1968).

Linda Leonard Lamme, *Learning to Love Literature: Preschool through Grade Three* (Urbana, Illinois: National Council of Teachers of English, 1981).

Greta Barclay Lipson and Jane A. Romatowski, *Ethnic Pride—Explorations into Your Ethnic Heritage, Cultural Information—Activities and Student Research* (Chicago: Good Apple, 1983).

John Warren Stewig, *Children and Literature* (Boston: Houghton Mifflin, 1988).

Jim Trelease, *The New Read-Aloud Handbook* (New York: Viking Penguin, 1989).

CHAPTER

4

運用各種形式的文學作品

爲兒童提供適合他們程度的讀物固然很重要,但是讓他們接觸不同程度、類型的書籍,以激勵、鼓舞他們「完全靠自己」閱讀的欲望,也不失爲一個好主意。

在小學一年級的閱讀課程中所使用的課本,便是所謂的基礎讀本。一本基礎讀本只佔整套教科書、練習指導、教師手冊以及各種用於指導兒童閱讀能力發展之資料等的一小部分。基礎讀本通常是特定內容之短文的選輯,這些精選的短文中的詞彙是經過斟酌並根據不同的程度之需求來選擇的。基礎讀本可以被包含在兒童教育計劃中,但並不是必須的,因爲它們往往既不包含足量的高品質文學作品,也不能開啓孩子們天生的好奇心和語言天賦。

因爲所有這一切都需要考慮周全,所以必須花很多時間來作出正確的選擇。由於從事兒童早期教育的教師絕大多數沒有很多時間,因此教師們必須學習有效地利用時間。要爲孩子選出適合的書,就必須對他們有深刻的了解,並且充份吸收選擇書籍之要領的知識,和有關兒童讀物的資訊。本章的目的就在幫助讀者擴展有關古典的和現代的兒童文學方面的知識,並廣泛地針對兒童讀物作概括的說明。

劃分各種書籍類別的方法並不是一成不變的。本章採用的分類是探討書籍類型和使用法時較常用的方法。讀者可以針對特定類別的書籍進一步

研究，以加深認識。進一步的研究包括了閱讀此類書籍的評論，當然，如能直接閱讀及討論實際的作品將是更好的方法。

手指遊戲／歌謠／韻文

學習語言時節奏和發音對幼兒而言相當有益。透過成人以手指遊戲、歌謠、韻文作示範，孩子可以慢慢學會這些節奏和發聲。也許這就是這類文學形式幾乎存在於任何一種文化、國家、及語言中的原因。這類具有歌謠般特質的語言形式能很容易地引人傾聽、應答和學習。由於這類形式的作品通常比較短，兒童在重複幾遍後便可記住其中的詞句。而這種重複也可以幫助兒童學習如何在他們需要時說出恰當的詞句。此外，手指遊戲可使兒童練習讓手的動作和語言協調一致，並促進了小肌肉的發展及手眼間的協調。

成人應經常注意兒童自尊的培養。運用這類文學形式的另一個重要原因便在於，可以使兒童體驗成功的樂趣。成功地學會手指遊戲和詩歌，可以加強兒童對自身學習能力的自信，並提供一種語言技能上的成就感，這種成就將促進他們閱讀能力的發展。

手指遊戲和歌謠

手指遊戲就是將有韻律和節奏的短詩歌搭配手指動作的遊戲活動。手指遊戲有手的動作，而歌謠則沒有這種動作，任何手指遊戲都可以配合歌謠的形式表演出來，許多歌謠也都可以演繹成手指遊戲。教師可以先編一下詞，然後說出這樣一小段韻文：「掃除時間到，掃除時間到，請大家一起配合好。」以此幫助兒童從自由遊戲轉換到作息內容上來。歌謠和手指遊戲都是相當積極有效的方法，這些活動能夠以不正式的方式幫助兒童自然地學習及發展社會性之概念及能力。比如，一個教導矩形概念時可用手

指遊戲例子是：「長—短，長—短。矩形就是長—短，長—短」。隨著手指遊戲歌唱，孩子們在空氣中比劃著矩形的形狀。當說到「矩形」一詞時，可以鼓勵兒童們大聲地喊出來。這一手指遊戲可以被用於分辨形狀或比劃形狀，以幫助學童區分正方形和矩形。

手指遊戲和歌謠可以藉著改編受喜愛的短詩來創作，內容包括動作活動等。老師也可以自己發明手指遊戲，或者激發孩子們自己來設計手指遊戲。例如，在看一架直升飛機時，創作一個簡單而具體的手指遊戲：

語言	動作
上上下下	孩子們站著又蹲下
上上下下	一邊念著口白，一邊伸開胳膊
繞來繞去	繞著圈圈轉
繞來繞去	轉來又轉去
直升機	最後跑到房間
降落在地上	的一角蹲下來

每位幼兒教師都有自己的一套手指遊戲和歌謠。可以將它們抄寫在資料卡上，以便使用和保存。活動轉換、基本概念、假日，甚至日常瑣事如午睡的手指遊戲，都有助於簡化每日例行活動，強化教育計劃之效果。手指遊戲可資參考來源之一是：Liz Cromwell & Dixie Hibner《手指遊戲》(*Finger Frolics*)。這本書提供相當多易於學習的手指遊戲。

韻律

簡單的詩或歌謠都算是韻律。應用手指遊戲或歌謠時可以搭配韻律節奏。帶有詼諧感的韻律往往特別令人感到有意思，即使是幼兒也很容易自己創作。兒童最喜歡用他們的名字或他們朋友和家人名字編成的韻律。

韻律往往可以一代又一代地流傳下來。跳大繩、學習顏色、以及關於任何其他兒童們覺得重要、嚇人或可笑的事情都可編成韻律。

　　「一、二，繫鞋帶」；「藍色、藍色，上帝愛你；」「一顆蕃薯，二顆蕃薯，三顆蕃薯，四顆……」；「里奇波頓拿斧子……」，都是孩子們不能忘懷的韻律歌謠。嚇人的韻律歌詞往往是創作來幫助孩子們表達和應付恐懼的一種方式。「繞著Rosie的鈴」最初就是英格蘭瘟疫流行時期，表達兒童對死亡和軀體可怕的變化過程，所產生恐懼情緒的韻律。「灰燼、灰燼，我們都要死了。」展現出孩子對死亡的恐懼。笑話是孩子們減除和應付恐懼的一種方式，新創作出的韻律不斷地累積並隨世代而流傳下去，成為我們童年時代接觸到的傳統。

鵝媽媽的故事／童謠

　　鵝媽媽（Mother Goose）是誰？關於「鵝媽媽」童話故事的起源，有許多說法。有人說出自法國作家Charles Perrault，他在1697年參考了一個養鵝老婆婆所講的韻律而完成此作。也有一些人認為鵝媽媽為英國作家John Newbury的創作，他在1765年出版的一本書裡首先使用了這個叫法。還有一些人的看法是：鵝媽媽是一個波士頓婦女，她的名字叫作Elizabeth Goose。是1719年在波士頓出版的《兒童的鵝媽媽旋律》（*Mother Goose Melodies for Children*）小冊子之出版人的繼母。但是這一證據，在馬薩諸塞州沃塞斯特的Antiquarian Society Collection的收藏品檔案中遺失了。其實，究竟誰先使用這一稱呼並不重要。重要的是，鵝媽媽早已被全世界的兒童所知曉，並被當作韻律和從韻律中得到快樂的象徵。

鵝媽媽的故事是很好的基礎　　illustrations © 1984 by Richard Walz.

鵝鵝媽媽故事活動

　　鵝媽媽的故事可以被用來刺激兒童之語言學習和社會行為規範的發展。由於它們具有幽默性，很適合被寫在法蘭絨教具板上做為簡單的教學故事，或是藉助道具來製作成戲劇，還可以改編為藝術活動的腳本。

　　從書籍中可以找到許多鵝媽媽的故事。藏書中可能可以找到讓教師從來都沒有看或聽的韻律，在講故事、討論，甚至活動轉換時都可以應用。

「傑克很機敏、傑克很靈活……」就是可以用於鼓勵孩子迅速離開房間時的韻律。兒童們可以在一個接著一個跳過紙做的蠟臺、或離開房間時，唸著這個韻律。有些鵝媽媽的故事已經被製成畫冊，還附有很漂亮的插圖。Sarah Catherine Martin的《哈伯特老媽和她的狗》（*Old Mother Hubbard and Her Dog*）便是一個很好的例子。

除了鵝媽媽的故事外，來自其他國家的韻律例如，Arnold Lobel的（*Gregory Griggs and Other Nursery Rhyme People*）效果也很好。例如，「The Farmer of Leeds」便是一首關於春天青草成長的韻律謠。它可以引導孩子們用海綿來植草。這些海綿可以切成人的形狀，再配上些草的種籽，如果植在一盤水裡，草就會生長，像這類附活動大大增加了這個韻律謠能帶來的樂趣。

童謠

鵝媽媽故事及其他童謠作品一直不斷地被傳播、增加、修改，和改編。有些最初是為政治諷刺而寫的，只是藉助街頭歌謠或童謠這類安全的形式來嘲諷國王或政府。所以同一韻律謠在不同的國家以及同一國家的不同地區會因時代的變遷而演變得有所不同。

「瑪麗有一隻小羊」是鵝媽媽韻律謠中的一個典型作品，它是在許多最初寫成的韻律謠之後被增加進去的。這個故事最初由Sarah Josepha Hale所寫，首次發表於1830年。而現代作家例如，Ruth I. Dowell等，正在繼續增加鵝媽媽故事集的內容，他寫作的故事用了一些很有趣的名字，例如，「我是一隻很小的百靈鳥，」「賓州的彼得，」「媽媽砰砰響的玉米花，」「桃金娘是隻海龜」。韻律謠的傳統和用詞對兒童而言十分重要。在許多韻律謠中舌頭的扭曲和神祕的字眼好似古代爐邊儀式的迴音。它們為兒童提供了對成人世界之神秘性的了解和把握。一些被認真遵從的建議；例如，「猛地跺腳，嚇媽媽一跳，」或是「看到一個胸針，把它揀起來，整個一天你都會有好運氣。」都成了我們珍貴童年回憶中的一部份。

寓言／民間故事／童話

對許多幼兒而言，寓言、民間故事、童話是教育和鼓勵他們的一種工具。這些故事能夠傳遞社會價值，但目前也有很多故事受到喜愛的原因是他們本身的趣味性。故事經口耳傳播被流傳下來，透過講故事的人傳授給下一代，而早先的文化便如此被人們繼承下來。

寓言

寓言是用來對人們進行道德教育的故事。儘管絕大多數寓言以動物為角色，但也非全部如此。用動物作主人翁的寓言叫作動物寓言 (beast fable)。也有的寓言以人或非生命體作人物。全世界各個地方的任何一種文化都有寓言。在西方，人們最熟悉伊索寓言。而許多其他寓言也已成為英語語言傳統的一部分。例如，Joel Chandler Harris的雷孟士叔叔故事集 (Uncle Remus)，Rudyard Kipling的《叢林書籍》(*Jungle Books*)等。來自這些故事的片語也經常出現於人們的日常語言之中：「那只是些酸葡萄」(That's just sour grapes.)，或者「牛奶灑了，哭也沒有用」(No use crying over spilt milk.)

寓言既可以用於娛樂，也可以用於討論故事中的道德問題，與寓言有關的課堂活動包括：創作學校規範或用餐禮節的寓言、圖解寓言、扮演寓言故事等。

民間故事

　　民間故事所流行的是關於人的傳說。它們不被加以任何特別的修飾。正如童話和傳說一樣，民間故事有其共同的情節；例如，好的戰勝邪惡的、正義得到伸張等。每一種文化都有這樣的故事。它們可用以解釋社會、歷史和自然現象，提供人們安全感，或者諷刺某些人們希望改變的事物，提供安全感。

童話

　　童話是作者融合文學元素的民間故事或傳說。它們往往比民間故事和傳說更複雜，更經修飾。

　　有些人對於這些童話對幼兒的影響感到擔憂。因爲童話故事有時會引起恐懼，有時也包含暴力。在故事中伸張的所謂正義可能是歪曲，甚至帶有血腥的，而且有些故事雖然生動，但也可怕。了解兒童的人才能正確地判斷哪些童話適合兒童，哪些不適合。人們也應當考慮這樣的事實：童年期充滿了應對可怕的怪物和未知的恐懼。成人有時無法了解兒童發明這些可怕的人物是用來作爲他們發展應對技巧的方式之一。童話可以提供兒童積極的角色榜樣。聆聽優秀人物的奉獻和邪惡勢力破壞的故事，可以安慰兒童，使他們內心的衝突和恐懼能得到平息和被解決。童話裡有各種英雄人物，他們總是能運用自己的神奇能力。然而，不同於電視人物，童話中的英雄人物，通常更能運用機敏、智慧、才智去戰勝敵人。對於兒童來說，這些都是令人羨慕的特質，每個人都希望自己能擁有這些能力。

　　但是，也有一些故事，在使用時應特別留意，因爲含有過多的暴力。較少涉及暴力的故事，可能更適合兒童。對兒童而言，有些故事既引人快樂，又令人得到安慰。童話故事的結尾似乎永遠都會再度肯定：這個世界是公正的，一切秩序均已復原。

童話是童年生活的一部分

Illustration by Karen Milone, reprinted by permission of Troll Associates from *The Wild Swans* by Hans Christian Anderson © 1981 by Troll Associates.

不同的版本

對照同一故事的不同版本有助深入探索內容，並且幫助兒童理解故事。可以鼓勵兒童討論他們對故事以及對情節的不同結果有什麼感受。舉Hansel & Gretel的故事為例。其實這是一個駭人的故事，它強調父母關懷的重要性，孤獨的危險性，以及兒童獨處時如何解決恐懼感，這個故事闡述繼母與陌生人的主題。在Linda Hayward重寫的版本裡，邪惡的繼母離去後，孩子們以自己的方式找到了回家的路。而在由Barbara Shook Hazen重寫的另一個版本裡，孩子們聰明地逃避開了巫婆，帶著一袋珠寶回到家裡，在家裏等待的是已經徹底悔悟的繼母，從此繼母和孩子們一起過著幸福快樂的生活。在讀過這兩個版本以後，可以和孩子們一起討論他們比較喜歡哪一個版本，他們選擇的理由是什麼。

課堂討論可以鼓勵兒童們揭示出他們隱藏的恐懼和問題。語言的表達可以幫助孩子們理解到別人其實也有同樣的問題，讓孩子們接受自己有感覺的權利是很重要的，人們不應嘲笑或以消極態度來干擾這類討論。

傳說

民族傳奇、神話和傳說對學前教育很有幫助。舉例來說，當講授地球環繞太陽運行的事實時，便可引用阿波羅和他的戰車的希臘神話。當教導孩童要注意安全以及避免在庭院中喊叫的公共道德時，「狼來了」的故事正好可以用來說明假裝求救的危險。當希望孩子們學習與人分享時，「漁夫和他的妻子」的故事能夠闡釋出過份貪婪的惡果。

民間故事和傳說可以幫助語言的學習，因為在故事的敍述中，常巧妙地運用到字句間聲韻重複的手法。諸如：「Fee, fie, foe, fum」；「All the better to see you with my dear, 」以及「他們之中誰最公平」(Who is the fairest of them all?)。孩子們能夠自然地投入故事的內容中並且學

習其中的詞句。區域性的故事、民間傳說和民族故事可以讓少數民族的兒童，在課堂上很自然地和多數民族學童融為一體。分享文化遺產，能在孩童間建立起深入且強而有力的彼此認同、認識。同時也能幫助每一個孩子的自我發展。家長、教堂、圖書館常常也能提供滿足課堂需要的錄音帶和故事。教師也可以邀請民間說書人進入課堂，為孩子們講故事。

圖畫書／無字書

圖畫書是針對特殊的讀者製作的特種書籍。幼兒因為不識字，所以必須由看插圖、聽故事來了解書中要講的內容。一本圖畫書必須具有構思良好的情節、主題、背景和人物；也應選擇恰當編排風格、文字尺寸及版頁大小來製作。此外，圖畫書必須在文字和圖畫之間做到巧妙的一致性。好讓那些還不能流利閱讀的讀者能夠聽懂故事。圖畫書以表達力強的插圖來達到讓幼小讀者了解故事的目的。書中的文字通常不一定要陳述出故事中的動作、過程、和意圖，作者、插畫家和讀者應能超越文字而分享一些共同的愉悅經驗。

Mercer & Marianna Mayer的《一隻青蛙，很多青蛙》（*One Frog Too Many*）一書是用棕色鋼筆畫成的圖畫書，全書沒有文字。看這本書時，讀者會同情那隻小青蛙，因為必須適應一個新來的、更小的青蛙成為他小主人的新寵物的事實。牠的憤怒、恐懼、妒忌、復仇心、哀傷和幸福，把讀者深深帶入了故事之中。讀者的同情心隨著情節發展而展開，直到快樂的結局之前，讀者隨喜隨憂，始終懷抱著對主人翁的認同和情感。而所有這些交互作用和感受，都不需憑著任何一個字來產生；圖畫本身即已充分敘述了這個故事。

圖畫書並不像其他類型的書一樣，是一種真正的書，但在兒童文學中佔有獨特的地位，所以需要特別地介紹。下面要討論的其他幾類書籍幾乎也都是圖畫書，但各側重於不同的概念或故事類型。

概念書

　　概念書包括：教孩童數數兒和識字的基礎讀物，也算是兒童文學中的一個領域，而且在過去幾年已有了巨大的發展和一些有趣的變化。概念書已發展出多樣化的形式；例如，透過洞口看的立體書、大型書、謎題書、袖珍書、以及布書等等。有了那些天才的藝術家，如前面提到的Peter Seymour, Tana Hoban, Eric Carle, Richard Scarr，以及Seuss博士，要找一本好的概念書是不成問題的。然而，問題還是在於選擇：針對一個特定的目的，哪本書是最適宜的。概念書使用起來很有趣，能夠激勵兒童學習空間概念、數字、顏色。

　　選擇概念書有一些一般性的原則：首先，要傳達的概念應要能正確而清楚的說明，比方說，如果一本書講的是磁性，插圖中就不應畫一塊磁鐵吸起了銅幣，因為磁鐵對銅沒有吸引力。此外，插圖還應當具有數量上的準確性，如果一本數數兒的書說：本頁有五樣東西，那麼在此頁就應當真有五樣東西。概念書的表達方式必須有趣，如果內容太枯燥，教師就必須花很大的力氣才能讓學童把注意力集中在書上。一本好的概念書可以激勵孩子們去用它。他們會主動要求聽這個故事並看書上的插圖。書本的製作必須牢固，以便孩子們能在教師讀給他們聽之後再重複翻閱。概念書也應當具有吸引力，在大人唸過第一次後，孩子們應該還是覺得回味無窮。如果沒有這種效果，也許它就不是第一個可以考慮的選擇。當然，前述選擇標準是以滿足年齡的適當性等等原則為前提的。

數數兒書

　　教師在教授每一種主題時，往往會使用多種不同的書。比如，教導學童數數兒，就可以使用Eric Carle《1, 2, 3到動物園》(*1, 2, 3 to the*

像這樣的書可以加強兒童對許多基礎概念的理解
Courtesy Delmar Publishers Inc.

Zoo)。然後，還可以用Tana Hoban的《數數看》（*Count and See*）。這本書可以和積木放在一起，兒童可以一邊玩積木一邊用這本書。教師也可以大聲朗讀Amy Ehrlich的《每天都開的火車》（*The Everyday Train*），然後進行使用火車和數字道具的活動。也可以用Ezra Jack Keats的《於草地上》（*Over in the Meadow*）來結束一天的活動，並給孩子家庭作業，讓他們檢查家裏的院子中是否有書中所讀到的東西。這些書籍都可以放在教室中，讓孩子們自行使用。他們會發現：和朋友一起共同使用書籍和積木，比用一本指導手冊或複製品學習同樣的概念更有趣。所運用的各種社會化技能也有助兒童的發展。其他能夠和概念書配合的活動包括：以真實的物體、雜誌圖畫、海報、積木、枕頭或其他道具表演出書中的概念。

識字書

字母表包括了我們書寫語言中所使用的絕大多數符號。兒童對字母及其發音越感到親切，書寫語言對他們就越容易。由於兒童上小學前可能就開始學習字母和發音，所以不應強迫他們以重複、書寫或記憶的方式來開始學習。如果兒童能自覺地學習字母最好，但不應期望一定能如此。目的是要培養兒童對語言和意義的熟悉度及信心。

認識字母的書有一段很長的歷史。許多兒童及成人讀物的插畫家都曾經設計過ABC字母書籍。實際上，有數百種識字母的書可供選擇。從木雕、蝕畫到照片等任何一種可想像得到的插畫技術都可運用在其中。

選擇字母書

選擇字母書時，一些普遍性的原則會很有幫助。例如，表示字母的物體應大小適當，容易辨認；應使用有限數量的物體，每一個字母可能用一或兩種物體代表。字母的印刷應特別地清晰。通常，字母最好和配圖放在同一頁上；物體應清晰地代表這個字母的發音；書的整體設計也應色彩豐

富及吸引人。

考慮這些標準是很重要的。尤其重要的是，每一頁的插圖內容不要過多，以免妨礙兒童對於字母和對應物體的辨識。另一個關鍵的考慮點是，字母發音應當在使用對應物體名稱時能清晰地讀出。例如，字母「T」應當使用諸如：tiger, top或teacup這些對應物體來圖解，而不要用那些「T」的聲音被混合掉的對應物；諸如：three, tree，或throat。人們應當在字母書中檢查的其他字母包括：「S」，「W」，「D」。字母「C」和「G」應當以那些反映了這些字母的重的聲音的對應來描述（例如，cat的「C」，girl的「G」）。同一字母的重聲和輕聲的概念常常被幼兒們混淆。

優良的字母書中常常是幽默的。這種幽默可能在於表現方法；例如，Jan Garten的《字母書》（*The Alphabet Tale*），本書中，尾部拖過同一頁的字母的動物。這種手法也常常出現在詩句選擇中；例如，在Edward Lear的《艾德華‧里耳的字母書》（*An Edward Lear Alphabet*）中也可以看到的。

許多不同的字母書籍都具有特殊的引人之處。（*Cindy Szekere's ABC*）由同名作家寫成，特點是有出色的字義、牢固的製作，和漂亮的色彩。Sandra Boynton的（*A Is for Angry*）印有很大的字母，每個一字母都對應一種情緒。（*Brian Wildsmith's ABC*）的特色是令人驚艷的色彩和耀眼的對比。（*Bruno Munari's ABC*）也是如此。城市風景配上絕妙的多重文化，非常吸引人，則是Rachel Isadora的《從A到Z的城市》（*City Seen from A to Z*）一書的特點。

字母遊戲活動

正像學習數字一樣，在使用識字書時，也可以發明一系列與學習活動互相搭配的遊戲。在讀完一本關於動物的字母書後，兒童可以為每一字母畫一幅動物圖畫。在讀完一本對應物的字母書後，可以設計一個找字母遊戲，比如在房間裡找一個物體，名稱的第一個字母正是所學的字母。烹飪

一些以某一個字母為名稱開頭的東西，也可以和其他概念結合在一起。如果字母是「S」，就可以做「strawberry sundaes」（草莓冰淇淋聖代。）字母「N」可以透過讓每一個兒童做九（nine）根麵條來強化。孩子們可以用自己的方式創編字母書、字母木偶喜劇或語言──經驗故事。所謂語言──經驗故事是由兒童講述一個故事並由教師在黑板或壁報上寫下來。這種故事通常是關於一種所有的孩子都能理解或曾有過的經驗。如果使用語言經驗故事，比如有關使用以一個特定文母為開始的詞的經驗，著眼點可以放在內容的意義而非記憶字母上。永遠都應當記住：學習字母的主要目的是要掌握書中詞的意義。

小說：現實主義小說／虛構小說

　　小說的主要目的是取悅讀者。然而，其目的也常常包括傳播知識和說服人一些道理。小說是一種文學形式，它主要來自於作者的想像，而不見得是歷史或事實。小說以具體的文字向讀者展現了作者的現實觀。

現實主義小說

　　現實主義小說寫得是可能發生過的故事，其部分內容可能是來自於作者的經歷。現實主義小說家通常試圖幫助兒童應付一種情境或困難。這個世界是以作者所感知的觀點呈現出來的。並不會要求讀者相信什麼紫色的奶牛或會唱歌的狗。但這依然只不過是小說，因為場景、人物和對話都是出自於作者的想像。Robert Cormier在解釋他寫作現實主義小說的目的時說，「……我嘗試以現實主義的方式寫作，即使我知道這可能會使某些不安。但事實是，好人也不可能永遠在現實生活中獲勝，……我還想指責那些不願幫助別人的人，那些面對邪惡或謬誤而無動於衷的人。他們和惡棍一樣，甚至更壞。」現實主義小說幫助兒童處理他們本身的各種好和不好

的人性化情感。它使讀者能認識到：所有的人都有同樣的這些情緒和思想。讀者可以透過書中人物、以一種較安全的距離探討他們自己的情感。現實主義小說的一個例子是Carol Carrick的《迷失在暴風雨中》(*Lost in the Storm*)。這個故事講述一條狗迷失在暴風雨中的小島上，以及他的主人尋找他的痛苦歷程。Judith Viorst的《關於邦尼的第十件好事》(*The Tenth Good Thing about Barney*)幫助兒童學習面對死亡，在這本書裡，講的是一條寵貓的死亡。其他寫現實主義小說中，可以幫助兒童理解的問題包括了：分離、學校社會環境、離婚、衰老、生病、手足爭吵⋯⋯等。

歷史小說

現實主義小說也包括歷史小說，以歷史事件或人物為基礎，創造出一個想像的歷史。作者超越具體事實，創造出虛構的內容。這一方面書籍的數量正不斷地增長中。Brinton Turkle的Obadiah系列叢書，寫殖民時期Nantuket島的歷史，即選擇了歷史性的題材但又是虛構的故事。Jean Fritz曾寫了一系列歷史小說，包括：《Paul Revere，然後，會有什麼事？》(*And Then What Happened, Paul Revere?*)，《朋‧法蘭克林，有何好主意？》(*What's the Big Idea, Ben Franlkin?*)，以及《喬治‧華盛頓的早餐》(*George Washington's Breakfast*)。每一個故事都是對一段歷史的生動介紹，在每一本書的結尾，都附有事實記載的注釋。Ann McGovern的《通緝：生死不拘》(*Wanted: Dead or Alive*)，是關於Harriet Tubman的故事。在《貨車輪》(*Wagon Wheels*) 中，Barbara Brenner採用了十九世紀西部拓荒史的題材。Eleanor Coerr在《大汽球的競賽》(*The Big Balloon Race*) 中，詳細描述了十九世紀的氣球專家Carlotta Myers的生活。這些書籍透過婦女和少數民族人物等非傳統角色，增添了作品的內涵。針對較高之閱讀程度寫出的歷史故事也很適合大聲地朗讀出。

兒童願意放棄他們對秩序的信念為了欣賞一個青蛙騎摩托車的故事
Illustration from *Fun on Wheels*, Delmar Publishers Inc.

幻想小說

　　許多兒童故事是幻想小說。成功的幻想小說作家能讓讀者放棄現實規則，故事中的幻想事件發生在一個不存在的世界，並包括不真實的人物。幻想小說裡還可能出現讀者不曾經歷、未經了解的物理或科學原理的運用

。 Mirra Ginsburg 整理的美國故事集《太陽晚上到哪兒去了？》（台灣英文雜誌社）（*Where Does the Sun Go at Night?*）便是幻想小說的一個例子。通過Ariane Dewey & Jose Aruego的描述，讀者看到太陽在晚上捲了起來，動物在睡眠或在雲彩中旅行，以及其他令人發噱的離奇景象。

在幻想小說中，想像力被充分發展並轉化為藝術形式。作者、插畫家和讀者一起分享新鮮的經驗。幻想小說很容易被兒童接受，因為想像力讓孩童相信任何事情都是可能的。神奇、幻想的世界，可愛的動物，對於兒童來說都是真實的。只要是可以想像的東西，就能存在。Paula Fox解釋：「想像是自由、難以捉摸的。我們透過想像力的運用推斷所想像之事物的存在，正如我們推論一陣風剛剛吹過一樣，我們看不到風，但我們聽到並看到樹上的葉子搖曳作響。這就是我們在所有偉大的故事中感知到的看護者的精靈，我們聽到了它的沙沙作響聲。」

幽默感不僅對於成人來說是一種強有力的積極處世手段，對於兒童來說也是如此。幽默感有助於人們應付現代生活的緊張刺激。通常幻想小說中的幽默是具有感染力和治療作用的，Judi Barrett的《動物應該穿衣服》（*Animals should Definitely Wear Clothes*）中好笑的故事受到絕大多數兒童的歡迎，正好擊中了學齡前兒童的笑骨。而Judi Barrett寫的另一部書，《天空中有大大串肉球》（*Cloudy with a Chance of Meatballs*），創造出一個薄煎餅和楓糖漿覆蓋了整個大街的瘋狂世界。幻想小說中的世界被架構得與兒童的現實有著極大的差別。城市鱷魚Lyle是Bernard Waber的作品中的人物，他奇特的詼諧性格使幼兒們非常高興、快活。Susan Ramsey Hoguet有一部獲獎作品，《我打開祖母的車廂》（*I Unpacked My Grandmother's Trunk*），在這本書裡，無論是主人翁還是讀者，都很喜歡在卡車中找到的東西。由於這部卡車裡包羅萬象，從手提塑膠保護罩到活的狗熊都有，恰好就是學步兒童和學齡前兒童喜歡一遍又一遍讀的那種書籍。

幻想小說可以有荒誕滑稽的人物、想像的人物、或是一些行為像人的動物角色。幻想小說可以以現實世界為背景，或者把現實完全拋在一邊。

然而，所有的小說都必須具備能夠清晰地表現情節的基本元素諸如：有說服力的人物、適切的背景、以及相關的主題。如果無法把這些元素巧妙地融會到故事中去，故事是不會打動讀者的。Bruce Coville的《莎拉的獨角獸》（*Sarah's Unicorn*）是一部成功的幻想小說，也是一部極佳的範例之作，所有前述的元素都以巧妙的方式凝聚在一起，讓讀者深深地投入故事情節中，並關心其結局之發展。

非小說／知識性書籍

非故事類讀物的目的在於提供事實及知識。針對兒童所寫的這一類讀物可以使用文字形式或者故事形式。後者由於對兒童的親和力而經常被採用。這類讀物的作家有義務為兒童提供精確的知識。任何錯誤的訊息、會引起誤解的訊息、或是過時的訊息都不應灌輸給兒童。問題往往並不在於作者傳達了錯誤訊息，不正確的知識之所以出現常是因為一本書已經過時，或是因為新的知識還沒有被發現。

呈現知識

古老的書籍可以幫助兒童了解過去的人們對一個問題的思考方式，但教師應特別注意兒童是否吸收了正確的訊息。應讓兒童逐漸認知到一個事實：知識並不是絕對的，尤其是科學領域中的知識。教師教導科學知識前應不急作這樣的序言：「在目前，我們相信這些關於……的知識是正確的。」兒童們將由此了解到：知識會隨著更多的研究而變化。舉例來說，一本關於動物的書說：長頸鹿不會發聲；並不需要把這本書扔掉。長頸鹿的圖片，以及書中大部分的文字，或許都還是有用的。但教師可以很簡單地補充正確的知識：雖然「長頸鹿不會發聲」只是一時的認識，但現在人們知道，牠們的確可以發出喉音並和同類進行交流。

對「知識是可以改變的」這一點的了解，促進了批判性思維的啓蒙。一個有某種特殊興趣的兒童也可能具有比書本或教師更爲現代化的知識。應當鼓勵兒童對他們認爲錯誤的知識提出疑問以及用查詢書籍、打電話等方式核對訊息，教師應透過行動教導兒童一件重要的事情：學習閱讀的主要目的之一，便是尋找問題的答案。

　　一些微妙的錯誤概念可能由於缺乏知識而被帶入課堂教學中。一位不曾有意朗讀侮辱性作品把偏見帶進課堂的教師，卻可能長期對印地安人和感恩節朝聖等知識持有錯誤的觀念。應讓兒童了解印地安人不再像殖民時期那樣生活。教師應以現代印地安人的生活方式更新課堂教學內容。如果不注意這些細節的話，那麼就可能將有關整個文化群體的不正確描繪在課堂上灌輸給每個兒童。一位敏感謹愼的教師無論何時獲得確實的知識，都會提供完整地灌輸給學生。

在選擇事實類書籍時，有些指導原則可以遵循：

- 應當檢查書籍中知識的準確性
- 注意出版時間，以確保選擇到最新的書籍
- 當使用有圖表或插圖的讀物時，應注意其表現方式是否簡明、清楚、容易閱讀
- 讀物內容應適合兒童的年齡及能力

詩歌

　　詩歌並非枯燥乏味之作！它絕不令人厭煩！也不只是爲賀卡存在的。詩是一首沒有音符的歌，詩以最具想像力、最凝煉的一種方式，來抒發關於我們的世界及我們本身的種種。詩歌是富於感情、簡潔能打動人心，而且也是極富有樂趣的。詩人精心地選擇每一個字，以便其所說的和所欲表達的內容，能產生震動讀者及聽者的效果。無論使用那一種韻律格式，其

節奏和著韻律都和歌曲或叮噹之聲同樣地吸引著兒童。語言的描述性功能在讀者的腦海喚起生動的形象，就好比看一部電影或親眼看到詩中的景象。溫尼熊（Winnie-the-Pooh）是一位膾炙人口的詩歌人物，但很少有哪些孩子有意識地覺察到：Christopher Robin的故事是用詩寫成的。他們就是最喜愛這個故事。

詩歌的手法

正規的詩歌有固定的韻律。以音節、行的長度、和特殊的結構來組成各種不同的詩體；例如，俳句 (haiku)、無韻體 (tanka)、五行詩 (cinquain)、十四行詩 (sonnet)、五行打油詩 (limerick)、兩字詩 (two-word poetry)。在詩歌裡有一些經常使用的用詞方法，有的是專為兒童設計的。例如，擬聲語 (onomatopoeia) 即是一種特殊的用詞方法，聲音說明在詩歌中的內容（例如，pop, sizzle, hiss, bang）。當以人類角色或情緒賦予無生命物體或動物時，用的是擬人法 (personification)（例如，「咭！咭！咭！我從裡面往外漲，暖和呀！熱呼呼！別忘了再倒些奶油、鹽巴在我頭上！」「Pop, pop, pop! I'm inside out and warm and hot! Do not fail to put butter and salt on my top!」）而直喻法是用來比較兩種不同的事物時，通常使用這樣的詞：「彷彿」、「好像」（例如，水坑就像小狗鼻子一樣濕，或者她的頭髮彷彿火苗般柔和）。隱喻是一種類比，以某事物的特徵來描述另一事物（例如，我的麵包屑對於螞蟻和小蟲子就如同一場盛宴）。押頭韻是指在一行裡多次重複一個詞的頭一個字音（例如，Little Lyle laughed loudly）。

詩歌的運用

也可以對幼兒朗頌超越他們閱讀程度的詩歌，應表情豐富地朗讀這些詩歌，好讓詩歌和孩子們的理解度連結起來。Corrine Bostic優美的詩歌

「地球的旋律」（*Earth's Melody*）無論對於年幼還是年長者，都是令人愉悅的：

> 我喜歡太陽親吻我的臉龐的感覺，
> 躺在一個與世隔絕的地方。
> 我喜歡聆聽雨聲潺潺，
> 看無拘無束的河水流過溪灣。
> 我喜歡聆聽海浪的咆哮，
> 聽小鳥與大地和諧的鳴叫。
> 我喜歡森林帶來的陰涼，
> 聽風兒柔和的吟唱。
> 我盤坐著琢磨我的計劃，
> 然後，就彷彿整個世界和我手拉著手一起慢步一般。

在一個雨天的午睡時間坐下來，或是大家一起躺在操場草坪上時，正是給孩子們讀這首詩的最好時機。

Dorothy Aldis & Leland B. Jacobs也寫一些簡單的、表達自我的詩歌。他們寫一些日常生活中的題材；例如，路邊的石頭和廣場。（*Hush-a-bye Baby*）是一首簡短的小詩，取材於美國人把搖籃掛在樺樹上的習慣，是由一個對這種習慣產生深刻印象的旅行者寫下的，一直被稱為新大陸寫下的第一首韻律詩，也是一首搖籃曲：

> 乖乖地睡，寶貝，在那樹梢上，
> 當風兒吹來時，搖籃會遮擋。
> 當樹枝折斷時，搖籃會落下，
> 寶貝、搖籃和一切，都跌到地上。

這首搖籃曲的波士頓地區版本最早以文字的形式出現在1765年的《鵝媽媽旋律》（*Mother Goose's Melody*）中。毫無疑問地，兒童們能理解這首詩的意義，但再加上其他的內容會使它更有趣。

Shel Silverstein是最著名的兒童詩人之一，由細條實心麵到樹木等主題，成功地抓住了兒童的想像力。他的黑白線條插畫也爲優美的詩句增色不少。

　　Robert Louis Stevenson & Henry Wadsworth Longfellow是兩位頗受歡迎的傳統作家。許多小女孩，尤其是那些不舒服而請假在家的女孩，都覺得有著與Logfellow的女兒相同的心情，是她賦予Logfellow一首詩的靈感，這首詩的開頭是這樣的：「有一個小女孩，留著一頭卷髮，垂在額頭的中間……」如果一個孩子有病臥身在床，Stevenson的（*The Land of Counterpane*）就最適合閱讀。當孩子能用木偶兵玩床上戰爭遊戲時，尤其更適合讀這首詩。Stevenson的語言永遠是那麼朝氣蓬勃。下面這段詩文出自《我的影子》（*My Shadow*），請注意其表達方式：

> 他有時竄得很高
> 像一個印度橡皮球
> 他有時又變得那麼小
> 以致他的蹤影一點也看不到了

　　Stevenson的詩句說明了享譽世界的優秀詩歌對兒童所能激發的作用。許多優秀的詩人都爲兒童寫詩，像是：Walter de la Mare, Langston Hughes, Edward Lear, Lewis Carroll, John Ciardi, Ogden Nash, Carl Sandburg, William Blake，Eve Merriam。

以詩歌促進創造性

　　詩歌也對視覺創造性有很大的幫助。Robert Froman將詩歌以一主題形狀寫出。例如，在他的著作《看事情：詩歌集》（*Seeing Things: A Book of Poems*）中，一首吉他詩組成了吉他的形狀。這種具體的形式尤其適合於幼兒，因爲既可以看見，也可以聽到。

　　Edward Lear被認爲是無意義詩歌之父。他的《無意義詩歌裡》（*Book*

of Nonsense）出版於1846年，收集了許多被稱為無意義詩歌的打油詩、詩歌和歌謠。

　　兩字詩是一種可以促使兒童參與創作意義詩的簡易詩體。這兩個字裡，一個是名詞，一個是形容，可以押韻，也可以不押韻，可以是好笑的，也可以不是。把不同的兩句詩組合一起可以創作出更長的無意義詩。插畫很適合附在詩句後面，以產生令人愉悅的效果，尤其是下面這類的詩：

> 熟睡的農夫揉著他紫紅的眼
> 一隻花斑豬和一條正在說話的狗
> 哦！牛兒，哦！馬兒，一幅值得看的景象

　　這也許不是一首好記的詩，但非常有趣，而且充份地表現出充滿於詩歌中的創造性和快樂。

　　最後，如果不提到Jack Prelutsky的作品，關於兒童詩歌的討論就算不上是完整的。Prelutsky是位多產的作家，他的著作介紹了許多重要的節日，常常冠以這樣的名稱：「情人節」(It's Valentine's Day)，「感恩節」(It's Thanksgiving)，以及「聖誕節」(It's Christmas)。其他名稱還有「下雨的星期六」(Rainy, Rainy Saturday)，「讓哈維滾下山丘」(Rolling Harvey dowm the Hill)，以及「積木中的新小孩」(The New Kid on the Block)，這些詩的主題包括了孤獨、友誼、家庭關係等等。

詩歌的選擇

　　選擇兒童詩歌的標準應著重於內容，而不是格律或聲韻格式等技術性因素。詩歌應當是有韻律、帶旋律感、有節奏活潑、清晰的。詩歌應當有生動的語言。雖然詩歌可以是關於任何主題的，但應當具有趣味性並使讀者感到貼切。各式各樣古典的、現代的、無意義的、以及屬於詩人自己風格的作品，都可以採用，好讓兒童有廣泛的見識。這也能幫助兒童去欣賞所有類型的詩歌，並發掘個人的偏愛。切記：詩歌必須大聲讀出來。在把

一首詩讀給一個聽眾之前，要決定應該怎樣去朗讀它。然後，再帶著感情地朗頌。

介紹一首詩時，重要的是要設定出將要進入的情調。朗讀詩歌之前要十分小心，不要過度地解釋這首詩。因為詩歌以不同方式打動不同的人，所以應留給兒童自己想像空間去體驗詩歌。絕對不要讓兒童去背誦一首詩。如果兒童喜歡這首詩，就重複地朗讀，但不需要要求他們背誦。最好運用大量的幽默詩。開始介紹詩歌的朗讀時，也就可以開始為兒童寫詩了。在發展對詩歌的全面欣賞和享受中，這兩方面是相輔相成的。

兒童文學中的獎項

有許多獎項和榮譽表彰兒童讀物作家和插畫家的傑出作品。包括正式的獎項、獎章，雜誌獎和圖書獎。其中圖畫書的最著名的獎項是卡德考特獎。此美國獎項每年由兒童圖書協會（Association for Library Services to Children）授予一位插畫家。卡德考特獎是以英國兒童讀物插圖家Randolph Caldecott (1846— 1886) 的名字命名的。這項獎是在1937年Frederic G. Melcher創立此獎項時開始頒發的，他個人曾獲得過1922年的Newbury Award獎。卡德考特獎僅頒予美國公民。但具有諷刺意味的是，這項「僅授予美國人」的獎是以英國人的名字命名的。雖然並不是每一位著名的兒童讀物插畫家都得過這項獎，但其中許多人確曾獲得過此獎牌，或者是頒給有前途的插畫家的榮譽獎牌。獲得卡德考特獎的書籍把獎牌印刷在封面上後，都非常暢銷。Caldecott Honor Awand（卡德考特榮譽獎）獲獎圖書在封面上印有銀色印章。

獲獎作品名單為尋找高品質的圖書提供了很好的著手點。（卡德考特獲獎作者名單列在附錄B裡。）然而，重要的是要記住，獎項並不保證某書適合課堂使用或教師的教學目的。人們應當在牢記：這項獎是由成人根據成人的標準來授予的。一本高品質完美圖書的真正獎勵，應該是兒童一代

對這本書熱情洋溢的反應。

　　在美國和其他國家還有其他一些授予兒童讀物中優秀的詩歌、插畫和文字作品的獎。Kate Greenaway Medal是由「英國圖書協會」(British Library Association) 頒給傑出兒童讀物插圖的獎。另一類似的獎項是由「加拿大圖書協會」(Canada Library Association)頒給加拿大公民The Amelia Frances Howard-Gibbon Medal獎。The Laura Ingalls Wilder Award是由兒童圖書協會每三年一次頒獎給作品在美國出版、對兒童文學有巨大貢獻的作家或插畫家。The Newbury Medal是由同名的協會每年一度頒獎給在過去一年間對兒童文學創作有最突出貢獻的美國作家。其他兒童文學的獎項則列在 (*Children's Books: Awards and Prizes*) 裡。贏得這些著名的獎項的作家、詩人或插畫家之作品都是從每年出版的2400種圖書中挑選出來的。

　　要想了解最受歡迎的插畫和作家的最新作品，你可以參考由R. R. Bowker每年出版的《出版目錄》(*Books in Print*)。每一套書有三卷：作者名檢索、書名檢索，以及一卷有關出版商的最新訊息。如果對某一特定主題的內容感興趣，每年出版的四卷本《出版目錄之書名指引》(*Subject Guide to Books in Print*) 可能很有幫助。這也是由R. R. Bowker出版的，所有這些工具書都可以在圖書館裡找到。

結語

　　重要的是要使兒童接觸廣泛的各種各樣的高品質作品。讓兒童接觸文學，最重要的兒童文學是兒童學得道理，並邁向文學教養之路的重要一步。現在，已有極其廣泛的文學作品提供給兒童，即使兒童還不會閱讀，他們也可以傾聽那些超出他們的閱讀好幾年的故事，並從中獲益。文學還可以被用於加強其他活動，或者作爲一項活動的開端。所有這一切的基礎都呈現這樣一個事實：文學應當幫助創造意義。它應當作爲一種能使我們的生

活得到快樂的工具，並幫助我們了解我們的世界的意義。

思考與討論

1.什麼是手指遊戲？

2.什麼是歌謠？

3.什麼是韻律謠？

4.幻想小說和現實主義之間有什麼區別？爲什麼這兩種形式教師都
　應該使用？

5.爲什麼一個教師可以使用鵝媽媽的故事？

6.如何在課堂裡應用手指遊戲？寓言、民間故事和童話故事之間有什
　麼區別？

7.講神話故事給兒童聽有什麼危險？如何能夠避免這些風險？

8.應當如何選擇非小說類書籍？

9.爲什麼圖畫書在兒童早期課程中非常重要？

10.爲什麼可以允許使用一些超出兒童閱讀程度的詩歌？

11.應當如何選擇詩歌？

12.應當如何針對兒童的需要來應用詩歌？

兒童圖書書目

Judith Barrett, *Animals Should Definitely Wear Clothes* (New York: Atheneum, 1980).

Judith Barrett, *Cloudy with a Chance of Meatballs* (New York: Atheneum, 1978).

Sandra Boynton, *A Is for Angry* (New York: Workman, 1983).

Barbara Brenner, *Wagon Wheels* (New York: Harper & Row, 1978).

Eric Carle, *1, 2, 3 to the Zoo* (New York: Collins World, 1969).

Carol Carrick, *Lost in the Storm* (New York: Clarion, 1974).

Eleanor Coerr, *The Big Balloon Race* (New York: Harper & Row, 1981).

Bruce Coville, *Sarah's Unicorn* (New York: Harper & Row, 1979).

Amy Ehrlich, *The Everyday Train* (New York: Greenwillow, 1983).

Jean Fritz, *And Then What Happened, Paul Revere?* (New York: Coward-McCann, 1973).

Jean Fritz, *George Washington's Breakfast* (New York: Coward-McCann, 1969).

Jean Fritz, *What's the Big Idea, Ben Franklin?* (New York: Coward-McCann, 1976).

Robert Froman, *Seeing Things: A Book of Poems* (New York: Crowell, 1974).

Jan Garten, *The Alphabet Tale* (New York: Random House, 1964).

Mirra Ginsburg, *Where Does the Sun Go at Night?* (New York: Greenwillow, 1980).

Tana Hoban, *Count and See* (New York: Macmillan, 1972).

Susan Ramsey Hoguet, *I Unpacked My Grandmother's Trunk* (New York: Dutton, 1983).

Rachel Isadora, *City Seen from A to Z* (New York: Greenwillow, 1983).

Ezra Jack Keats, *Over in the Meadow* (New York: Four Winds, 1972).

Edward Lear, *An Edward Lear Alphabet* (New York: Lothrop, Lee & Shepard, 1983).

Edward Lear, *Book of Nonsense* (New York: Garland, 1976).

Arnold Lobel, *Gregory Griggs and Other Nursery Rhyme People* (New York: Greenwillow, 1978).

Sarah Catherine Martin, *Old Mother Hubbard and Her Dog* (New York: McGraw Hill, 1960).

Mercer and Marianna Mayer, *One Frog Too Many* (New York, Dial, 1975).

Ann McGovern, *Wanted: Dead or Alive* (New York: Scholastic, 1965).

Bruno Munari, *Bruno Munari's ABC* (New York: Collins-World, 1960).

Jack Prelutsky, *It's Christmas* (New York: Greenwillow, 1980).

Jack Prelutsky, *It's Thanksgiving* (New York: Greenwillow, 1982).

Jack Prelutsky, *It's Valentine's Day* (New York: Greenwillow, 1983).

Jack Prelutsky, *The New Kid on the Block* (New York: Greenwillow, 1984).

Jack Prelutsky, *Rainy, Rainy Saturday* (New York: Greenwillow, 1980).

Jack Prelutsky, *Rolling Harvey down the Hill* (New York: Greenwillow, 1980).

Cindy Szekere, *Cindy Szekere's ABC* (Racine, WI: Western, 1983).

Judith Viorst, *Alexander and the Terrible, Horrible, No Good, Very Bad Day* (New York: Atheneum, 1972).

Judith Viorst, *The Tenth Good Thing about Barney* (New York: Atheneum, 1971).

Brian Wildsmith, *Brian Wildsmith's ABC* (New York: Watts Franklin, 1962).

參考文獻

Kathleen M. Bayless and Marjorie Ramsay, *Music: A Way of Life* (Chicago: Scott Foresman, 1985).

Bruno Bettelheim, *The Uses of Enchantment* (New York: Knopf, 1976).

Andrea Cascardi, *Children's Books: Awards and Prizes* (New York: Children's Book Council, 1987).

J. H. Dileo, *Young Children and Their Drawings* (New York: Bruner-Mazel, 1970).

Daniel N. Fader and E. B. McNeil, *Hooked on Books: Program and Proof* (New York: Berkeley, 1968).

Michele Landsberg, *Reading for the Love of It: Best Books for Young Readers* (New York: Prentice Hall, 1987).

V. Lowenfeld and N. L. Brittain, *Creative and Mental Growth* (New York: Macmillan, 1982).

E. Pitcher and L. Schultz, *Boys and Girls at Play: The Development of Sex Roles* (South Hadley, MA: Bergin & Garvey, 1983).

John Warren Stewig, *Children and Literature* (Boston: Houghton Mifflin, 1988).

Jim Trelease, *The New Read-Aloud Handbook* (New York: Viking Penquin, 1989).

Jean Warren, *More Piggyback Songs* (Everett, WA: Warren, 1984).

CHAPTER 5

神奇的動機

　　「你應該把你的傻樣使勁地搖，搖，搖，拋乾淨」（You gotta shake, shake, shake you sillies out.）是Raffi所寫的一首膾炙人口的歌曲的開頭。Raffi是很受歡迎的兒童歌曲演唱家。和每一位教師一樣，Raffi也知道，年幼的兒童們喜歡扭動，甚至當他們試圖安靜下來時，似乎也要搖動、晃動、轉動。每一個孩子的自身的活動和其他孩子的活動，好似一種巧妙的摔角競爭又稱為「狂野嬉鬧的遊戲」（rough and tumble play）般地交織在一起。這種交互作用如果被忽視不管的話，可能發展成衝突。

　　每一個教師都經歷過下面這樣的情境：孩童甲拍孩童乙一下……孩童乙又以輕輕的一擊回敬孩童甲一下……孩童甲再用腳踢了一下……孩童乙大喊一聲，伸出腳踢向孩童甲的後背……孩童甲再以凶猛的一撞使這項衝突進一步地升級……如此下去。當這種事情發展為明顯的衝突時，成人就會干預，一個或兩個孩子就往往會受斥責。然而，問題是：絕大多數這樣的事情在成人看到之前就已經發生了。因此，斥責可能直接指向犯錯誤的孩子，對孩子而言，這僅僅是出於對其他活動的反應。而對於教師來說，重要的應是要理解如何來幫助兒童傾聽，注意恰當的行為表現，並從學習環境中得到收穫。

吸引兒童的注意力

　　完全杜絕同伴不可接受的行為也許根本是不可能的。然而，卻可透過一些努力來減少這些行為。一般說來，兒童之所以有不適當的行為，是因為他們沒有任何適當的並且感興趣的活動可作。教師講故事時如果綜合設計表達共同感受和創造性的活動，可以避免許多不良行為。相對地，有些教師試圖讓孩子們在任何活動中絕對保持寂靜、安靜，包括講故事的時候，這注定是要失敗的。並不是說：兒童無法安靜地坐著，或者不應指望安靜傾聽，相反地，要做到這一點，其實取決於教師引發興趣、動機，為孩子進行策劃的能力，也取決於教師對兒童行為表現的現實期望。教師計劃在孩童們正常的扭動和格格傻笑中教學，會要比試圖完全杜絕這些現象更有意義。

　　對幼兒來說，銜接或過渡活動（transitions）是非常重要的。人們不應當期望兒童放棄自由遊戲或一種戶外活動，而迅速安靜地坐下來聽故事。如果沒有任何轉換活動，要想從一種活動順利地轉移到另一種活動中，對絕大多數兒童來說幾乎是不可能的。如果用一首轉換歌曲或手指遊戲讓兒童安定下來，教師就可以準備開始說故事了。要做到這一點，教師必須先做準備，以期能激發兒童聽故事的欲望。

　　傾聽是一種重要的社會化生活技能，也是一種重要的語言交流技能。講或朗讀故事給兒童聽，等於是以一種自然且快樂的方式幫助兒童增加維持注意的時間。假定所選擇的書籍適合，而且講故事的環境很舒適，人們便可以再考慮其他影響故事閱讀的次要因素了。

計劃如何講故事

　　任何一個了解教師、兒童和故事間之相互作用的人都知道，設計一堂

課是一項有趣的且具有挑戰性的工作。經常發生的情形是：教師會主觀的認為，讀一個故事是如此簡單的過程，以至於完全省略掉事前的計劃，或是忘掉計劃。一個出色的課堂計劃可以使教師順利展開自己的思想，而困難也須考慮到。如果為講一個故事的時候可能出現的問題作好準備，將有助於消除這些問題。教師必須對於扭動、格格地笑以及其他可能的干擾作好打算。具體的做法是分析書籍的選擇及講故事的方法。課堂計劃是以有組織的方式檢查課程的各個部分，讓人們了解各個部分如何能協調得更好，有什麼內容被疏忽了，以及哪些內容可以改變；此外，還可以記上書籍的名稱、作者、出版商的記錄，以及兒童對這個故事的反應。這些記錄將有助於教師下一次為孩子讀這本書時進行計劃的修訂。課堂的計劃表格可用來做記錄和計劃。（圖5-1）是一個簡單的課程計劃表。

目標

在列出要閱讀的書籍後，四個主要的計劃內容包括了：目標、動機、分享的過程和評價。目標（objectives）係指你希望閱讀這本書能對孩子們產生的影響。憑藉閱讀，學童的情感、態度、對自我的發現、以及對世界的新的認識都可能受到影響。在對幼兒進行文學教育時，注重故事記憶及事實性訊息的計劃是誤入歧途。文學應當幫助一個人成長。例如，一本書的主人翁之一是個瞎子，對於兒童來說，學習的重點應是：不論是否有殘疾，所有的人都有共同的人性，而非僅學習「瞎子」這個詞的定義。記憶特殊的殘疾這類的內容，倒不如理解和接受人類差別的認識更重要。總之，重要的是教師應仔細思考一本書能達成什麼目標，在考慮課程、書籍的目的後，再擬出課堂計劃。

動機

激發動機是講故事活動成功與否的至要關鍵。簡單地說，激發動機就是引導兒童產生想要傾聽故事並與故事內容相互作用之過程，也是使兒童開始認為故事有意思及有意義的方法。可以使用物體、聲音、手指遊戲、競賽，以及個人回憶等工具及方式來激發兒童聆聽的動機。諸如：神秘的

文學課程計劃

主題：

日期：

書名：

作者：

出版商：

出版年代：

出處（如果有資訊的話）：

所需要的資料：

所涵蓋的概念：

目標：在這堂課結束時，學生們將：

 1)
 2)

動機：為了吸引兒童，我將要……

方法：為實現課堂目標，我將……

評價：在結束時，兒童們將能夠……

附上供教師使用的詩歌或手指遊戲卡片

圖5-1　文學課程計劃

盒子、絲綢圍巾、大羽毛等物體，都可以為活動帶來樂趣。動機的激發通常只需短時間，但如果有必要，也可以用較長的時間。出色的動機激發方法，需經由實際的成效來判斷。

以Stan & Jan Berenstain的《熊與陰森的老樹》（*The Berenstain Bears and the Spooky Old Tree*）為例。在上課以前，教師可以用一根棍子、一段繩子或一個閃光燈放在一個盒子或袋子裡。然後，請孩子們去摸索、感觸這些物體，猜猜它們是什麼。透過說明這些東西與故事所產生的關聯，便激發了孩子們參與的興趣。此外，也可以從不同的方向處理同一個故事，比如可以呈現一個狗熊的大圖畫，教師可以問學生，如果他們遇到這麼一隻熊，他們會有什麼感受；也可以藉助一些動作，比如在解釋恐懼時，可以作出全身恐懼顫抖的樣子，藉助驚嚇的聲音，教師可以問學生哪些種類的事情會令他們害怕。而這樣的講故事有一點令人害怕的，不過，對大一些的嬰兒和幼兒來說，也是一個極有趣的故事。隨著讀者跟隨幼熊穿過鬼怪的森林，興奮度將不斷增加。當一切都圓滿結束時，教師在假裝受驚嚇的同時，應當記住不時地眨眼示意。這種微妙的線索如同向兒童保證：儘管大家仍然覺得很恐怖，但一切只是好玩而已。

再以James M. Barrie的作品《小飛俠：彼德潘》（*Peter Pan*）一書為例。開始時，教師可以環視四周，輕輕地呼叫小精靈，並在空氣中撒一些閃閃發亮的東西，看來好像「仙塵入世」，這樣孩子們就知道小精靈要來了。教師還可以揮舞一把海盜劍，喊著虎克船長叫嚷著要抓住彼德潘的詞句。也可以這樣開始：抓住一隻填充玩具狗，一邊學狗叫，一邊環視四周，問孩子們他們認為狗正在叫什麼。在提出一些猜測後，可以作出這樣的解釋：娜娜，也就是那條狗，是唯一能在夜晚的天空上看到某些奇特的東西的動物。然後，教師可以請孩子們找找究竟娜娜在那特別的夜晚看到了些什麼。

如果使用的書是Raymond Briggs的《雪人》（上誼）（*The Snowman*），教師可以這樣的方式激發兒童的興趣：在一個人的背後藏一個真的小雪人，在猜測究竟什麼東西被藏了起來之後，可以向兒童指出所藏的

教師用棉花代替「雪」來引導孩子們把注意力轉向將要開始講的關於雪的故事
Courtesy Diana Comer.

雪人；接下來再問孩子們他們是否想要有一個可以一起玩耍的真雪人？也
可以演一齣雪人的童話劇。或是在一個盒子或袋子裡放一條圍巾、一頂帽
子和一個煤核，在一一辨認出這些東西以後，讓孩子們想像用這些東西可
以做些什麼。

　　用於激發兒童興趣的主意和道具需要教師運用自己的想像力，有些道
具可以在讀故事時讓孩子拿著。如果一個特殊的孩子很難專注於聽故事的
情節中，就讓這個孩子拿著這個填充動物玩具，或戴上一頂消防隊員的帽
子。有些教師採用輪流的辦法，讓孩子們輪流使用引發故事興趣的東西。
聰明的教師會留意跳蚤市場、自由拍賣市場和玩具的交換機會，以尋找填

教師和孩子們可以使用圍巾進行音樂、運動和故事的活動
Courtesy Diana Comer.

充玩具和其他可以用於引發孩童興趣的道具。節慶後的大拍賣是尋找運用於節日故事的材料的極好機會。

與孩子分享的方法

　　課堂計劃中包括選擇講故事的方法，讓孩童對各種產生興趣，以及有意義的想法。Jim Trelease的《朗讀工具書》（*The Read-Aloud Handbook*）一書裡有一章很精彩，講的是在給孩子讀故事時「要做什麼」和「不要做什麼」。根據Jim Trelease的綜合結論，可以藉著提出一系列問題，來建立朗讀圖畫書的計劃：如何讓每一個人都能看到圖畫？是否要一字不漏地讀出每一個詞句？是否對某部分做概述即可？應當使用什麼樣的節奏或速度來朗讀？應怎麼向孩子們介紹作者？講故事時，是否要讓孩子們畫圖，好讓他們的手有事可做？故事中懸疑之處在那裏？應在哪兒停下來提問題和討論？

　　除了上述問題外，人們應當在腦中始終記住一些額外的因素。首先，要確定有足夠的時間讀完一本書。其次，嘗試使用各種孩童不熟悉的書籍，因為當孩子們已經知道將要發生的事情時，就很難引起對這本書的興趣。最後，要引發孩子們準備聽講的興趣，允許他們在適當的時候提問題；讓他們知道什麼時候他們可以這樣做；和他們討論故事；並接受對於故事與自己的觀點不同的解釋。

　　故事結束時應當有一個總結。總結是指回憶所講故事所有要點的過程。然而，在這方面，其實快樂和語言發展才是最普遍的目的。觀察孩子們聽故事的注意力，及傾聽他們有關故事的討論是評估成效最好的方式。

評量

　　評量是計劃的最後部分。此時，教師必須看一看是否目標已經達成，並誠實地判定哪些目標奏效，哪些沒奏效，以及哪些方面可以加以調整，以便在下一次講這個故事時提出方法來改進。可透過故事之分享的狀況來評量效果；例如，提出一些問題來讓孩童討論及表達想法。也可以重新表演或重讀故事，這時讓孩子們按正確的時間順序把法蘭絨板做的人物正確

地排放在黑板上。其他和故事相關的活動也可以進行；例如，孩子們在聽完Leo Lionni的《我們來做兔子》（*Let's Make Rabbits*）的故事後，可以用紙來摺小白兔。如果這個單元為孩子們設定的目標是學習兔子身體特徵的話，這種活動是很適合的。

更多可以引發動機的構想

引發動機的構想中最好、最成功的主意，是由兒童的老師針對特定的兒童及故事所發展出的。毫無疑問，任何一個故事，都有許多種可能引發孩子們興趣的方法，以Beatrix Potter的《兔子彼德的故事》（*The Tale of Peter Rabbit*）為例，人們可以用填充玩具或木偶來引發說故事的情境。教師還可以拿起一件上面有一個裂口的小夾克，然後問孩子們，他們認為這個裂口是怎麼撕破的？另一種方法是，給孩子們看一個水罐，在解釋它為什麼是一個掩藏小動物的理想場所之後，老師就可以從這個水裡拿出一個小填充玩具兔來。

Joan Phillips的《躲貓貓：我看到你呢》（*Peek-A-Boo: I See You*）對幼兒來說是一本很有趣的書。引發孩童對這個故事的興趣的方法是拿一塊毛巾蓋在老師頭上。老師可以什麼都不說，直到一個好奇的孩子抓掉毛巾為止。這種方法可以把孩子們帶入故事情境中。類似的方法也可運用於Pauline Watson的（*The Walking Coat*）中。在這個故事裡，一個男孩繼承了一件又大又舊的大衣。教師可以全身裹著一件巨大的舊大衣走進閱讀場所，當孩子們好奇心十足地研究誰在裡面時，就可以開始講故事了。

有許多不同的方法可引發孩子們對《彼德·司派爾小動物書》（*Peter Spier's Little Animal Books*）的興趣；可以模仿動物的聲音或動作來引發孩子對每一個動物故事的興趣。對這類書，袋式面具或木偶都可派上用場。另外，教師也可以在盒子或袋子裡藏一個填充玩具或真的動物，讓孩子們去找或猜出藏的是什麼動物。

Emmy Payne《凱蒂，沒有口袋》（*Katy No-Pocket*）適合以戲劇形

式來引發兒童的興趣。教師可以雙手捧著滿滿的東西走入課堂，讓有些東西掉到地板上。某一天教師也可以穿著沒有口袋的衣服用這種幽默的場景開始向孩子們講述口袋的必要性。或者拿一幅圖畫，畫中有一個名叫Katy的哀傷的、痛哭流涕的、沒有口袋的袋鼠，隨著故事的發展，孩子們擦乾眼淚，用微笑取代緊皺的眉頭，並把一個裝三明治的口袋送給Katy。

　　教師可以為Esphyr Slobodkina的《賣帽子》（上誼）（*Caps for Sale*）創出另一種幽默的引發動機的方法，教師可以慢慢地、小心地在閱讀場所裏漫步，頭上戴著巨大的一頂帽子。或是使用填充式的或木偶猴子，這個玩具猴只對老師耳語，然後教師再把說的內容翻譯給班上的孩子；這個猴子開始的耳語是說，有一個很有趣的關於其他猴子和帽子的故事，在講故事時，猴子的頭上戴著一頂或許多頂帽子。

　　Arthur Yoricks的《你好，老包》（遠流）（*Hey, Al*）採用教師突然闖進閱讀場所的方式來引發動機。教師戴著棒球帽，拖著一把掃帚用啞劇形式迅速地表演一個管理員工作時的種種動作。使用掃把和畚箕在孩子們腳下和周圍做清理工作，可以引發極大的樂趣和興趣。同一個故事的另一種較靜態誘發興趣的方法是，教師把管理員的帽子、一片葉子、一支小掃把放在一個盒子或袋子裡。然後讓孩子們說出每一樣東西是什麼，通常管理員會有什麼。

　　孩子們通常都清楚地意識到自己的健康狀況，也對醫生和護士很熟悉。Helen Oxenbury的《檢查一下》（*The Check-Up*）一書很容易使孩子們有所聯想。教師的引導方法可以是穿著件醫生服走進閱讀場所，醫生服可用真的，或是家裡自製的。教師可以用醫療箱內的工具來表演對布娃娃或木偶的檢查。另一個替代方法是，用布娃娃、動物或木偶來扮演醫師角色。讓一個鱷魚大夫給一頭大象看病，也能引發孩子極大的興趣。

　　有時即使一個關於石頭的故事也可以引發孩童興趣及興奮。William Stieg的（*Sylvester and the Magic Pebble*）就是一個很好的例子。教師可以讓孩子們猜測手裡握的是什麼東西，在展示出一塊顏色明艷的水晶後，再告訴孩子們，這塊水晶有奇妙的魔力，就像今天要講的故事裡的水

晶一樣。另一種方法是讓每一個孩子拿一塊奇妙的水晶，然後讀故事。水晶可以幫助孩子們構想一幅他們自己喜歡的畫面。然後，再讓孩子們講出自己的願望，並把自己那塊特別的水晶帶回家。

.

確定可能發生的問題

對於教師來說，最重要的是要熟悉將要講的故事，以便能預見可能出現的問題。即使是一本適合孩子年齡的書，仍有可能對孩童來說很沒有意思或令人困惑。教師應該做好準備，透過引發孩子們對故事的興趣來增加其興奮度。有各式各樣的方法來實現這一點，老師可以停下來問孩子們，他們認為下面將要發生什麼事情，此外，講故事的手法也可做出許多變化。

聲音的有效運用常常可以幫助兒童關注所講的內容。教師可以把幼兒的注意力長久保持在Seuss博士的《火腿加綠蛋》(遠流)（*Green Eggs and Ham*）這種很長的故事上，而方法是不停地詢問：「這次他會吃那綠色的蛋和火腿嗎？」當孩子們說「不會」時，教師應當很快地讀出書中主人翁越來越多的消極反應。年齡較大的兒童會十分喜歡這個故事，並靜坐著直到聽完故事為止。即使這本書是為初學讀者寫的，幼兒們還是能夠追隨故事的發展並為其中的妙趣而高興。在講完故事之後，可以炒個炒蛋並用綠色的食品色素把蛋染成綠色。這可以再現故事中的經驗。配合這個故事，人們還可以再讀Mitchell Sharmat的《格雷格里，可怕的食客》（*Gregory, the Terrible Eater*），在這個故事裡，一頭山羊也拒絕吃牠的食物。

當課程內容與科學或社會研究有關時，如果在該年齡層的書籍裡找不到所需要的主題，改用為較大兒童所寫的書籍也是很有效的。如果圖畫很清楚、很大，就可以採用並忽略其中較難的文字部分。而這些章節中的內容則可以用口語解釋給兒童聽。然而，這裡特別要指出，只要有可能，就應盡量使用適合兒童年齡發展的書籍，這些書無論對教師還是兒童而言都更容易使用。

預讀的重要性

預先閱讀能讓教師了解故事的什麼地方需要情緒上的支持，尤其當聽者是幼兒時，這點更為重要。Tomie dePaola的《娜娜，樓上與娜娜，樓下》一書在故事的中間有一段非常悲傷的內容。事先了解這一點，教師就能預見是否或者什麼時候兒童可能覺得不安，需要支持，這也視班級的狀況而定。在講故事時，可以問這樣的問題：「你認為Tommy會有怎樣的感受？……你會有這樣的感受嗎？……這本書還有很多頁；你願意知道將會發生什麼嗎？」情感對兒童是很重要的，當這樣一本書能喚起孩子們對Tommy的這種同情時，就是一種心理健康的徵兆。

許多書都會引起兒童情緒動盪，人們必須對此保持敏感。教師要能預見使用的書籍如果涉及死亡、離婚、新生嬰兒等問題時，孩童可能出現的反應。講故事可以為兒童應付真實生活中相類似的情境提供很好的支持。當兒童對應的情感出現時，故事可能會被打斷。如果計劃使用這種書籍來幫助孩子，要讓那個孩子坐在老師或房裡其他成人的身邊。要準備為這個孩子提供心理上的支持。在這個故事結束後，也要留出時間來討論孩子們的情感。在故事的一開始就讓他們知道，在故事結束將有時間討論。這可以大大地減少可能的停頓，讓孩子們在故事結束後有機會以他們自己個人的方式對故事作出反應。

兒童的興趣

在選擇故事時，可能出現的問題是對興趣的概念。一本適合某個年齡層但兒童覺得沒什麼意思的書，對於課堂來說並沒有多大價值。有時，當成年人「回憶」起自己童年有印象的好書時，可能反而會造成誤導。因為也許那些書曾經是好書，但成人對童年時代的記憶並不是選擇書籍的最佳指導原則。既使這個故事可能對某個成人是有意義的，但那可能僅僅是因

兒童的活動和他們所表現的興趣可以被成人用作為選擇書籍和維持興趣的指標
Courtesy Diana Comer.

為其個人因素或甚至是圍繞這個故事的事件而造成如此的印象和影響，並不見得是因為這個故事本身。這個故事可能在五十年代或六十年代是很好的，但在今天可能是過時的。幾十年以來，我們的社會已有了很大的變化。當時Dick & Jane的故事，對今天的兒童而言已不再是最明智的選擇。除了乏味外，這些書充滿了男性至上主義和菁英意識。也缺乏少數民族人物。評價記憶中書籍的最好方式，便是讓自己以一個兒童早期教育工作者的身分重新開始閱讀，以認清一本書作為今天最適合的兒童讀物之選擇的實際價值。

成年人的興趣可能是、也可能不是兒童的興趣所在。雖然讓兒童發展新的興趣是件很好的事情，但更重要的是，要從兒童的興趣為出發點來策劃。如果兒童對恐龍很感興趣，就將那些與史前時期有關的書籍列入選擇。如果他們對超級英雄有興趣，就光顧那些能夠提供這種英雄故事的書店。要特別對那些看起來格外「花俏」的書籍謹慎篩選。那樣的書通常是設計用來憑外表而非對兒童的吸引力來誘惑成人的。華麗的語言和漂亮的插圖也許並不一定能吸引大多數嬰兒、學步兒童和學齡前兒童。

順暢的銜接

銜接活動無論對於教師還是兒童來說，通常都是很困難的。雖然聽故事通常被絕大多數兒童視為是一種享樂，但還是有一些人一聽說到了講故事的時間，就以身體活動作出抵抗。有些兒童把講故事的時刻與必須完全安靜地坐著這種消極的想法畫上等號。他們覺得那簡直是太難了。良好的銜接活動可以使這些兒童比較容易改變想法而避免過多的焦慮。

優秀的教師了解歌曲、詩歌和手指遊戲都是有效的銜接活動，原因有很多：兒童能自然地對這類文學的韻律作出反應。這些韻律謠通常很簡短，非常適合銜接活動的時間條件。任何曾經聽過幼兒重複叮噹之聲的人，都知道他們是能夠並且願意學習韻律謠和作出應答。兒童也很注意歌曲和

像一般歌曲般的拍手歌和詩歌。銜接活動的部分原因是把兒童的注意力轉向老師和下一個活動。透過參與銜接活動，使兒童心情可以轉換並開始願意從事新的活動。

銜接活動的設計

教師們可以選擇或自己設計銜接活動，也可從書籍中找尋這類活動的範例例如，Jean Warren 的《背包歌》（*Piggyback Songs*）。用歌謠或歌曲的形式以熟悉的調子唱出要表達的意思，是另一種設計轉變模式的方法。例如，從藝術課轉換為故事課時，可以這樣來做：使用「O Tannenbaum」的旋律唱出下面的韻文：

「合作，合作……現在開始收拾。」
「哦！故事，哦！故事……現在開始聽故事。」

其他一些輔助銜接轉換活動的方式，包括了運用不尋常的東西。例如，找一個俗麗的方寶石戒指，越大、色彩越豐富越好。告訴孩子們，這是一個由一位法師給你的神奇戒指。把這個戒指舉起來，讓所有的孩子都看見它，對孩子們提出一個特別的希望：安靜地聽你講故事。加上一些像「咒語」（abracadabra）般的短語，將有助於營造一種神秘的情調，使兒童願意去傾聽故事。

神奇的魔杖對銜接活動有極大的用處。人們可以使用一把灌水的、配有裝飾物的魔杖、一把佩金屬片的魔杖、一把能在黑暗裏閃螢光的魔杖、或是一把發亮的魔杖。孩子們喜歡看這種魔杖在他們頭頂的空中揮舞，同時聽著老師嘴裡唸著的神秘詞句和咒語。孩子們知道，魔杖實際上並沒有什麼神秘，但他們就是喜歡這種遊戲。一把魔杖吸引住他們的注意力，所以能發揮作用。

對兒童來說，知道即將要發生的事情，會有種安慰感。許多教師和說故事者在每一個故事或閱讀課的開頭都使用銜接歌曲或詩歌。他們每一次

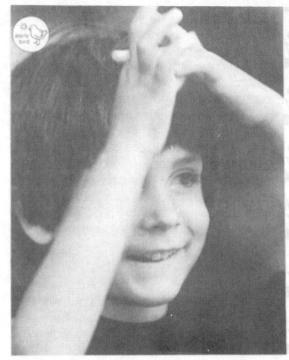

MAX,
THE
MUSIC-
MAKER

By Miriam B. Stecher

Photographed by

Alex Meyboom

音樂是進行銜接活動的極好工具它可以和有關音樂的書籍配合使用增強效果
Courtesy Delmar Publishers Inc.

都使用同樣的內容。有時也許增加第二首歌或詩,但講故事的時間將永遠都是以熟悉的內容為開頭。

扭動身體的歌曲、詩歌、手指遊戲也可以在故事開始之前使用,這很有用,因為它們允許兒童在故事開始前有一段時間的活動,以減少兒童在聽故事間的扭動和不安。最好的扭動活動包括活躍的身體扭動捏鼻子或者眨眼睛等。這使兒童準備進入一段較安靜的時期。任何一種銜接活動都應讓兒童有機會積極的活動。

有一些很好的替代方法也可以用來減少兒童的扭動不安。在Kathleen M. Bayless & Marjorie E. Ramsey的《音樂:幼兒生活方式之一》

（*Music: A Way of Life for the Young Child*）一書中，有一首膾炙人口的歌曲，名字叫作「手張開，手合起來」（Open, Shut Them）。它的音樂手指遊戲是由Laura Pendleton MacCartney創作的，從本世紀早期起就已開始流行，是一種非常適合引導兒童專注傾聽的方式。

雖然教師使用銜接活動的形式是一種個人的選擇，但銜接活動的使用卻是課堂計劃的必要內容，它能夠避免由活動轉變引起的衝突，也可以消除許多行為上的問題。想要做些身體活動的兒童在銜接活動時有更多機會可以被接受的行為來抒展活力。

維持秩序

有經驗的教師運用許多策略來維持課堂閱讀環境中的秩序。經驗本身就是一位重要的老師，人們在長期實踐中嘗試不同的方法，此外，也可以從其他人已經有的經驗中學習。然而，應當在心中牢記：沒有哪種方法是在一定任何時候對任何一個或一群孩子都有效的。有一些潛在的問題往往比其他問題更容易出現。譬如：孩子間坐得太近，在朗讀中被打斷，對其他孩子做小動作，以及同伴不適當的動作等。人們還必須認識到：哪些行為必須被認定是正常的哪些是不正常的，而在一個問題得到解決之後應如何重新吸引孩子們的注意力，以及如何避免使用不恰當的方法處理問題等等，教師必須在所有這些方面考慮各種各樣的因素。

孩子們坐得太近

當孩子們相互之間坐得太近時，很容易發生問題。幼兒必須有足夠的空間來進行正常的身體活動。對這一問題最普遍的解決方法，就是在孩子們坐的地方放上紅心、星星、膠條、或是標記。座位的安排可以是圓圈式、半圓式、或是不規則式的。可以為每一個孩子指定一個固定的位置，或者

讓孩子們自己選擇一個可行的位置。如果給孩子們指定固定的位置，可以把名字貼在上面，強化名字識別。

另一種方法可以是讓孩子們站起來，手拉手圍成一個圓圈。在每一個孩子都以最大限度伸開自己的胳膊時，叫他們放開別人的手，並在他們所站的位置上坐下來，就這樣每一個孩子之間產生了很寬敞的空間。也還可以在地板或地毯上拉上圓圈線，在指定每一個孩子應該坐的位置上後，劃上十字標記。也可以使用膠帶把每一個孩子的圖畫作品固定到這個孩子應當坐的位置之地板上，這種做法對於那些還不能讀自己的名字的學步兒童和幼兒非常有效。

打斷朗讀時

打斷朗讀的原因有很多可能，可能與故事有關，也可能無關。對這一問題最明顯的解決方法，就是和孩子間建立眼對眼的目光接觸並傳遞簡短的非語言訊息。例如，教師可以對那個孩子點頭招呼，嘴裡說「然後」這個詞。如果這種做法無效，還可以用語言先感謝那個孩子，但要求他等到故事結束後再發言。如果這種打斷是與故事內容有關的，教師可以允許這個孩子非常簡短地表達自己的意思，然後讓故事繼續進行下去。

如果一群孩子都對故事失去了興趣，可以嘗試用一種更帶鼓動性的聲調。如果還是不行，那麼停止一切活動，考慮一下，可能孩子們需要伸展一下，運用一種扭動或格格笑的手指遊戲，然後繼續講故事。如果問題正如所預見的，可以把這個故事變成一個連續的故事，在這一天接下來的時間裡或隔天的課堂上再繼續講。教師必須運用他們的直覺、判斷力和對孩子們的了解來確定接下來應進行什麼樣的活動。

好動及喜歡做小動作的孩子

每一個班裡似乎總有一、兩個所謂好動或淘氣的孩子。可以在故事開

始前要求這些孩子坐在老師旁邊。而那些據了解很難相互挨著坐在一起的孩子,也應當分開坐。

這些孩子有參與感通常是很有效的方法。給他們一些引發興趣的東西,讓他們在聽故事的時候拿在手上。如果讓他們感覺到他們在講故事的時候扮演著很重要的角色,他們比較不會引起別人的注意。教師還可以做一些約定,在故事結束後給一些小點心之類的零食。比如,在講完故事「薑餅人」(Gingerbread Man)之後,就可以給一些餅乾之類的食物。不過,使用這種方法時,應當非常謹慎。其實文學的獲益來自於它自身,文學本身就是一種獎勵。一個人不可能依靠接觸文學時保持沉默為「代價」來學會欣賞文學。

一個更好的方法是讓兒童把一本特殊的書帶回家,在紙上畫一些反映了當天所講的故事內容的東西,也可以把這本書的名字和作者寫在這張紙上。透過這種作法,兒童們可以在事後談論故事中的內容,家長也可以幫助強化故事內容。這樣一來,孩子們會了解到:他們被期望去注意聽教師所講的故事,以便回家後也可以講給自己的父母聽。教師應表揚整個團體在傾聽和學習方面的出色表現,這也是在向所有的孩子們說明:他們是一社會群體中的一部分,負有一定的責任。

同伴關係

孩子們會相互衝撞或用胳膊肘推打。有時這是無意的,而有時的確看起來像是故意的。當出現安全上的問題,或某種行為干擾到了閱讀時,教師必須採取一些行動。行動的目的是要讓這種干擾減到最低的程度。因此,第一步採取的行動可以是,向那個孩子示意走到教師身邊來坐下,或充當助手,讓故事可以立即繼續講下去。站著講故事的人也可以走向那個孩子,鼓勵他專心聽故事。讓這個孩子參與到講故事的過程和故事情節中來,通常可以消除不適宜的行為。直接朝著那個孩子說:「他生氣了,他憤怒了,小明」。當以這種方式強調故事內容,故事是很難被忽視及打斷的。

有時，孩子們還是會忽視這些提示信號，而最後不得已的辦法，就是請這些孩子離開。這種做法盡可能做得安靜，最好什麼話都不必要對他們說，就可以讓他們離開，坐到桌子邊。然後教師應該回到閱讀場所來，繼續爲其他孩子講故事。這種狀況引起的注意力越低，對下面的故事干擾就越少。如果有兩個故事要講，或者有適當的地方可以把故事停下來，就可以讓那些已經準備好，好好地參與聽故事的孩子重新回到大家這邊來。

忽視正常的行爲

孩子們總是要伸伸四肢，扭動一下的，這時候他們會對故事中的不同內容作出言語反應，有時孩子們會用手指捲頭髮，大多數情況下，這些都是無意識的行爲，不會妨礙任何人，而且實際上表明了他們正在認眞地聽故事。成人可能會錯誤地試圖消除聽故事的孩子的所有動作。但是，既然這些行爲是正常的，孩子們就不應當因此受到處罰。

如果一個孩子表現出一種教師認爲必須加以警告的行爲，教師的做法還是應當是盡可能的平靜。如果教師堅持必須消除所有這些動作，那麼無論對教師還是孩子而言，這種所謂「沒有問題」的狀況可能反而會成爲眞的問題。

重新吸引注意

從一次干擾中重新吸引一群孩子們的注意力其實是件很困難的事。一條狗走進來，或是有人敲門進來，都會打斷故事的進行，控制情境的最佳方法是運用直覺和常識。如果有跡象表明已來不及繼續講完故事了，那麼最好就不要再勉強嘗試那樣做。可以告訴孩子們，故事過一會兒或者明天再結尾。潦草地結束一個故事無論怎樣都是令人極其不快的。這可能會導致故事失去原有的魅力。如果有足夠的時間繼續講下去，可以用一個較平和的手指遊戲或歌曲重新重整孩子們的注意力。教師應當重複前一段剛講

過的內容，再繼續講下去。而且，更理想的是，教師可以帶領孩子們一起重新回憶一下剛講過的故事內容，然後再繼續進行。

如何正確處理干擾

在生活中，每個人都嘗試過或看到過以不恰當的方式應付某種情境的經驗。所謂「錯誤的方式」最終可能導致事情進一步惡化。在其他孩子面前羞辱一個幼兒，雖然可以使這個孩子安靜下來，但也可能會造成多年的不信任、仇恨以及較低的自我評價。有許多種消極但卻是常見的應付講故事時的問題的方法，由於這些方法通常具有更大的傷害性，而不是有益的，所以，應當避免使用。

有些方法僅僅表現了成人的挫折感。一個很好的例子是：一邊轉著眼睛，一邊說「不，不，沒輪到你說。」或是大聲叫喊、指責破壞閱讀秩序的孩子，把一個孩子帶到一邊，全然不理睬他等，都是錯誤的處理方式。

威脅，尤其是以不可能實行的動作來威嚇，是不合適的。例如，「如果你不安靜下來，就再也不會有故事可聽了。」用這樣的話來威脅孩子們是錯誤的，它也許在短時間內管用，但卻很可能會自食其果。在作這樣的聲明時，教師失去了對那些愛插話的孩子的控制權，這些孩子就是喜歡老師去注意他們，孩子們知道總是會有更多的故事的。將閱讀教育和懲罰以這種方式聯繫在一起，也是一種嚴重的錯誤。此外，以把某種行為告知家長的方式來威脅孩子，也是無效的。這等於向孩子承認教師無法處理這個問題，並且很可能導致未來更嚴重的問題。

一般說來，消極評價通常也是無效的。最好是使用積極評價，獎勵那些行為恰當的孩子。因為否定性的評價只能減少一個孩子對不恰當行為的嘗試，而無法為這個孩子提供可選擇的行為，積極評價則不同，它為孩子提供可以取代不恰當行為的選擇。也提供孩子引人注意，建立自尊的機會，是非常有效的管理行為的方法。儘量讓兒童聽到這樣的讚揚：「我喜歡小明聽講的樣子，」「我看到小華和小美已經準備好了，」「我很喜歡在準備

開始講故事時，你帶著微笑看著我的樣子。」

結語

　　教師引發動機的方式，對講述故事的成功與否，有決定性的影響。用良好的幽默感、豐富的常識以及有關兒童發展的知識做好準備，教師就能成功地為閱讀課程帶來神奇的效果。以創造性及充滿想像力的方法來引發孩童聆聽故事的動機，可以加強了文學帶給教師和兒童雙方的樂趣。當教師滿懷興致地使書籍融合成生活中的充滿樂趣的一部分時，兒童也會產生積極的回應，對於在他們面前展現的文學世界表示出強烈的好奇心。

　　教師對書籍的選擇以及講故事的方法，對於加強兒童對書籍的興趣而言是至關重要的。教師在課堂裡創造的氣氛將影響傾聽和學習的效果。要創造一種有效的氣氛，教師必須對兒童以及他們的需要作出積極的響應。應用神奇的盒子、填充動物、木偶，以及其他有趣的東西，可能比單用一本書更能引發兒童的興趣。教師使用這些東西的特殊方法，將能夠幫助兒童發展對文學的興趣。

　　幫助兒童學習如何適應變化、與文學進行交流、發展傾聽技能，是扮演教師角色的重要責任。當這些技能被充份掌握時，兒童將更有可能成為有價值的而負責任的社會人。這一目標並不能僅靠給孩子讀一本書來實現。教師需要詳細地計劃閱讀課程，了解如何使閱讀更有趣，以及整個過程可能會發生什麼問題等。周詳的計劃將能事先避免許多問題的發生。當孩子們確實在講故事時表現出不恰當的行為時，一套敏銳、有效的應付策略對於教師來說是必不可少的。

思考與討論

1. 教師應如何避免或減少兒童之間的互相干擾的行為？

2. 教師應如何幫助孩子們延長他們傾聽的時間？

3. 為什麼教師應當建立課程計劃？

4. 為什麼引發動機的方法在課程計劃中十分重要的？

5. 選擇一個故事，並舉出幾個這個故事可以使用的引發動機之方法。

6. 「永遠不要給孩子們讀那些超出於他們年齡水平的書籍？」請發表 對此一觀點贊同或反對的理由。

7. 為什麼教師預讀書籍對兒童有幫助？

8. 為什麼選擇書籍應考量兒童的興趣？

9. 描述一種教師可在課堂上使用的銜接活動。

10. 何謂「活動身體歌曲」？

11. 教師怎樣處理講故事時兒童坐得過於靠近的問題？

12. 對於那些干擾故事閱讀的孩子，可以採取哪些步驟？

13. 對於那些在講故事時作出動作表演的孩子，教師可以採取哪些步 驟？

14. 對講故事時開始和其他孩子打架的攻擊性兒童，是否不應把他叫離 在群體之外，以避免有受遺棄的感覺？請對此觀點發表贊成或不贊 成的看法！

兒童圖書書目

James M. Barrie, *Peter Pan* (New York: Random House, 1957).

Stan and Jan Berenstain, *The Berenstain Bears and the Spooky Old Tree* (New York: Random House, 1978).

Raymond Briggs, *The Snowman* (New York: Random House, 1986).

Tomie dePaola, *Nana Upstairs and Nana Downstairs* (New York: Dutton, 1973).

Leo Lionni, *Let's Make Rabbits* (New York: Pantheon, 1982).

Helen Oxenbury, *The Check-Up* (New York: Dutton, 1983).

Emmy Payne, *Katy No-Pocket* (New York: Holiday House, 1983).

Joan Phillips, *Peek-A-Boo: I See You* (New York: Grosset and Dunlap, 1983).

Beatrix Potter, *The Tale of Peter Rabbit* (New York: Warne, 1902).

Dr. Seuss (pseud. for Theodor Geisel), *Green Eggs and Ham* (New York: Random House, 1960).

Mitchell Sharmat, *Gregory, the Terrible Eater* (New York: Scholastic, 1980).

Esphyr Slobodkina, *Caps for Sale* (New York: Addison Wesley, 1940).

Peter Spier, *Peter Spier's Little Animal Books* (New York: Doubleday, 1984).

William Stieg, *Sylvester and the Magic Pebble* (New York: Simon and Schuster, 1970).

Jean Warren, *Piggyback Songs* (Everett, Washington: Warren, 1983).

Pauline Watson, *The Walking Coat* (Englewood Cliffs, New Jersey: Prentice-Hall, 1980).

Arthur Yoricks, *Hey, Al* (New York: Farrar, Straus and Giroux, 1986).

參考文獻

Eva L. Esse, *A Practical Guide to Solving Preschool Behavior Problems,* 2d ed. (Albany, New York: Delmar, 1990).

Tom Glazer, *Music for One's and Two's: Songs and Games for the Very Young Child* (Garden City, New York: Doubleday, 1983).

Jane Hart, *Singing Bee!* (New York: Lothrop, Lee and Shepard, 1982).

Clyde Watson, *Father Fox's Feast of Songs* (New York: Philomel, 1983).

CHAPTER

6

故事的呈現方式

日常例行的活動能帶給孩子安全感，而些許的變化也能使一天的生活更多些趣味和鼓舞感；無論例行活動多麼有趣，如果長時間一成不變，總會使人厭煩。好的文學也是一樣的，可以籍由不同的表達方式來強化趣味效果。

有些人可能對改變講故事的方法遲疑而裹足不前；也有人則樂於有機會嘗試各種不同的講法。曾經嘗試過用各種不同方法為孩子講故事的人常常會發現：加些變化無論對兒童還是對老師而言，都能帶來耳目一新的感受。可以採取不同的變化；例如，將熟悉的講法風格上做稍稍的調整，或嘗試完全新的講法等；從最初開始做不太明顯的改變，可以轉接到完全不同的風格，成人對自己使用不同風格講故事的能力應先建立起信心。

本章將探討以口語講故事、大聲朗讀、用法蘭絨板呈現故事、戲劇表現法以及讓兒童自己說故事等，使用多樣性方法的可能性。每一種方法又有其變化性，也可以把不同的手法再加入結合；總而言之，講故事的方法有的是無限的可能性。

大聲朗讀

嬰兒期就開始大聲地為孩子朗讀故事。帶有關懷的語調和語言的節奏，為孩子提供了安慰感。從出生就開始聽故事的孩子將帶著這樣的觀念成長：閱讀是生活的一個正常的部分。隨著語言開始具有一定的意義時，兒童將看到新的世界不斷展現在他們面前。閱讀可以刺激他們的想像，提供一個建立新知識的基礎。

「閱讀準備性」（reading readiness）和「閱讀準備性技能」（reading readiness skills）這些術語，誤導人們對學習閱讀所帶來的結果產生錯誤的印象。兒童在準備學習閱讀前必須掌握一套什麼樣的技能，並沒有什麼明確的定論。學習閱讀是一個漫長無間斷的過程，這個過程從嬰兒時期聽別人朗讀起就開始了。逐漸發展成為一種能力，和想要閱讀的慾望，閱讀將成為孩子生活中富有樂趣的一部分。

為孩子大聲朗讀是讓他們學習閱讀的一部分。根據《最新朗讀手冊》（*The New Read-Aloud Handbook*）一書作者Jim Trelease的觀點，視線跟隨著講故事人不斷翻動書頁的手的兒童，能在詞彙的聲音和紙上的字詞之間建立起一種自然的聯繫。而這種學習並不是強加給兒童的，兒童們可以以他們個人的速度建立這種聯繫，而成人必須促使這種聯繫自然地發生。透過這種方式，閱讀就如同一件愉快、神秘和刺激的事物一般。

Jim Trelease把在兒童心中播種閱讀的欲望以麥當勞餐館所做的廣告作了比喻。麥當勞透過極其頻繁的廣告獲得了成功，讓人們不僅熟悉了這些廣告，也熟悉了其內容中的文字。Trelease關心的是：所謂閱讀的「廣告」——經常大聲地為兒童朗讀——在進入學校以後就不再繼續進行了。大聲朗讀應成為兒童整個學校生涯中日常活動中的一部分。然而，為兒童大聲朗讀作品的頻率，隨著孩子們年級的升高而大幅度地降低。到了孩子們要從高中畢業的時候，大聲朗讀故事的活動已從學校的例行課程中消失

了。

使用能大聲朗讀的書籍

　　除了為孩子們計劃朗讀課程外，也可考慮採取一些方法使閱讀成為有趣的、令人感奮的經驗。最容易的做法是利用音調、節奏和一些有彈性的做法。教師並不須要培養自己成為職業說故事人才能成功地為孩子朗讀故事，只要用心和練習就可以累積很好的說故事技巧。

　　一開始可以練習使用不同的音調變化、頓挫、音量等。對故事的了解有助於決定如何調整這些元素。例如，說故事說到令人興奮的內容時可以將聲音降低到耳語的音量，甚至先停下來，讓兒童思考此時將發生什麼事情。緩慢地朗讀也可以幫助兒童運用自己的想像力來揣度故事的發展。讀到動作速度加快的內容，可以加快朗讀的速度，讓兒童也隨之緊張起來，心弦被故事的發展緊緊扣住。

　　當講故事的人被故事所感動，表現出對故事的熱情時，這種情感通常也具有感染力。這為體驗文學中的樂趣提供了很好的榜樣，這種熱情可以透過仔細的選擇朗讀的書籍而產生，應該選擇朗讀者和孩子都會喜歡的書籍。幽默性書籍是一開始較理想的選擇，因為幽默提供了：內在興趣的動機。隨著大聲朗讀成為一種熟練的習慣，可以再選擇各種多樣化的故事主題和內容為兒童提供機會去體驗所有類型的文學，包括了：謎語書、詩歌，以及其他更嚴肅的故事。

　　大聲朗讀可以促進良好的語言發展，常常運用成年人說的短語和句子，可以做為兒童的示範榜樣，鼓勵其對語言的學習。雖然優秀的書籍通常可以精讀全部內容，但也可以視情況來總結或概括故事的某一部分就可以。透過這種做法，可將複雜的故事簡化為更適合聽眾，並抓住兒童的興趣，幫助兒童更能理解故事。

適當選擇朗讀的作品

絕大多數兒童圖畫書都可用來朗讀。當然，這並不是說，每一本圖畫書都能成功地用於朗讀。雖然選擇兒童書籍有一些標準可以應用，但在考慮用於大聲朗讀的書籍時，可能還需要考慮一些額外的因素。

朗讀書籍應以兒童的年齡而擇定。插圖明瞭，色彩豐富，且文字較短的書籍最適合嬰兒，他們也喜歡簡短的童謠和詩歌。較大的，和以熟悉場景為題材的圖畫，在閱讀結束仍會受到孩子的喜愛。那些鼓勵說出物體、字母、數字的名稱的書籍也是很好的選擇，因為它們通常包含了熟悉的形像和聲音。

學步幼兒已能接受較為複雜的歌謠和故事。他們尤其喜愛有一些可預見的重複句子的書籍。他們喜歡在頭兩次重複後加入朗讀的行列，說出重複的內容所得到的控制感讓幼兒覺得興奮。以「小山谷裡的農夫」(The Farmer in the Dell) 的故事為例，它既是一個故事，也是一首歌，內容中熟悉的句子很快就被幼兒掌握了。

學步幼兒還喜歡描述主人翁淘氣、滑稽行為的故事，這些人物他們有所聯想。Lynd Ward的《最大的熊》(國語日報社) (*The Biggest Bear*) 有許多鼓勵嘗試馴服野蠻動物的內容。Seuss博士的許多作品中，都有一種滑稽感。這種形式的滑稽通常是激發那些具有初步獨立感的兩歲兒童們積極參與的有效手段。Lois Lenski & Mercer Mayer寫了許多小書，這些書對幼兒們來說，長短恰好適中。他們也有許多作品是以幼兒最喜歡的成人角色為主人翁的；例如，牛仔和救火隊員。

學齡前幼兒和幼稚園兒童已經能夠接受更複雜的情節和更廣泛的主題。幽默故事仍是很好的選擇。Arnold Lobel的《青蛙和蟾蜍是好朋友》(上誼) (*Frog and Toad Are Friends*) 以及Jane Yolen的《今晚不用洗澡》(*No Bath Tonight*) 創造了一個幽默的世界，更把人類的本性徹底表現出來。這個年齡層的兒童對冒險故事極度有興趣。可選擇的好作品包

括：Kurt Wiese & Claire Huchet Bishop的《五個中國兄弟》(*Five Chinese Brothers*)，Arlene Mose 的 (*Tikki Tikki Tembo*)，Uri Schulevitz的《一個星期一的早晨》(*One Monday Morning*)，以及 Edward Ardizzone的《提姆與船長》(*Little Tim and the Brave Sea Captain*)，Doris Schwerin的《明天的故事》(*The Tomorrow Book*) 是一部適於睡前朗讀的作品，書中探討了明天的意義。

　　鑑別優秀的朗讀書籍不是一件很難的事，了解兒童是最重要的第一步。依照選擇優秀文學的標準，就可以選出適合課堂教學的書籍。而第三個要素是鑑定這些書中哪本最能夠創造出令人鼓舞且愉快的朗讀經驗。然後，講故事的人必須再溫習一下這本書，以了解究竟應怎樣來朗讀。如果省略這一步，朗讀就可能不會達到原應達到的效果，那麼潛藏在書中的價值就會被浪費了。

　　要擬定朗讀計劃最有效的方式就是先認識大量的書籍。有了對於書籍的認識後，朗讀者將能更自如地進行說故事活動。講故事者將永遠都有一套精心選擇策劃的朗讀故事，以備需要時使用。特殊、別緻的朗讀一定可以帶來很好的效果。而當朗讀故事失去興奮、有趣的氣氛時，就連其他原本頗有趣味的活動也可能連帶地失去兒童的參與興趣，一旦兒童失去興緻，就很難喚回了。

說故事

　　從古自今，絕大多數的文化裡，說故事的人都是社會中很有意義的成員。在文字未發明的時代裡，說故事的人是文化的保存及傳遞者。他們既扮演著當代新聞報紙的角色，也是讓人們與過往歷史聯接的橋樑。他們常常是備受國王和王后尊敬的座上客。隨著文明的發展，說故事的人失去了以往的重要地位。然而，在現今世界上某些仍保持著原始文化的地區，說故事的人仍然保持著受尊敬的地位。

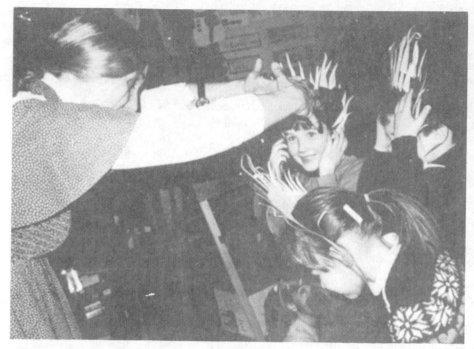

圖*6-1*　Courtesy Diana Comer.

Aili Paal Singer示範如何運用整個身體來扮演故事中的一棵樹的角色

　　出色的說書人永遠具有一種令人著迷的魔力。他們幫助我們反省自己的生活，使我們開懷大笑，也使我們哭泣，被絕大多數人尊敬為文學領域裡的藝術家。一個說書人旣是一個表演藝術家，也是文學領域的認眞的學生。有些說書人專長於某一種風格的敍事方法，應用來自特定地區、歌曲或民族的方言。也有些說書人則注重某些特定的主題；例如，非洲故事、幽默故事、或關於海的故事。他們還可能結合各種元素，創造出一種新的自己特有的風格。

如何成為一個好的說故事人

職業說書人往往具備聲情並貌的天賦及技巧，不論對象的年齡層如何，都能廣受歡迎；然而，並非所有人都有如此的天分和訓練，以對兒童講故事而言，如果能參考學習一些說書人使用的表現方法，或許任何人都可以勝任這樣的工作。口述故事擁有悠久的傳統，如果一般人能夠擷取前人的經驗，認真、動腦筋地為孩子們說故事，將可達到極佳的效果。

學習說故事技巧的最好方法之一，是聆聽職業說書人的工作經驗談。Aili Paal Singer是一位新英格蘭說書人，有著教學、寫作、表演的背景，在從事說書的同時，她也在劇院和電視台工作。她的說故事方法包括使用木偶、滑稽模仿以及表演。她設計了大量的活動和道具來引導兒童進入故事情境。(圖6-1到圖6-4)，概略介紹了Singer女士說故事的手法。此外，也介紹了她講述的兩個小品。

另一位新英格蘭的說書人是Doug Lipman。他也具有教學、寫作和表演的背景，此外，他還從事音樂工作和對殘疾兒童教育。他的呈現手法以積極地參與和歌唱為主，所講述的故事應當具有具真實感的內容，像是有個人在那兒向我們訴說一般。在 (圖6-5) 中，Doug Lipman使用參與方法來為兒童講故事。

選擇好的故事來說給孩子們聽

幾乎每一個符合優秀文學標準的故事都適合講給孩子們聽。但必須認知的事實是：講述故事比單純地朗讀要來得困難。朗讀故事時，朗讀者可以依靠書籍上的語言。但口述故事時，說故事者則必須把自己的一部分融入故事中，並使用自己的語言。說書人運用想像力來說故事，如果說到一半時忘了內容，又拿起書本來唸，那麼故事的魅力就消失了，因為說書者的魔力已被破除。

圖6-2　Courtesy Diana Comer.

Aili Paal Singer用一面鼓當道具來為她的非洲故事安排場景

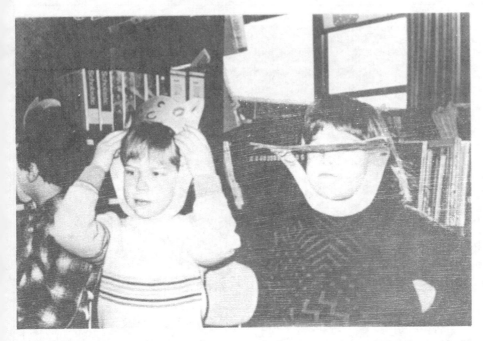

圖6-3　Courtesy Diana Comer.
Aili Paal Singer讓帶面具的兒童扮演故事中的角色，這種方式能幫助害羞的兒童在課堂上更積極地參與

　　最好是選擇有鮮明、突出之人物的故事，這樣比較能吸引兒童的參與感。故事背景則應當盡量簡單，以便兒童能夠憑想像設想出它的樣子。有趣的情節和線索、容易引起兒童應答的故事，也是很適合。兒童對故事有認同及參與感，才可能好好地聽下去。最後，故事本身應該是能讓說故事人自己感到著迷的。

　　多數的說故事者都會在講故事前先對作品本身做一番分析和詮釋，他們針對故事的含義、宗旨、表現方式，以及各角色的聲調、民族特性、言行等進行了解，並決定說故事時間的長短、內容中要概括省略或強調的部分，和如何增強趣味以及故事對兒童的價值。說故事人必須確定聽眾的需要，設定所欲讓孩子達到的參與度，才能選擇適合的故事及詮釋方法。

　　我喜歡講那些讓孩子們能和我一起演出其中的角色和事件的故事。孩子們也常常要求我講這樣的故事，讓班上的所有的人都可以參與其中。

　　要想找到一個現成的，而且能安排53個角色的故事（兩個班，每班25人；兩個教師，一個講故事的人），並不是一件很容易的事。而這正是我一直在尋找的。幸運的是，當我讀到Harold Courlander寫的《非洲民間故事的寶藏》（*A Treasury of African Folklore*, Crown Publishers, 1975）一書中的非洲民間故事時，竟真的找到了這樣的故事，名字叫「國王的鼓」（The King's Drum）。雖然我還需要重新修改後講出來，但我知道這個故事確實很適合幼兒。

　　我親自著手進行設計，運用各種不同重量、顏色的紙張，做出了獅子、猴子、蜘蛛、黑豹、長頸鹿、刺蝟、大象、羚羊等角色共53個面具。我希望孩子們能夠毫無障礙地看到所有的東西，所以我在面具中間開了一個洞，讓孩子露出臉來。

　　隨後，我又進一步修改這些設計，改採用更實用的面具尺寸，以一般8.5吋乘11吋的紙張即可製作，這樣我可以把紙發給孩子們，讓他們自己從事一項藝術活動。

　　我問我自己：「如果用不上的話，做這些面具有什麼意思呢？」於是，我坐下來，自己寫一些簡短而適於講述和表演的故事，這些故事中只包含我設計的動物面具的那些角色，然後，我又將這些故事收錄在我爲教師教學參考所寫的《活動指導手冊》中。

角色：獅子、黑豹、刺蝟、羚羊、長頸鹿

週遭一片安寧，所有的動物都沈入夢鄉

但是獅子卻開始打鼾，聲音又大又深沉。

黑豹被吵醒後，開始抱怨。

刺蝟大喊：「吵死了，你的聲音聽起來像火車」

羚羊也尖聲地叫：「請安靜！」

長頸鹿猛地跳起來，跑進樹林裡。

牠們奔馳了起來，蹄子重重地　在大地上。

獅子們卻依然在安睡，什麼聲音也沒聽到。

清晨，牠們打著哈欠，又說又笑，

「在自己床上睡個踏實的覺有多好啊！」

當黑豹、刺蝟、羚羊和長頸鹿聽到獅子說的話，都笑了起來。

Reprinted with permission from THE QUIET NIGHT © 1988

角色：羚羊一家長頸鹿

羚羊一家正在散步。

長項鹿高高地站吃樹梢的葉子。

小羚羊們指著長頸鹿，

格格地笑著，說：

「多麼滑稽的長脖子，多麼枯瘦如柴的腿！」

長頸鹿低下頭，說：

「我看到獅子沿著林子後面的小路正朝這邊走來。」

說完他就一陣風般跑開弓。

羚羊一家也一　一　地跑回了家。

第二天，羚羊一家又去散步。

長頸鹿又在吃樹梢的葉子。

小羚羊們還是對長頸鹿指指點點地。

這次牠們說，「多麼漂亮的長脖子，多麼了不起的一雙腿！」

Reprinted with permission from ANTELOPE'S CHILDREN, © 1988

圖*6-4* Photos courtesy Diana Comer.

在Aili Paal Singer的「國王的鼓」中，詩歌、戲劇、說故事結合在一起，為兒童提供了一種具有強烈演染力的經驗。帶著面具的兒童可以很容易地被引入故事之中。 面具可反覆使用或帶回家裡。製作面具既是一種藝術設計，又可實際運用於活動中

任何一個故事都可以孩童可參與的活動。聽眾可以聲音、身體活動，或提出建議來參與到故事中來。

1)以聲音參與故事

在謎語故事「我在夏天死去」中，聽眾以語言參與故事的進行，故事中不斷重複有節奏的如歌謠般的段落；例如：「媽媽、媽媽，快醒來，我們都快煩死了」。這是以聲音參與最簡單的形式，因為有節奏的語言對孩童而言比普通語言更簡單、更容易掌握。

比節奏語言更高一個層次的是歌唱；節奏語言和歌唱間唯一的區別在於是否有旋律。如果說故事的人和聽眾能夠被引導在一起唱歌，更能增加樂趣和氣氛。如果兒童過於羞怯，或者可用的詞句太少，無法配上旋律，至少我們還可以唱些歌謠，總比完全放棄任何韻律好。

當聽眾聽過很多次同一個故事或一段語言，他們就會以接續字詞的方式來參與。為了提供聽眾線索，我們講到一個他們以前聽過的句子時，在句子結束之前就停下來，以姿勢和面部表情示意他們銜接下去；例如，說故事的人說：

圖6-5　教師正試著讓故事更有參與性　Photo courtesy Diana Comer.
運用聲音，運動，身體語言，以及面部表情的變化可以讓說故事的效果更好

在夏天我……

然後停下來，嘴仍張著，手勢停在半空中，帶著一種期望的表情；聽眾們便會一致地應接下去：

……死去。

另一種填字詞的遊戲是根據聲音效果來設計的。例如，「我們搖響門鈴，門鈴就……」

各種語言參與法都可加以變化或加強，可以不同的語調述說、重複，或在重複時增加一些內容，就像接龍故事一般。

2)以身體活動參與故事的進行

對幼兒而言，以活動形式參與要比用語言形式參與產生的恐慌更少。相對地，年齡較大的兒童和成人則對於活動更比較恐慌。因此，應依聽眾的年齡來設計活動。適當的參與活動可為一種為我們贏得聽眾，同時也是可以證明我們已贏得聽眾的指標。

節奏運動，比如配合吟誦重疊句「媽媽、媽媽，快醒來，我們都快煩死了，」

續圖6-5

或者押韻詩「我在夏天死去……，」的活動都很自然、有趣。故事中任何地方都可以插入一個簡單動作的模仿；例如：敲門或者喚醒沈睡中的人，來提醒學齡前兒童保持注意力別分心。這些動作將成為故事的重心，它們帶著不同的情緒或是越來越急迫及滑稽的感覺，在故事中不同的地方重複地進行。

　　身體參與也包括姿勢的變化。例如，我們可以問聽眾「如果你厭倦了將會怎麼坐著。」或者：「如果你剛好想出祖母的謎語答案，你會怎樣站著？」附帶一提，當我們以一種特殊的姿勢說話時，語調通常也會受影響。
最大限度的身體參與是表演出故事的某一部分。可以由所有的兒童一起表演，將所有故事內容一部分接著一部分扮演出來——也可以由小組或個人來扮演不同的角色。

3)提出建議

　　到目前為止，我們講得都是我們這些講故事者可以做的選擇，而聽眾只是被要求跟著我們做而已。其實，我們也可以請聽眾依照他們自己的觀點和建議來參與故事的進行。

續圖6-5

以說故事人的角度而言，讓聽眾以建議來參與故事最簡單的方式，就是讓他們「純粹提出建議」，而不影響故事的內容。舉例來說，我們可停下來問：「你覺得無聊，而大家又都還沒睡醒的時候，你要怎麼辦？」在聽到一些答案後，故事可以按原來設計地繼續講下去，這種方法的優點是聽眾既可表達自己的想法，在心裡產生參與感，認同故事中的人物，另一方面，說故事者事先練習和設計的故事表達方式及內容次序也得以保留，而不受影響。

而相反的作法是向聽眾敞開故事的大門，讓他們自行推展故事進行的途徑。知更鳥的故事便是如此創造出來的。當然，說故事的人仍可以保有指導者的身分：

「既然我們這麼無聊，那你們建議我們做些什麼呢？」

聽眾：看電視。

「那打開電視後要看什麼呢？」

聽眾：蝙蝠俠

「看蝙蝠俠會想到院子裡的什麼東西呢」

聽眾：蝙蝠車

「那如果我們出去玩蝙蝠車。又突然看到一些奇怪的東西。你們猜是什麼？……」

在完全不由聽眾控制和完全由聽眾控制的兩個極端之間，當然還有許多空間。如果要給聽眾一些對故事的影響力，我們可以把他們的建議和故事的細節融合在一起。例如，我們可以問我們住在哪一種房子？有臺階通到前門嗎？要到我們朋友的家，我們必須經過什麼？然後，這些細節可以被直接融合到故事裡去：「那麼，我們走下樓梯，穿過遊樂場，等待綠燈，看看路的兩邊，穿過越馬路，再穿過遊樂場，登上我家房子的臺階。」

聽眾對「我在夏天死去」的建議對情節的影響則並不僅僅是簡單的細節，但仍然可以被包容在預定的架構中。對誰是下一個被叫醒來的人的選擇，重組了故事中整個睡醒、唱歌、和反應的活動的循環；不過，在這之後，故事情節還是可以跳回到同一點上：「然後我們再找另外一個人……。」由說故事的人來決定何時停住這些供聽眾參與的部分，再回祖母的主軸去。

故事後還可再重複一次相似的迂迴方法，比如說，再問問聽眾：我們又看到了些什麼？以類似問謎語的方式引起聽眾的興趣：「一個紅蘿蔔！好主意！那我們打開冰箱，打開下層的抽屜，拿出一個蘿蔔，也許就是這個蘿蔔！它是在夏天死的嗎？……」然後，說故事的人再一次決定何時中斷這個循環，讓故事進行到去戶外玩雪──再回來猜戶外發生的事情或是關於雪人的種種。

續圖6-5

續圖6-5

Reprinted with permission from General Hints for Making Stories Participatory

© 1985, Doug Lipman

法蘭絨板故事

　　應用法蘭絨板是說故事的另一種方式所謂法蘭絨板即是包著法蘭絨的木板或其他硬質的板子，把切割製成的人物或物體造型物放在法蘭絨板上，一邊講故事，一邊表演出配合情節的動作。可以拿著書本讀故事，但如果加上法蘭絨板表演這種額外的活動會比純粹的口頭敍述更為活潑生動。

　　用法蘭絨板來講故事其實非常簡單、有趣。一個大人花一點時間就可以把好幾個故事要用的人物造型剪好。做好後，便可以用好多年，經常拿來在講故事給其他班的孩子們聽時用。故事可以被改編以適合不同的年齡的階段，只要簡單地變換情節就可以了，可以增加新的故事內容和事件來做變化。

製作法蘭絨板的材料

法蘭絨板故事所需的最基本道具即是法蘭絨板、人物造型板、以及其他講故事所必須的東西。

法蘭絨板

法蘭絨板在商店裡就可以買到，但要自己製作也是很容易的，自己動手作可以做成各種的大小和形狀。步驟很簡單，首先從厚紙板、三合板、纖維板、壓克力板，或其他任何平整、硬質的材料上切下要用的襯板，然後再用法蘭絨或毛毯包在外面就好了。可以使用或製作出各式各樣的法蘭絨板。（圖6-6）有許多範例。除了基本的矩形設計外，還可以嘗試錐形棚或帳篷式設計——以兩塊板子在頂部連接在一起，或將一塊板子對折。這類設計可產生兩個法蘭絨板表面，讓一個場景可根據需要在故事進行下去時仍保持原樣。另一種三面式的設計則提供了更大的可塑性。如果空間受到限制，也可以考慮在窗戶上掛一個屏風式的法蘭絨板。做這種板時，先包好屏風，然後固定到牆上。動物形狀的法蘭絨板能發揮了更奇妙的效果。可做為配合各種動物書籍使用之不同單元的場景。

人物與物體

有各式各樣的法蘭絨板，也有各種用於法蘭絨板的物體。商店裡可以買到各種成套的法蘭絨板用物體、人物、字母和數字。可以先買一套基礎道具，然後再加入額外的收藏。製作各種物件最普通的材料是毛毯，比法蘭絨更厚、更結實。布和軟化處理的布單、砂紙、黏扣帶雙面地毯膠等也常被用到。圖畫、手工上色或從雜誌上剪下的圖片可以貼製成法蘭絨板物件。毛毯做的物件上也可以畫上圖案。

藉著這樣的方式可以逐漸建立一個故事圖書館。書籍和這本書所需要的特定物件可以一起存放在一個塑膠儲存袋或厚信封裡。如此一來，就有現成的說故事道具，而不需在每次講故事時都去收集或製作必須的物件。

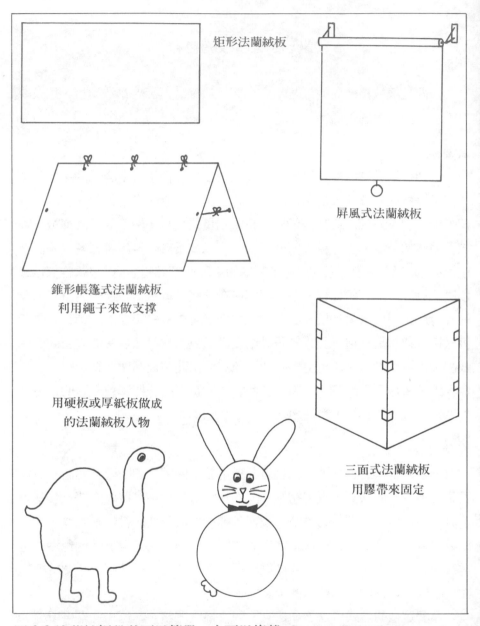

矩形法蘭絨板

屏風式法蘭絨板

錐形帳篷式法蘭絨板
利用繩子來做支撐

用硬板或厚紙板做成
的法蘭絨板人物

三面式法蘭絨板
用膠帶來固定

圖6-6 法蘭絨板設計可以簡單,也可以複雜 Courtesy Diana Comer.
無論用哪種方式,都適合用於幼兒的日常課堂教育

幼兒文學:在文學中成長

法蘭絨板故事的講法

和講其他故事的程序一樣，事先計劃是必須的。教師應仔細選擇故事並熟讀其內容。在講故事前，不要忘了再溫習一次，因為即使是很熟悉的故事，有時也可能瞬間忘記下一段的內容是什麼。這種停頓會破壞掉故事的流暢性。

講故事所需的各種道具應按照出現的順序排好，以免故事講到一半時還要到處找某一個物件而致使故事中斷。在講法蘭絨板故事時，記得保持和聽眾的目光接觸。這一點其實很容易在往板上加一個物件的同時被忽略。目光接觸對於維持兒童的注意力是很有幫助的，教師也可觀察並確定兒童能夠清楚地聽到說故事的聲音。

放慢速度來講法蘭絨板故事可以賦予故事的懸疑性和樂趣。如果講得太快，可能會導致兒童的迷惑不解。在聽法蘭絨板故事時，孩子們既要聽講，又要觀看。所以應以不慌不忙地方式，再加上神祕的表情及深沉的停頓，讓故事達到最強的效果。不過，這並不是意味著要刻意把故事拖長，而任何生動的語言表情和動作也只有在適合故事內容時才是有意義的。

與孩子間的互動將能使故事更引人入勝。在講完一遍之後，可以讓孩子們再重複講一遍，在他們重複時，把人物和物體道具分配給他們。可視故事需要，允許孩子們增加些物件。如果聆聽的孩子太多，可以再複述一次。法蘭絨板和上面的物件可以多放一下，講完故事後，讓孩子們重複或自創新的故事，在孩子們參與這種活動的同時，他們用自己的語言再度創造了故事，也達到了學習運用語言的功能。

選擇好的法蘭絨板故事

適合法蘭絨板的最好的故事，是有清晰的事件進程和人物的故事。這使得講故事的人能夠在講故事的時候從容的放上人物和物體。Audrey

Wood的《睡著的房子》(*The Napping House*) 便是一個很好的例子。這個故事開始於一個暴風雨天，祖母正在睡覺，隨著故事的展開，又出現了其他人物，並增加了一張舒適的床。在這本配有美麗插圖的故事書中，有一個完美而令人驚訝的結局。讀完這本書之後，可以讓孩子們利用法蘭絨板重新覆述這個故事，這種往床上增加人物的簡單情節和動作往往能帶給兒童樂趣。

Ann McGovern的《太多噪音》(*Too Much Noisen*) 是另一本適合在講完一次後再用法蘭絨板重複呈現的故事書。這本故事書中的主人翁彼得發現他的房間充滿著吵雜，原來裡面有好多動物。隨著動物一個個地消失，房間變得安靜下來，直至轉為正常。孩子們會很樂於有機會分配到法蘭絨板來重複這樣的故事。

Tomie dePaola的《巫婆奶奶》(上誼) (*Strega Nona*) 可以構成一個熱鬧的法蘭絨板故事。在這個故事裡，大安東尼試圖使用Strege Nona的神奇的乾麵團罐，但由於使用得不得要領，乾麵團很快地就蹦出大安東尼的手，弄得到處都是。講述這個故事時，可以使用貼著白紙條「通心粉」的白色毛毯道具，在法蘭絨板上做出生動的表演。

通常，第一次閱讀時我們就可以判斷一本書是否適合設計成一個很好的法蘭絨板故事。最適合的是那些人物和物體可以逐漸增加的故事。但這些增加的人物和物件應當和情節及主題配合。如果隨著故事的展開，沒有任何東西增加或減少，法蘭絨板就不過只是一幅靜態的畫面而已。

戲劇化的故事講法

每一個人都喜歡看舞臺上表演的戲劇。表演本身所產生的一種興奮的氣氛能夠散發出一股神奇的力量。即使是在小舞臺上表演，也是一件很特殊的盛事。另一方面，戲劇表演也是讓孩子們認識戲劇流程及上劇院之步驟的一種機會教育。在表演開始之前，孩子們可以學著扮演售票員、領座

員、廣告員、劇場販賣部店員、及聽眾等角色。

　　一個故事可以使用各種不同的戲劇形式來表現，這裡要探討的兩種形式是玩偶戲和創造性戲劇。每一種方式都有其優點和缺點，各適合應用於不同類型的故事。

玩偶戲

　　絕大多數兒童都喜歡玩偶。因此，利用木偶來講故事，可以為兒童提供一個令人愉快的經驗。當然，嬰幼兒在第一次看玩偶戲時，可以完全弄不清楚究竟是怎麼一回事。然而，如果以緩慢、精細的動作和柔和的聲音來表演的話，通常是會很受嬰幼兒歡迎的。

　　玩偶是孩子們最安全的幻想友伴，隨時都可以找到，大多數的成人和小孩都能很自然而本能地和玩偶對話，害羞的孩子在對陌生人講話前，常會先對玩偶講一遍，孩童也知道玩偶不是真的，真正說話的是拿著玩偶的那個人，但是，玩偶本身對孩子而言還是有一種真實性，讓他們毫無保留地對玩偶說話，不用像對著手握玩偶的成人說話時那樣地說話。

　　玩偶隨時可以變得像我們希望的樣子。他們可以是頑皮的、愚蠢的、勇敢的、或是鄙俗的。也許這就是兒童覺得他們能對玩偶如此隨意地說話的原因；孩子們覺得玩偶能接受，他們不是完美的。

　　由於玩偶可以做為這樣的好朋友，所以適合在各種故事中被運用。紫色的怪物玩偶可以幫助認識紫色。在講到H. A. & Margaret Rey關於《好奇的喬治》一書猴子的故事時，可用猴子來激發興趣、提供解釋並提出問題。如果合適，甚至可以由玩偶來講這個故事。傳說故事尤其適合，因為通常僅有兩、三個人物。

如何使用玩偶

　　要成功地使用玩偶，就需要先了解有哪些事情是不應該玩偶來做的；比如說不要試圖做一個腹語師；當你無法熟練地使用腹語技巧時，只會干

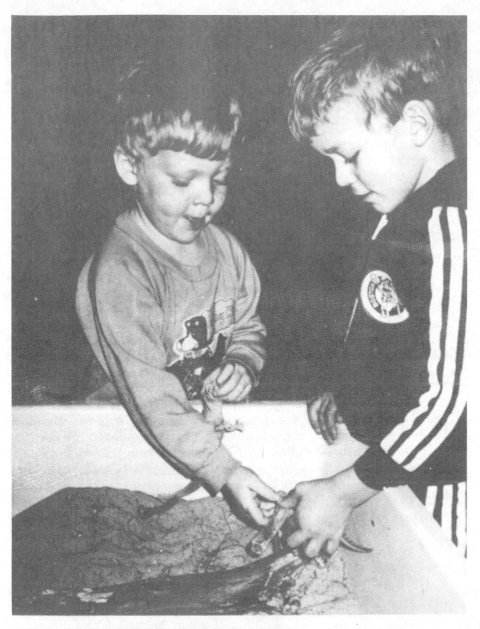

兒童可以使用玩具例如圖中的恐龍來充當玩偶的角色
Courtesy Diana Comer.

家庭自製的玩偶成本很低而且很有趣。這些年齡較大的兒童用簡單的材料就製作出了玩偶　Courtesy Diana Comer.

擾說故事的效果而已；不要使用過多的肢體動作；應帶著熱情表演，但過多的手臂揮舞會使孩子的注意力偏離玩偶所說的話；也不要在沒有計劃和指導的狀況下把玩偶發給孩子們，因為玩偶往往會變成孩子們打架的玩具；不要期望能以玩偶來作完所有的工作；許多故事可以用玩偶和口述結合的方式來講述；不要害怕冒險；要嘗試使用新的、不同的玩偶；即使玩偶表演的效果不像預期的那麼好，孩子們通常也不會挑剔。其實，孩子們甚至在表演開始之前就喜歡上這些玩偶了。

　　使用玩偶並沒有什麼特別的規則，可以用來講故事，或者扮演故事中的角色。教師必須嘗試各種不同的方式以學習怎樣才能做得更好。維持對玩偶的熱情的最好的方法之一，是使用各種不同類型的玩偶。雖然商店裡

可以買到玩偶，但是最有趣的玩偶往往是在家裡自己做的。（圖6-7）玩偶製作的範例。

把手套截掉手指的部分就可以很容易地做出手指玩偶。臉部畫或貼在手指上就好了。棍式玩偶也很容易製作。可用一張照片或一個人物的圖畫貼在棍上。有好幾個人物的故事，也可以使用這本故事書的彩色圖樣或是用影印機印下的圖片來剪成玩偶。所用的棍子可以是牙刷、手工藝專用棍子、草棍、尺，或是在院子裡揀的木棍。

線繩玩偶適合由較大的孩子們製作。但即使很小的孩子也喜歡做簡單樣式的線繩玩偶，有平面、也有立體的，用兩根或更多的繩子連在一個十字架或棍子上。棍子被提在玩偶的上方，依設計的複雜度，以棍子和繩子控制玩偶身體的各個部位。其他一些類型的玩偶也可以在商店購買或自己製作。

開始玩偶表演

嘗試任何新的事物都會使人感到焦慮，學習如何熟練地使用玩偶也不例外。開始時可以先嘗試簡單的，逐漸對你的能力建立信心後，再慢慢試試較富難度的表演。不要一開始就要求自己用玩偶講故事，只要先探索給孩子使用玩偶的可能性有多大就可以了。

開始時，讓孩子們面對鏡子坐好，讓他們能夠看到玩偶和自己。用這種方法來做情緒準備，比如說讓玩偶看來很哀傷，同時說，「我丟了我最心愛的玩具熊。」或是讓玩偶看起來很生氣，同時說，「在我活到兩百歲以前，我決不上床！」還可以引用其他孩子的想法。

透過打電話遊戲，可以讓孩子熟悉玩偶進行對話的構思方式。可讓玩偶用一部電話，孩子用另一部電話應答，要使情節自然地發生；為了進一步運用此一技巧，可讓老師和一個玩偶在一部電話旁，一個孩子和一個玩偶在另一部電話旁。另一種熟悉玩偶對話的方式，是讓教師和玩偶參加「老師說」這類的遊戲。先有動作，然後模仿這樣的語言：「老師說，說皮球，老師說，說毛毛蟲」（當沒有講到「老師說」時，就不能做動作）。

要引導孩子們來發展運用玩偶的可能性。例如，讓幾個孩子在午睡時手上都拿上一個玩偶。並解釋說：每一個玩偶都要輪流對午睡做評語，並回答別的玩偶提出的問題。也可以把其他的場景運用在此一活動，譬如，討論遊戲場上的行為，排隊等等。當教師和孩子們使用玩偶的技巧發展到成熟時，就可以開始使用玩偶來講述或表演故事了。

為玩偶劇選擇好作品

最適合玩偶劇表演的故事，是那種情節簡單且只有少數幾個主要人物的故事。由於舞臺背景較難安排，要選用一些簡單，但能讓兒童產生真實感的道具。Ruth Krauss的《紅蘿蔔種籽》（*The Carrot Seed*）就可以是一個很好的玩偶戲故事。全部的內容就是那個男孩、太陽、雨、以及不斷生長的紅蘿蔔。任何男孩玩偶都可以使用，拿一個紙盤當太陽，再加上手畫的雨雲和一個真的紅蘿蔔便可完成準備。那顆真的紅蘿蔔可以隨故事的發展不斷地從舞臺後面往上拉，太陽和雲彩也都畫有嘴和眼睛，成為故事中的主要角色。

Tomie dePaola的《阿利的紅斗蓬》（上誼）（*Charlie Needs a Cloak*）是一個可利用玩偶來表演的絕佳故事。這是一個牧羊人的故事，這個牧羊人發現，他非常鍾愛的那件斗蓬已太破舊，磨損得太嚴重，無法在嚴寒的冬天為他保暖。他花了一個春季和夏季，剪羊毛、紡線、織布、染色、縫製、做了一件新斗蓬。到了次年秋天，他已經有了一件嶄新而且暖和的紅色斗蓬，準備迎接冬天。這個故事的講述可以用一個男孩玩偶、一個或兩個綿羊玩偶，以及一些線和布料來進行表演。

Diane Paterson的《給姑媽笑一個》（上誼）（*Smile for Auntie*）也是一個受孩子歡迎的玩偶戲。在這本書裡，一個愁眉苦臉的孩子不肯對他的姑媽笑。姑媽嘗試了所有的方法來逗這個孩子笑，但都失敗了。這個故事奇怪的結局可以不用說任何一個字而表演出來，僅需要兩個玩偶就可以使整個故事富有妙趣。

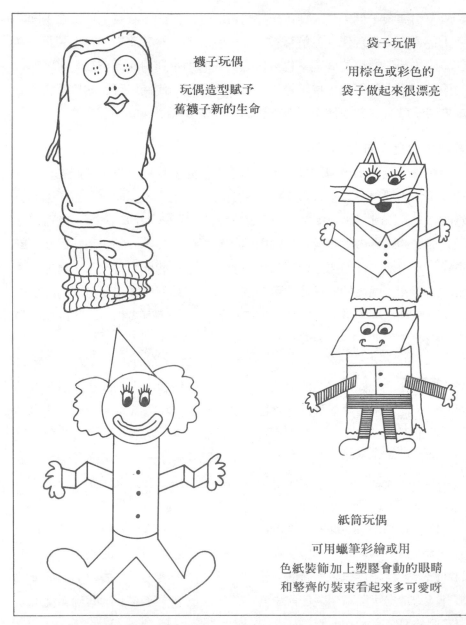

襪子玩偶

玩偶造型賦予
舊襪子新的生命

袋子玩偶

用棕色或彩色的
袋子做起來很漂亮

紙筒玩偶

可用蠟筆彩繪或用
色紙裝飾加上塑膠會動的眼睛
和整齊的裝束看起來多可愛呀

圖6-7 玩偶的設計不必過於複雜 Courtesy Diana Comer.
一個簡單的玩偶也可以為故事帶來難忘的效果

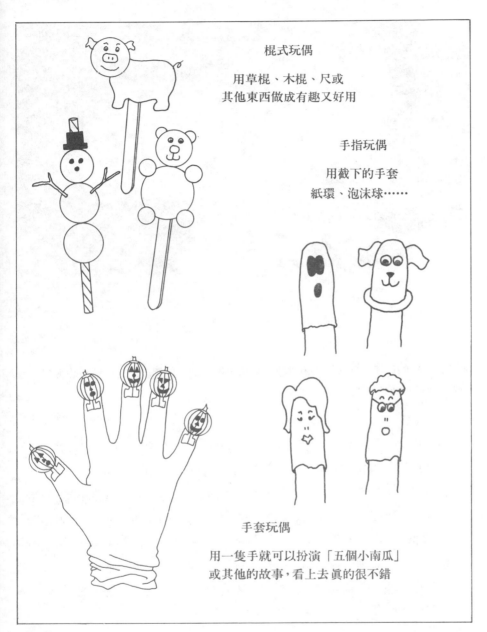

棍式玩偶

用草棍、木棍、尺或
其他東西做成有趣又好用

手指玩偶

用截下的手套
紙環、泡沫球……

手套玩偶

用一隻手就可以扮演「五個小南瓜」
或其他的故事,看上去真的很不錯

續圖6-7

孩子們進行的玩偶表演既提供他們語言經驗，更提供了他們表達自己情感的機會
Courtesy Diana Comer.

　　Harriet Ziefert的《麥克和湯尼是好朋友》（*Mike and Tony: Best
Friends*）是一本探討真正的友誼和寬容的書，只要用兩個小孩玩偶和一些
很普通的東西；例如，一個球、一個玩具電話就可以輕易地講述或表演出
來。Susan Meddaugh的《野獸》故事可以用一個女孩玩偶、一個怪物玩
偶和一點零食來重新表演出來。這個故事中其他的人物都可以由講故事的
人操縱玩偶來處理。這個故事的主題是在探討勇敢和一個人對自我的思
考，這種類型的故事讓教師能更充份地探索文學對孩子們的影響力。

幼兒文學：在文學中成長

創造性戲劇

戲劇只不過比玩偶戲來得更正式一些。創造性戲劇是戲劇形式的一種，並非一般針對觀衆而設計的表演作品。相反地，它是一種更爲自然的過程，使用戲劇的技巧來溝通某些訊息、情感、或是表達故事的內容。在傳達訊息來溝通方面，它能提昇參與者對別人的情感的敏感性、建立積極的自我概念、增加自信和專注力、創造新的關係、並發展對藝術的欣賞力。創造性戲劇可以應用啞劇、滑稽模仿，以及動作活動來創造或再創造出各種主題及故事。

爲什麼戲劇是具有如此力量的工具？爲什麼對於幫助兒童發展語言能力和對自己的認識如此有幫助？因爲對絕大多數兒童來說，戲劇是一種自然的活動，表演常是一種現實的凝固，使孩子們能夠探索他們所處之環境中的可能性。當孩子們沈迷於戲劇表演時，他們跨越了現實和想像之間的界限，但他們仍然可意識到現實。兒童們能夠扮演太空人、狩獵恐龍的人、家長、以及建築師。由於是表演，兒童能很容易地在牛仔、救火隊員、醫生等角色之間轉換。在他們扮演某一角色的時刻，他們對自己的角色就具有完全的信仰，孩子們只有在認眞和專注地演出時才能讓情緒達到如此的投入。

如何運用創造性戲劇

運用創造性戲劇的原則是保持事物的簡明性；例如，對話、人物、背景和情節均應簡單明瞭。和玩偶劇相反的是，這種形式的戲劇比較能夠容納所有的人來參與。沒有一個孩子是主角，但每個人都可以扮演一隻小豬、異父異母姐妹、或是故事中的一隻綿羊；舞臺、服裝和背景由大家一起來創造；每一個人都可以幫忙搬運家具、爲聖誕老人的故事畫煙囪、或是帶一些舊衣服來作戲服；大家都可以參與或選擇要做的事。如果每一個人都從情感上投入，這種努力和熱情會是很有感染力的。

對話必須仔細地編寫，如果一段臺詞要重複多次，安排幾個孩子一起講，會比讓一個孩子唱獨角戲要來得好，因為團體可為每一個成員提供安全感。在故事困難的部分安插一個敘述者，可以幫助對話更流暢地進行。

　　戲服可以給參加戲劇的孩子一種慎重的感覺。戲服可以用真的衣服、舊的萬聖節套服、跳蚤市場出售的二手貨、或是舊制服，應該很容易收集到的，任何一班都能很快地累積多樣款式的衣服。教師要幫助兒童們在使用衣服上充分運用他們的想像力。並不必找完全成套的衣服來扮演角色，一個舊軍帽和一件黑色夾克就可以扮成一個飛行員；一頂帶護耳的帽子、手指連在一起的手套、和一條繩子，就可以扮成一隻貓；一件白袍配上貼著圓形錫箔盤的頭帶，就可以當成一位大夫的裝束；只要有這些可以得到的各種服裝就可以了，其他就靠想像力了。

　　表演戲劇的背景應當簡單。如果場景是絕對必要的話，可以畫在一張大紙上，並做上標記，當作背景。(圖6-8) 顯示了以這種方式創作場景的兩種形式。小的背景設施可以透過裁剪紙板和畫來製作。可以單獨地立著，或者簡單地靠在椅子上或牆上。

　　為了讓場景更為真實或幫助講述故事還需要一些道具；例如，提桶、掃帚、椅子、花冠、食物等。道具應當盡可能地少，而且不一定要真的，玩具電話或黃色模型紙上剪下來的香蕉，同樣能發揮和真的東西一樣好的效果。

為創造性戲劇選擇好作品

　　鵝媽媽故事和托兒所歌謠是排練創造性戲劇最好的先導活動。因為僅需要最少的服裝和道具就可以很容易地演出。詩歌和歌曲也不需要花太多時間準備，就可以演出來。

　　有許多組人物和段落的故事比較適合演出。這使得人數不同的團體都可以演出。幽默故事和有動作和懸疑性的故事都很適合。Don Freeman的《小熊可可》(上誼)(*Corduroy*) 是一個關於一隻熊尋找朋友的故事。這個故事中的角色是可以擴展的，因為背景是在一個百貨公司。故事的結局

把一條佈景幕放在一根杆子上，以兩把椅子架住杆子

把佈景幕掛在晾衣服的繩子上，用夾子夾住

圖6-8 迅速、簡便的舞臺場景
Courtesy Diana Comer.

很精彩,可以說是一齣很好的戲劇。

Judi Barrett的《充滿肉丸子的天空》(*Cloudy with a Chance of Meatballs*) 是一本非常有趣的書,可以編成一齣非常有趣的戲劇。這個故事發生在一個從天上落下各種食物的地方。當然這是很不尋常的,所以必須要找到對這個問題的解決辦法。故事中的一段描寫籃球一樣大的肉丸子一直往下落。當演出時,這些丸子就可以用裹著棕色紙的氣球來替代,從天花板上的網子漏下來。這個故事的演出效果勢必使人十分難忘。

傳說、神話故事、民間故事都是很好的戲劇題材,因爲它們結合了神奇、神秘和動作。Clarles Mikolaycak重新改寫的 (*Babushka*) 是一個古老的俄羅斯聖誕傳說。在給孩子們讀完這個故事後,再以戲劇形式表演出來也許就不那麼困難了。可以配上一些俄羅斯民間音樂和一些服裝,如此一來,這個國家的民族特色就可以活生生地展現出來。Julie Lane的《耶誕老公公的生活及冒險》(*The Life and Adventures of Santa Claus*) 是一本極具戲劇性的書。故事發生在歐洲的波羅的海,生動地再現了聖誕老人的早年生活。由於它抓住了歐洲早期聖誕的特色,兒童們興致頗高地想要了解更多他們所喜歡的人物的生活。

在現代兒童文學當中,也有很多可以選擇的故事。許多作品都滿足創造性戲劇的必要條件:適當數量的人物,簡單的情節,容易記憶的對話,和數量不多的道具。例如,Lore Segal的《回家途中》(*All the Way Home*) 就有大幅的動作、各種動物角色,和簡單而幽默的情景。Robert Kraus的《另一隻老鼠要餵》(*Another Mouse to Feed*) 可以改編成一個角色數目可隨意調整的戲劇。故事中繁忙的老鼠父母努力地哺育兒女的情景,能激起絕大多數幼兒的同情心。Robert Priest的《十個小嬰孩》(*Ten Little Babies*) 是一個用詩歌形式講述的故事。那些不斷重複的詩句不出兩、三頁就會使故事深深地投入故事之中。這個故事甚至可以適用於年齡很小的幼兒,因爲他們能夠僅憑說故事的人的講述就投入其中。

創造性戲劇需要事先做一些計劃,但也可以讓孩子們更爲自發地發揮。戲劇經驗能帶來的正面影響值得費工夫來經營。這種類型的戲劇能鼓

勵孩子們的努力，也是一種難忘的經歷。兒童透過創造性戲劇，將書本中的假設的情境真實地模擬出來，在此過程中，他們能夠學習到有關生活的許多事物及道理，孩子們演出自己的感受，並經驗在面對戲中種種情景時所產生的反應，創造性戲劇提供羞怯的兒童稍稍地去承擔一點風險的安全感，也讓較為激動好強的兒童有機會試著扮演害羞的角色，透過對自己所扮演的角色的觀照，孩子們將能對自我有更深一層的認知。

讓孩子自己創作圖畫書

兒童開始畫圖時，其實也等於開始了寫作，因為他們是在嘗試透過創造一些視覺圖像的方式來表達意義，有的孩子似乎要表達的比較多，有的孩子比別人更具創造力；無論如何，所有的兒童都會有一些東西想表達，而且表達的方式也各有不同，這是值得鼓勵的，成人必須接受兒童在寫作方面的種種嘗試，如果孩子冒險作嘗試的意願被阻斷，那麼他們未來成長成作家或說故事者的希望也將被摧毀。

傳統的小學課程往往忽略掉許多兒童的創造性，教學目標長久以來都設定在教導孩子們正確地拼字、標點及書寫等。然而，學校教育如此致力於書寫的機械性教學只會帶來反效果，當孩子們收到被改滿紅字的習字卷後，最可能的結果是以後他們只願寫一些更簡單、無趣的文句或作文，機械式的練習也阻礙其他對於寫作十分重要的元素的發展，例如；明確性、組織、和思考的清新新奇度。不過，在目前全國教育系統的改革運動中，這些問題中有的正在改善中。

刺激性以及令人投入的經驗，對兒童成為作家和說故事的人是有益處的。無論是透過書籍還是博物館和畫廊來接觸高品質的插畫，都能提供思考與談論的新觀念。隨著這些機會的不斷增加，智力發展的潛能也在不斷增長。寫作和講故事都是一種思維活動，從事這些活動的能力，取決於一個人的分析、質疑、組織、創造和重組事實與現實的能力。然而，沒有兩

> Marissa&Megan的叢林故事（Becker托育中心提供）
>
> 　　一天，有一條鱷魚，他在曬太陽。曬成了紫色的皮，他把蘋果放到了上面。他媽媽抓到了一隻螃蟹，使勁捏他。他在上面敷上OK繃帶。他躺在床上午睡。完了。
>
> Dania & Mellissa的叢林故事（Becker托育中心提供）
>
> 　　一天，我們去叢林。我們看到一隻象。他正在吃草。他的媽媽叫他吃零食、柳橙汁和鹹肉。我們還看到一隻河馬和一頭獅子，他們正在打架。他們又撕又咬。完了。
>
> Elizabeth&Bryan的叢林故事（Becker托育中心提供）
>
> 　　一天，我們看到一隻黑豹和一條蛇。他們正在吃草。黑豹正在跳躍，他看到了什麼東西，開始咆哮。一隻大黃蜂螫他，他打大黃蜂，他把大黃蜂吃下去了。那條蛇到水裡去喝水。完了。

圖6-9 兒童描述的叢林故事
Courtesy Diana Comer.

個人會以絕對同樣的方式看待事物的。（圖6-9）是不同的兒童針對同一個論題，講出不同的故事的例子。

如何鼓勵兒童作作家

　　兒童往往想要說出一些他們認為很重要的事情。有時候，他們並不好真的說出來，但每個人都有故事要說。提供豐富的經驗將有助於兒童維持積極的心態，幫助他們構造新的意義和新的故事。由於許多年幼兒童能夠說出的語言比他們寫的要多得多，成人必須做他們故事的記錄者和輔助者。兒童編的故事可能採取各式各樣的形式。

課堂書籍

　　可採用一本課堂書籍於啟蒙活動。在班級已體驗過共同經驗之後，更適合。這種經驗包括：步行去消防隊、去看兔子、或者一個簡單的科學實

驗。讓每一個兒童畫一幅畫來表達這種經驗。畫完後，再向老師說明自己的繪畫內容，然後老師在圖畫的下面以簡短的句子或關鍵詞語寫下兒童描述的重點。所有這些插圖和文字釘或黏在一起，就構成一本書。這本書可以在以後的幾年內在不同的班上多次傳閱。這樣的活動強化了一個觀念：兒童對自己的世界有所理解，也有一些重要的事情要說，他們可算是寫書的作家。

與此有關係的一種方法是言語經驗法（language experience approach）（簡稱LEA）。LEA讓兒童用自己的語言來開始學習寫作和閱讀。故事的基礎通常是全班共有的一種經驗，一個孩子們曾聽過的故事，或者他們的想像。由兒童們編造故事，教師再寫下來，這些故事通常有時間架構，和許多文學的特徵。

通常LEA故事被寫在大張的壁報紙上，然後做成一本「大書」。兒童在每頁中都畫上插圖，或以貼畫的方式做插圖。教師重複幾次講述這個故事，一邊朗讀，一邊指出書上的每一個字。通常故事中會有一個不斷重複的句子。當這個句子一再出現時，孩子們會逐漸認得或預期它的到來，並一起朗讀。

製作這種課堂書籍的技巧是很重要的。這些書本應當要堅固的，好讓孩子們能經常翻閱。可以用橡樹紙或硬紙封面來保護書籍。每一頁都用乾淨的合成紙，以保長久耐用，而這些紙張最好用繩或夾子來固定在一起。最後，字應當用大號書寫字體寫出。打字的字太小，無法讓全班一邊聽故事，一邊閱讀。

兒童創造故事的適宜選擇

製作書籍能建立孩子的自信心和對語言的掌握能力。這可以透過用LEA做大型課堂書而實現。這也可以在個人或小組基礎上實現。兒童通常有許多事情要說，所以可以提供數種不同的主題。入門書籍、數字書籍和概念書籍都可以由個別兒童或群體來創造。

> **主題：春天將會發生什麼事情？**
>
> Charles, David, Jackie, Marci説：「喇叭水仙花生長。開始下雨。蜜蜂開始飛出來，螫你。動物園裏的大象會跳向你。大白兎帶來雞蛋和玩具。他帶給你糖果和巧克力豆。」
>
> Eli, Justin, Erica, Elizabeth説：「在春天，穿上春裝夾克。或者穿上一件老鷹T恤上面印著摩托車什麼的。或者穿一件米老鼠衫。大白兎很有趣。我喜歡鳥。我最喜歡藍鳥。在樹邊有藍色和白色的花。昨天晚上我做了一個夢，夢見一些黃花，它們要在春天裡生長。」
>
> Ryan, Daniele, Ben, Stacie説：「鳥吃蟲子。他們喜歡蟲子。大白兎和小雞出來了。復活節大白兎藏在桌上的籃子裡和長椅後面。有時，當春天來時，你在紙上寫東西。黃花在太陽光下生長。有時候，花說話。有時候，鳥照顧蟲子。大樹開始吃食物，因爲他們餓了。葉子長出來了。」

圖*6-10* 團體創作的故事：春天

Courtesy Diana Comer.

（圖*6-10*）列舉了小組兒童就春天這一概念創造的故事。

創作和感覺有關的書可能會很成功的。例如，一本聖誕節書籍可以使用視、嗅、觸覺。如果這一天的活動是烤甜餅，肉桂和其他佐料可以分散地黏在書上。當裝飾松樹時，可以把一枝樹枝壓平，黏到書上。可以在那些表示樹被鋸倒的畫頁上撒一些鋸屑。關於節日的畫和故事的效果，可以透過這些附加物得到極大的加強。

書籍的創造可以是基本的、簡單的。關鍵不在於這些書看上去多麼專業。此一活動的最重要的部分是兒童們思想的有效性，如果成人接受兒童的閱讀嘗試，他們將開始把自己看作爲成人。隨著兒童越來越熟悉語言和書籍，通常也就能開始正確地運用各種原理，在此一早期階段，了解語言的意義是這一過程中的最重要的部分。

用貼圖畫郵票的方式創作畫謎書，是一種幫助兒童享受創作經驗的方法
Courtesy Diana Comer.

結語

　　一個故事可以數百種方式來講述。對某些普通的常識性方法採取新的考察是很有幫助的。大聲朗讀是講故事最有效的一種方法。然而，這並不像打開一本書、唸給孩子們聽那麼簡單。它要求一些計劃和少許活動。口頭講述是一個長期傳統，但在今天較少運用。雖然它可能比大聲朗讀難一些，但所有年齡的人都會被一個優秀的說故事者帶給聽眾的時光所著迷。透過練習，業餘說故事者也能夠掌握這種神奇的魔力。

可以各種不同的材料來輔助故事的講述，以創造多樣性和藝術效果。法蘭絨板是講述故事的有效工具。它們為語言和手工參與提供了管道，使孩子們加入了故事的講述之中。戲劇化的講述法則又向前邁進了一步。透過使用玩偶和創造性戲劇，兒童獲得力量去面對未知的現實，並進入了一個特別為他們創造的神奇的世界。

孩子們越是參與到講故事的過程中去，他們的創造性和智慧發展就會越大。當然，最終的目的是幫助兒童獲得閱讀能力。鼓勵他們很早就能開始成為作者，是這一里程中關鍵的一步。基於這個原因，應鼓勵兒童創作課堂書籍，他們透過為敏感的而關心的聽眾創作故事，所獲得的積極性自我概念，將提供他們繼續文學道路的信心。

思考與討論

*1.*為何應使用各種不同的方法來講述故事？

*2.*哪種講述故事的方法是最容易開始的？

*3.*應如何做準備去朗讀故事？

*4.*為什麼教師應當每天為孩子朗讀故事？

*5.*選擇朗讀的書時，應考慮哪些因素？

*6.*為什麼兒童的參與對口述故事十分重要？

*7.*適合口述的故事中的人物有哪些特色？

*8.*準備法蘭絨板故事需要用那些材料？

*9.*好的法蘭絨板故事有什麼特點？

*10.*用法蘭絨板來為孩子講故事有什麼優點？

*11.*為什麼玩偶作為講故事的工具非常適合？

*12.*使用玩偶說故事的教師必須學習作一個腹語術師嗎？請提出贊成或反對的意見。

*13.*哪種玩偶最適合用來當作講故事的道具？

14.為什麼戲劇是為年幼兒童講述故事的有效工具？

15.為兒童計劃創造性戲劇演出時，應考慮些什麼？

16.當參與戲劇活動時，為何要讓幼兒使用衣服和道具？

17.幼兒能否寫作？請提出支持或反對的意見。

18.何謂課堂書？

19.語言經驗法對學期兒童有用嗎？為什麼？

兒童圖書書目

Edward Ardizzone, *Little Tim and the Brave Sea Captain* (New York: Puffin, 1977).

Judi Barrett, *Cloudy with a Chance of Meatballs* (New York: Atheneum, 1978).

Tomie dePaola, *Charlie Needs a Cloak* (Englewood Cliffs, New Jersey: Prentice Hall, 1973).

Tomie dePaola, *Strega Nona* (Englewood Cliffs, New Jersey: Prentice Hall, 1975).

Don Freeman, *Corduroy* (New York: Puffin, 1976).

Robert Krauss, *Another Mouse to Feed* (New York: Prentice Hall, 1980).

Ruth Krauss, *The Carrot Seed* (New York: Harper & Row, 1945).

Julie Lane, *The Life and Adventures of Santa Claus* (Orford, New Hampshire: Equity, 1979).

Arnold Lobel, *Frog and Toad Are Friends* (New York: Harper & Row, 1979).

Ann McGovern, *Too Much Noise* (Boston: Houghton Mifflin, 1967).

Susan Meddaugh, *Beast* (Boston: Houghton Mifflin, 1981).

Charles Mikolaycak (Retold by), *Babushka* (New York: Holiday House, 1984).

Arlene Mosel, *Tikki Tikki Tembo* (New York: Holt, Rinehart and Winston, 1968).

Diane Paterson, *Smile for Auntie* (New York: Dial, 1976).

Robert Priest, *Ten Little Babies* (Windsor, Ontario, Canada: Black Moss, 1989).

Uri Schulevitz, *One Monday Morning* (New York: Scribner's, 1967).

Doris Schwerin, *The Tomorrow Book* (New York: Pantheon, 1984).

Lore Segal, *All the Way Home* (New York: Farrar, Straus and Giroux, 1973).

Lynd Ward, *The Biggest Bear* (Boston: Houghton Mifflin, 1952).

Kurt Wiese and Claire Huchet Bishop, *Five Chinese Brothers* (New York: Coward McCann, 1938).

Audrey Wood, *The Napping House* (New York: Harcourt, 1984).

Jane Yolen, *No Bath Tonight* (New York: Crowell, 1978).

Harriet Ziefert, *Mike and Tony: Best Friends* (New York: Viking Penguin, 1987).

參考文獻

Nancy Brizendine and James Thomas (Editors), *Learning through Dramatics: Ideas for Teachers and Librarians* (Phoenix, Arizona: Oryx, 1982).

Mary Lewis, *Acting for Children* (New York: John Day, 1969).

Nellie McCaslin, *Creative Dramatics in the Classroom* (New York: David McKay, 1968).

Jim Trelease, *The New Read-Aloud Handbook* (New York: Viking Penguin, 1989).

Jean Warren, *More Piggyback Songs* (Everett, Washington: Totline, 1984).

CHAPTER

7

文學與課程的整合

幼兒課堂教學必須包括相當廣泛的主題和活動。多樣性的主題和活動中必須能強化每一個兒童的整體發展。文學有時被視為僅僅是兒童的年齡趨向成熟時所須提供的活動內容之一。由於適合各年齡層的學科、藝術、音樂、自由遊戲、營養以及其他計劃內容也都必須被包含在學校活動中，人們也許很容易對如此多的應提供之主題和活動感到茫然不知如何規劃。

如何能安排所有的教學活動？應刪除部份的活動嗎？如何能確定課程活動涵蓋了所有必要的內容呢？是否任一方面的活動都能和其他方面的活動結合在一起？這種種問題可能令人困惑不解。顯然地，教師必須認真仔細地做計劃，以避免教育規劃中有所遺漏。本章主旨在於討論如何使用一種革新式的策略來做完整的教育內容規劃，此種策略主要採網狀組織作為計劃幼兒教育單元的輔助手段。

以網狀圖式法做為組織計劃的工具

在過去的二十年裡，科學家曾花了大量的時間研究人類的大腦是如何運作的，他們試圖使用電腦以和人的大腦同樣的方式來工作。由於電腦是機器，而人也曾擁有自然的智能，這一種概念叫做人工智能。從這些實驗

中，科學家已經得到一些結論；其中之一和人們如何理解新的觀念、概念及問題有關。科學家認為，人類是藉著把新的概念和已有的概念相聯繫來理解事物的。所以，了解一個新觀念的最佳方式，便是將此觀念和已有的知識做最佳的聯繫。

此一概念亦可應用於計劃幼兒教育方案，做計劃時，我們應思考各個部份之間的關聯。而不要把計劃的每一個部分看作為一種獨立的活動，應把各個獨立的部分視為一個整體的組成成分。為了做到這一點，我們可以把整個計劃的組成做成圖像化的表達，以了解各部分之間的關聯。當計劃中要加入新的內容時，由於教師已充份地理解其結構，所以能夠適切地加入能夠聯繫在一起的內容。這種技巧非常像科學家們在人工智能研究中試圖複製人類的理解過程一樣，他們將新的資訊納入原已儲存之相關主題的資料庫內，以使電腦能理解新的訊息。

以網狀圖示法增進理解

也許要了解網狀圖式如何運作的最好手法，便是將幼兒如何藉由與已知知識相聯想，而認識新事物的過程予以圖示化。舉例說明，一個幼兒看到一個男人牽著狗過街，這個孩子以前可能沒有看過狗，或者沒看過那一種品種的狗，但此時，孩子卻會指著小狗，自信地，喊道：「狗！」他是怎麼知道眼前的動物叫什麼的？其實，這樣的理解是因為孩子能夠將新的訊息（眼前行走的狗）和已知的知識（關於狗的種種）聯結在一起。

也許這個孩子並不了解關於狗的一切知識，但他對狗已有一些認識，例如，吠叫、靈犬萊西、搖來搖去的尾巴、追逐貓咪等等，我們可以很合理地假設（圖7-1）表示出了幼兒對於狗之認識的訊息網路，這個網路由四個方面的資訊組成，當腦中儲存著這些知識，又看到一條狗時，孩子能很快地辨識與狗有關的已知訊息例如，鏈子、項圈、四條腿、一條尾巴、走路或狂吠等，這些特徵和孩子所知道有關狗的種種知識相吻合，所以，即使這是一隻他從來沒見過的品種的狗，這個孩子也能由前述資訊中總結出

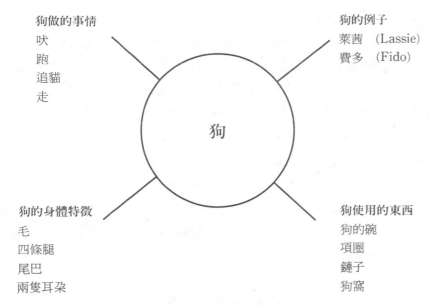

狗做的事情
　吠
　跑
　追貓
　走

狗的例子
　萊茜　（Lassie）
　費多　（Fido）

狗

狗的身體特徵
　毛
　四條腿
　尾巴
　兩隻耳朵

狗使用的東西
　狗的碗
　項圈
　鏈子
　狗窩

圖 *7-1*　關於狗或其他任何概念的知識網遵循著同樣的基本程式
Courtesy Walter Sawyer.

牠是一隻狗的結論。當然，這樣的思考模式未必從來不會出錯，我們的確也常常看到孩子們弄錯事情，比如說小孩也可能看到一匹馬，而叫牠做狗，而之所以會發生這樣的錯誤，可能是因爲這個小孩對於馬還沒有足夠的認識來鑒別牠和狗的區別。

　　（圖7-1）的線條，很像蜘蛛構成的網，因此，這種分析法稱爲網狀圖式法。在了解兒童如何理解知識方面，網狀圖式是很有幫助的。同樣地，這種方法有助於教師理解一個計劃的不同成分要如何相互聯繫及整合。

憑藉網狀圖式法來作計劃

　　運用於各種不同情景的計劃都可以應用網狀圖式法，將一個完整的計劃或計劃的某些特定部份清楚地描繪出來。

要建造出一個網狀結構，必須先從一個中心主題開始。藉由隨想的方式，人們例舉出與這一中心主題有關的各個方面。然後篩選出較具關聯性的部份，分別列在不同的次標題下面。最後再建立出一個網狀結構，在視覺上清楚地表示出了整個內容。(圖7-2)描述考慮玩具這個主題時可以遵循的步驟。請注意，有些條目出現在不只一個次標題下，而虛線是用來標示網狀結構中的各項目間關係。當增加新的觀念或知識時，這個網狀結構則繼續向外增生，表示關係的線條也可以增加。

同樣的方式也可被用於計劃課堂教學單元。中心主題可以是藝術、音樂、文學、科學、社會研究、營養、或者數學。教師可以藉此整理出適用於一主題的相關的活動或書籍。將各種構想編列在一些次標題下，就可以建立起一個網狀圖。

文學性網狀結構

文學性主題也可以建立網狀圖。當確定一個主題，教師可能希望針對這個主題來組織教學內容。在這種情況下，次標題可以包括與此一主題相關的詩歌、手指謠遊戲、以及故事等。而在每一個次標題下，可再列舉出適用於本單元的例子。

(圖7-3) 描述了關於貓頭鷹這個主題的文學網狀圖。這個網狀圖的畫法和前面 (圖7-1) 和 (圖7-2) 的稍不同，其實，設計網狀圖並沒有一定的手法，應當針對個別需要來設計。使用 (圖7-3) 中的網狀圖，教師可以計劃在一天或一星期裡的課程中使用哪些文學讀物。教師對整個單元使用的每一部文學讀物都必須有整體的認識，以此為基礎作出具體的課堂計劃。

如果教師對課程的方向沒有概念，那麼很可能整個教育計劃都會失敗，網狀圖就如同每天或每週使用的地圖，對於避免方向的迷失有莫大的助益，每個學年都可以修訂網狀圖課程計劃，根據需要來增加或刪減內容。將網狀圖保存在檔案中可以節省以後做計劃所需的時間。

第一步：用腦力激盪想出有關的術語

積木	汽車	卡車	填充動物
搖鈴	壺	鍋	狗熊
黏土	蠟筆	油彩	拼圖遊戲
球	球拍	馬克筆	橡皮鴨

第二步：選擇條目並組織到次級標題下

柔軟玩具	床上玩具	群體玩具	藝術玩具
填充動物	填充動物	球	蠟筆
玩具熊	玩具熊	拼圖遊戲	黏土
黏土	橡皮鴨		油彩
球			馬克筆

第三步：建立一個網狀結構並標出關係

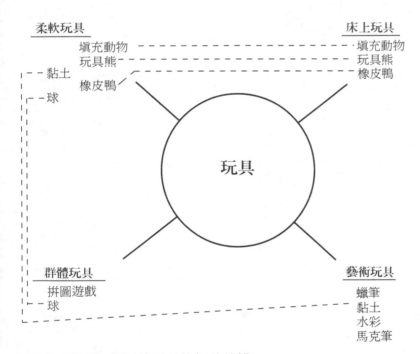

圖 *7-2* 建立一個關於玩具的網狀結構
Courtesy Walter Sawyer.

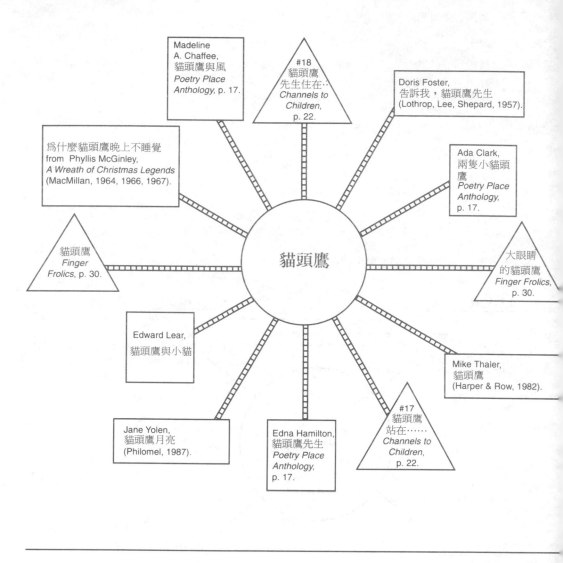

Madeline
A. Chaffee,
貓頭鷹與風
*Poetry Place
Anthology*, p. 17.

#18
貓頭鷹
先生住在……
*Channels to
Children*,
p. 22.

Doris Foster,
告訴我，貓頭鷹先生
(Lothrop, Lee, Shepard, 1957).

為什麼貓頭鷹晚上不睡覺
from Phyllis McGinley,
A Wreath of Christmas Legends
(MacMillan, 1964, 1966, 1967).

Ada Clark,
兩隻小貓頭
鷹
*Poetry Place
Anthology*,
p. 17.

貓頭鷹
*Finger
Frolics*, p. 30.

貓頭鷹

大眼睛
的貓頭鷹
Finger Frolics,
p. 30.

Edward Lear,
貓頭鷹與小貓

Mike Thaler,
貓頭鷹
(Harper & Row, 1982).

Jane Yolen,
貓頭鷹月亮
(Philomel, 1987).

Edna Hamilton,
貓頭鷹先生
*Poetry Place
Anthology*,
p. 17.

#17
貓頭鷹
站在……
*Channels to
Children*,
p. 22.

分類：　　☐ 詩歌　　△ 手指謠遊戲　　☐ 故事

圖*7-3*：閱讀網狀結構
Courtesy Diana Comer.

　　　　　　幼兒文學：在文學中成長

選擇發展網狀結構的主題

教師們並須要自己想出每一個課程或文學網狀圖的主題或書籍。可以參考或借鑒別人的經驗，這是教師一貫可應用的傳統。Doris Bullock曾寫過一本內容相當豐富的書，提及了許多幼兒教育經常採用的書籍。

網狀圖可以運用於計劃如何使用一本書或如何使用多本書來發揮一個主題。也可以用於計劃一天或一個較長時間如一星期的活動。以下幾類主題對幼兒教育很重要，特別值得採用於教學中：

學科領域之主題

可採用與一特定學科相關的主題。不過，也應當考慮引介一些結合不同學科領域的書籍，把各個學科綜合起來教學。下面要探討的學科領域包括了：科學、社會研究、數學、藝術、基本概念、語言、運動，以及慶祝活動。

科學

此領域中最普遍的主題是對我們自己的研究。兒童對自己的身體非常好奇。與這些主題相關的專題可以包括：身體、牙齒、我們吃的食物、疾病、良好的健康以及防止意外事故等。關於其他生物的研究也很適合例如，寵物以及對寵物的照顧、植物和動物、海洋、池塘生物、昆蟲、性別差異、和嬰兒等。而自然現象也是很有意義的；例如，磁力、泡沫、氣候、生物的生長、電、簡單的機械原理(例如，滑輪、輪子)、星星和行星等。

社會研究

社會研究的重點通常是放在社區和鄰里互助上。安全問題可和有關個人的安全、情緒及家庭等主題一同探討。著眼點也可以擴展到與其他社會

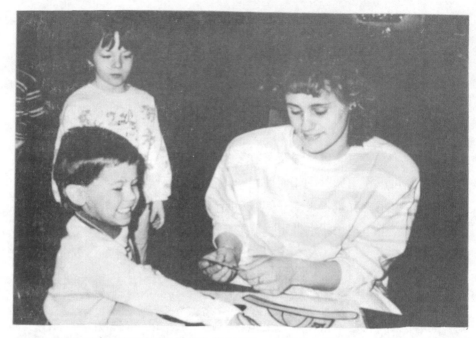

這位教師運用顏色和社區工作者的角色創造出一種遊戲，以幫助孩子體驗成功。當上到有關社區工作者的閱讀單元時，亦可採用這種方式
Courtesy Diana Comer.

群體相關的單元；例如，農場、城市、沙漠、山脈、生活模式、外太空、氣候等。在關於歷史、恐龍或歷史人物的單元裡，可以幫助孩子們發展時間感。當教導有關世界、民族慶典、地理區域的人、文化遺產和節日的差別及相似之處的主題時，孩童的世界觀則可逐漸地形成。

數學

幼兒數學教育所包括的內容絕不只是學數數兒。可以發展的主題包括了學習應用形狀塊、積木，以及估量的原理。初級算數能包括數的概念以及使用具體的物體進行加、減法運算。其他數學主題可以包括：估測、幾何、製圖和使用圖表等。

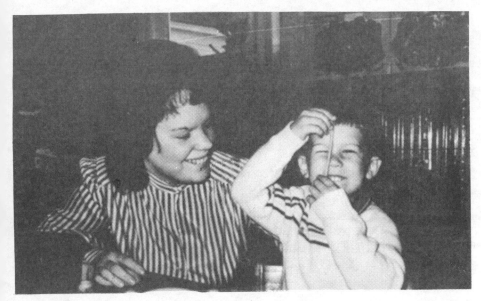

藝術與閱讀可以透過幫助兒童用黏土製作故事人物模型而結合在一起．
Courtesy Diana Comer.

藝術

　　藝術包括：音樂、戲劇，以及視覺藝術。音樂主題可以有歌唱、手指
謠遊戲、樂器、合唱。戲劇主題包括：遊戲、木偶劇、手指謠遊戲、服裝
設計、小戲劇、角色扮演。視覺藝術方面的主題則可以包括：顏色、設計、
拼貼、油畫、馬克筆、黏土、立體藝術、紙船工藝、板畫藝術、生態藝術
等等。

基本概念

　　「基本概念」一詞包括生活中所有應該了解的概念；例如，對大小、
空間及活動等事物的認知。包括了空間概念：例如，近、遠、前、上、後
等等；活動概念：例如，推、拉、打開、快和接近；大小和重量概念：例
如，大、小、重、輕；感覺概念：例如，顏色、聲音、味道、感觸、甜、
軟、亮。每一個概念都可以作為獨立的主題進行學習。然而，如果從整合

這些內容學習，將會更有成效及意義。舉例來說，人們很少只是單一地看到「紅」或是體驗到「近」的概念，人們看到的是紅色的蠟筆、紅色的火車，或紅色的連指手套。一個人離一隻貓很近，離媽媽很近，或離一個朋友很近。所有這些概念在生活中都是整合在一起的。這些內容要和課程裡的其他概念整合在一起才有意義。

語言

當然，語言很容易與其他領域裡的任何主題結合在一起。每一種主題都需用到語言來描述和處理。語言方面的教學主題包括了：字母教學、顏色字語、字型、詞序、解謎語、寫畫謎、標識、學習名稱、閱讀、圖畫字典、傾聽等。如果能把語言當作一種工具，用來把兩個或更多的其他主題聯繫和整合在一起，將會很有用。

活動

幼年時，兒童大量學習對自己的身體控制的方法。透過教育計劃可以很容易地將這方面的學習和其他主題整合在一起。運動之主題可以包括：生長、發育、肌肉控制、身體柔軟度、協調性、自我挑戰、團體合作等概念。在閱讀一本關於顏色的書籍後，教師可以創造一個遊戲，要求兒童們依序在繞著房間的不同位置上放上一定數量的各種顏色的物體。這種活動把顏色和傾聽（藝術和語言）、空間認識（基本概念），以及肌肉控制（活動）與文學（閱讀書籍）整合在一起。

非傳統性慶典

非傳統性慶典包括了人們想要做的任何其他事情。所謂非傳統指的是時間概念，這些慶典不依節日或季節的變化來舉行。在課堂裡，教師和孩子們共同負責慶祝儀式。參考專業書籍，例如，Kathy Flagella有關節日慶典的指導書便可創造出許多獨特的慶祝活動。人們可以隨意發揮自己的想像力和冒險意識。新創的節日慶典可以在並不包含感恩節、情人節或萬聖節的一週裡舉行。即使是一般性主題也可以透過為它們創造一星期的慶

典而賦予這段興奮時光某種意義。例如，「我們的寵物」週活動可以包括介紹有關寵物的書籍、訪問獸醫或寵物商店、和寵物玩耍，以及比賽畫最喜歡的寵物等。而「玩具熊慶典」活動可以包括：關於介紹玩具熊的書籍、狗熊郊遊、狗熊跳舞、狗熊日、沾蜂蜜的小吃等。這些節日可以很容易以包括各個領域的主題來規劃。

課堂教學能整合越多的概念，學習效果就越好。如果兒童們擁有快樂的體驗，他們從這些經驗中所獲得的深刻記憶將強化所學習的概念。兒童通常能獲益於運用多重感覺且簡便易行的學習方法。因此，採用這類方法的計劃將更為有效。而文學的運用可帶來更多可整合入其他課程中的興趣、動機和語言。

與主題不吻合的書籍

有時，教師在計劃一個單元時，會發現似乎找不到一本好書。有時，則又發現一本特別好的書似乎並不適合所計劃的任何單元。但是並不應該因此就放棄這個單元或這本好書。因為一個能夠提供令人有興趣學習的單元，即使文學不能與它整合在一起也應當被使用。而一本好書永遠都值得閱讀，因為這個故事是令人愉快的。實際上，許多好書僅僅是因為這個原因才值得且應該閱讀。

此外，你可能會發現一本像Robert McCloskey的《美好的時光》（*Time of Wonder*）這樣的好書，而當關於海洋的主題是為五月份計劃的時候，應該把這本書保留到那個單元開始時再使用。另一方面，也許你計劃六月使用Douglas Florian的《發現青蛙》（*Discovering Frogs*），但一個孩子在五月上旬時拿來了一罐蝌蚪。這時候，這本書應當在這種興趣正在高漲時立即拿出來使用。如果等到原定六月份有關水中生物的單元時使用，則會喪失其應有的效果。這類狀況，應有彈性和具常識地處理。

當無法找到一本能和主題之間恰好吻合的書時，也應考慮調整書或詩的內容來適用於某一個特定的目的。在講故事時，你可以根據自己的需要，

任意增加一些人物、改變一些背景、或是加長情節。例如，假設有幼兒園課程計劃要演聖誕的戲，由於很難找到一個故事或戲劇剛好有二十二個角色，孩子們可以利用Seuss博士的《格林屈如何偷聖誕節食物》（*How the Grinch Stole Christmas*）來改編成一個故事。這齣戲劇包括一群頹敗的老鼠（五個孩子）和一個領頭的老鼠（裝扮成被戲弄的聖誕老人），它們穿過硬紙殼做的煙囪，要偷聖誕節食物。這齣戲的角色還包括另外四個孩子，一個真的聖誕老人、九隻馴鹿、一個媽媽、一個爸爸。所有這二十二個角色都是很重要的。朗讀Seuss博士的故事讓孩子們理解要戲劇的內容。Grinch是這群醜惡的老鼠中的代表者。透過一段集體臺詞在遊戲的關鍵時刻不斷重複，所有的孩子都有一個有臺詞的角色。最重要的是，在這樣的戲中，沒有哪個孩子必須不得不扮演一個所謂「陪襯」性的角色，例如，一棵樹或一把刷子。

促進整合

　　網狀圖對於發展整合性課堂教學有極大的幫助。老師能夠藉此在實際上堂課前，先複習和計劃這一課的整體流程及內容。除了計劃之外，在課堂中還可以採取一些步驟，以進一步促進整合。有些活動需要在課堂中學習用的教材。有些活動則看重充分利用在課堂中發生的狀況進一步的發展。

經驗的再創造

　　提供孩子再次創造所學之內容的機會，可以加強對課堂學習內容的理解。有時只需一些便宜的或無須花費金錢的材料，可以讓學習的內容或故事再次地被體驗。例如，在課堂上朗讀了Angela Grunsell 的《在醫院》（*At the Doctor's*）後，提供一個聽診器、舊的白大袍和一些膠布，可以

鼓勵孩子把故事自然地擴展成戲劇表演，而動手製作這些的道具的過程還可把故事擴展到藝術學習之領域。

另一個例子是Jean Johnson的《郵差A到Z》（*Postal Workers A to Z*）。在朗讀之後，可以發給孩子們一些舊信封、膠水、墨臺、橡皮章。利用裝牛奶的紙板盒做成郵筒，讓孩子們能夠再創造這個故事。自由遊戲的目的之一是讓兒童們在一個安全的環境裡體驗這個世界。比方說，讓兒童們在進入一個真的郵局之前，模擬這種活動是很有益的。

善用兒童們的興趣

利用兒童們的動機去引導其進入另一項活動，即使那不是計劃中要進行的下一個活動，讓孩童保持高度的興趣總是有益於整個日間各項活動的轉換。比方說，或許此一動機因素是由朗讀Donald Crew的著作《火車快跑》所引起，如果孩童的興緻很高，這時便可以製作一些有顏色的火車來作為對這一閱讀活動的擴展。教授（車的）形狀或（車的）數量，則又是從最初的活動引出另一種擴展。而在製作紙火車的過程中，還還可以兼作各種細部的車輛裝置。

Robert McClung的《築巢的動物》（*Animals that Build Their Homes*）可以發展成一項讓動物和牠們的家配對的遊戲。還可以使用傾聽活動，讓孩子們識別發出特定聲音的動物。用黏土或紙來製做房子和動物則可以用來把藝術和其他活動整合在一起。

朗讀過Harriet Ziefert的《狗熊忙碌的早晨》（*Bear's Busy Morning*）一書後，可以讓孩子們用真的玩具熊來表演出這個故事。替玩偶換衣服，也是兒童喜歡的活動，而同時也可以強化了孩子學習穿衣的概念。幼兒會興緻盎然地學習扣上和解開鈕扣。如果不用玩具熊，也可以讓孩子們穿上大人的衣服來扮演故事中狗熊的角色。

彈性

教學的彈性是很重要的。即使仔細訂定的計劃，也不可能永遠毫無意外地完全實行。從事計劃兒童的工作時，應要能富有彈性並善用各種偶發的機會。無法掌握這些技巧，就會失去表現的機會。在腦中需牢記最初的計劃，但不應變成計劃的奴隸，永遠都要做好準備來應付一天中可能出現的意料不到的事情。

當計劃沒有實現時，作出沮喪的反應會對兒童有不良的影響。即使一件事做的不順利，兒童還是會相當寬容的。而且他們會注意成人的反應，因為成人是他們的榜樣。無論教師還是兒童，重要的是要樂於進行有益的冒險。當事情不順利時，看到成人的消極反應，會抑制兒童的冒險心理。以較恰當的反應來示範如何面對生活中微小的挫折，是對兒童非常有益的。最好使用冷靜或幽默的評論，要來向兒童說明人們總可以再嘗試一次或嘗試別事情，這是比較適合兒童仿效的面對挫折之道。

適合在綜合性單元裡採用的文學

通常綜合性的教學單元是圍繞著一個一般性主題或關鍵的概念來進行的。這些主題涵蓋了課程或單元中的內容；而教師也可以以一本書為中心來發展出一個相關的主題嘀；比如說，(圖7-4) 即是針對Ruth Sawyer的《蛋糕，啊！》(*Journey Cake, Ho!*) 所建立的教學計劃網狀圖。重點可以放在一項領域中；例如，科學、社會研究、基本概念，或假日等。後文將討論每一類讀物的選擇。

此外，也可以針對文學、獨特的課程計劃、或非傳統性主題來發展其他的單元。

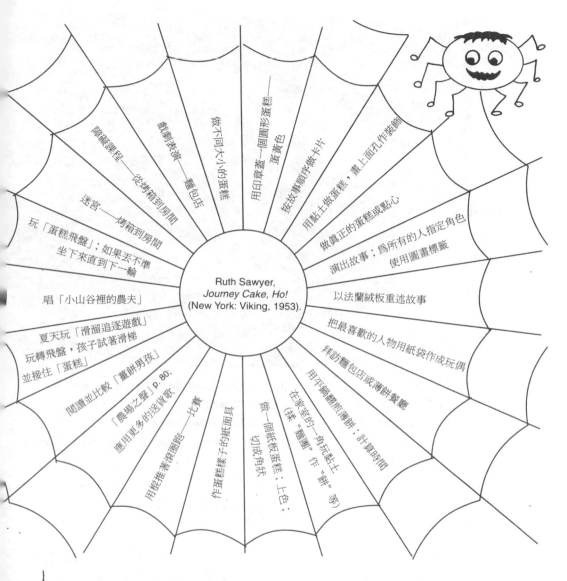

中央圓圈：

Ruth Sawyer,
Journey Cake, Ho!
(New York: Viking, 1953).

（順時針由上方起）

做不同大小的圓蛋糕

戲劇表演——麵包店

隨機課程——從烤箱到房間

迷宮——烤箱到房間

玩「蛋糕飛盤」；如果丟不準
坐下來直到下一輪

唱「小山谷裡的農夫」

夏天玩「滑溜追逐遊戲」
玩轉飛盤，孩子試著滑梯
並接住「蛋糕」

閱讀並比較「薑餅男孩」p. 80,

「農場之聲」應用更多的送貨歌

用毗堆著著滾圈跑——比賽

作蛋糕樣子的紙面具

做一個紙板蛋糕：
切成角狀

在家裡的一角玩黏土
（捺"麵圈"作"餅"等）

用水錫鍋翻煎薄餅：計算時間

拜訪麵包店或薄餅餐廳

把最喜歡的人物用紙袋作成玩偶

以法蘭絨板重述故事

演出故事：為所有的人指定角色
使用圖畫標籤

做真正的蛋糕或點心

用黏土做蛋糕，畫上面孔作裝飾

按故事順序做卡片

用印章蓋一個圓形蛋糕——
蛋黃色

做圓蛋糕

圖7-4 單一讀物的教學網狀圖
Courtesy Diana Comer.

本圖是Ruth Sawyer所寫《蛋糕，Ho!》中之插圖，由Robert McCloskey所畫

科學性單元

當發展有關科學的教學單元時，重要的是要掌握最新的知識。這也是爲此一單元選擇書籍等的標準之一。教師應當事先閱讀所選擇的每一本書，並預測兒童可能提出的問題，以先準備最好的答案。周詳的計劃將有助於一項主題的教學獲得成功，網狀圖式法在此時特別有用。（圖7-5）是計劃有關海洋的單元的課程網狀圖之範例。

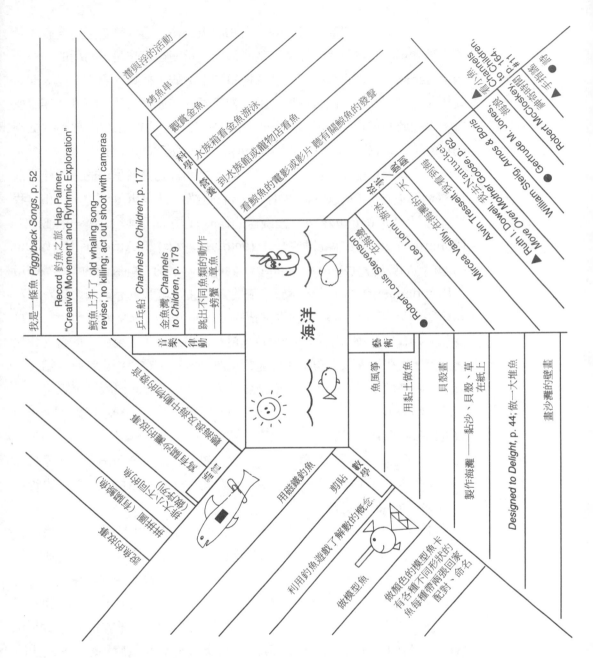

圖7-5　綜合性課程網狀圖　Courtesy Diana Comer.

有一些專精於科學性書籍的作者和出版公司。這些書籍通常含有大量適合讀者年齡層的照片和插圖。某些領域的指南書籍也是很有用的。所謂指南書籍即是可以用來學習識別各種事物；例如，植物、鳥、昆蟲、樹、動物、雲彩等的書，內含清晰的圖片和簡短的描述性文字。有許多作家撰寫科學領域的書籍，Ruth Heller就是其中之一。她的兩部姐妹作，《從不開花的植物》（*Plants that Never Bloom*）和《花開的原因》（*The Reason for a Flower*）都配有精美的插圖。每本書都針對書名呈現的主題作了清楚、簡明的解釋。Ole Risom的作品，《我是貓》（*I Am a Kitten*）和《我是狗》（*I Am a Puppy*），是極優秀的作品，循序漸進地介紹每一種動物。Richard Scarry的《關於動物》（*About Animals*）和Aurelius Battaglia的《動物的聲音》（*Animal Sounds*）對動物做了另一些層面的探討。Aliki（Brandenberg）寫了許多關於恐龍的書，包括：《我的恐龍園之旅》（*My Visit to the Dinosaurs*），《不同的恐龍》（*Dinosaurs Are Different*），《挖掘恐龍》（*Digging Up Dinosaurs*），這些書描述出了史前生物的習性和生活。而考古學探索及發現這些恐龍的遺跡的過程，在書中也都有介紹。

出版商常推出有關各個科學領域的書籍。Usborne出版社出版了一系列的自然叢書，所涉及的專題包括：鳥、蝴蝶、蛾、花、樹木等。Troll出版社出版各類適合幼兒的科學叢書，包括：海洋、魚、雲彩、樹木、池塘、風、美洲鱷魚、鱷魚、鯨魚、海豚等等專書。書籍分成各個系列，適合不同的年齡水平。不過，許多旨在給七歲和更大年齡兒童閱讀的書其實也可以朗讀給更小的幼兒聽。

Goldencraft是另一家把書籍按年齡水平分類的出版社。其書籍內容傾向於介紹動物和牠們的生活環境所上。這些書涉及的主題包括動物的家、叢林、鳥、以及哺乳動物等。有時採用某些較高水平的書籍也很有幫助。這些書籍的完整性和使用起來的簡易性，可以幫助教師迅速地回答關於一個特定科學主題的各種的問題。美國國家地理雜誌社、Franklin Watts、Mister Rogers' Neighborhood Books也是供應科學書籍的出版商，各有各的特色，讓教師能夠更容易地發掘主題。而且每家出版社的書

都經過精心設計，對於重要內容有相當優異的文字說和清楚而精美的圖片。

社會研究之單元

選擇有關社會研究的書籍時，必須考慮到其他的選擇標準。提供幼兒社會教學通常包括了建立對自我、家庭、群體、健康、營養、以及社會性技能的理解。所有這些都是非常重要的內容，而作者必須是對人性有洞察力且敏感的觀察者。因此，這方面最好的書籍，並不必然出現在一系列叢書之中。系列叢書通常是由許多作者寫成的，這些書只是達到寫這些書的作者所能達到的水平。由於適用於幼兒期的社會概念書籍通常是以故事形式寫成的，作者便成為重要的因素。鑒別出那些帶著同理和對這些問題的理解力進行寫作的作家，對於選擇書籍將很有幫助。

Beverly Cleary是一位很有天賦的作家，他創作了Ramona系列書籍。讀者和聽眾很快就能認同這些書中的這個兒童主人翁。Ramona遭遇到了所有的典型的兒童期問題和情緒。這些故事具有娛樂性，而且有助於兒童們探索他們自己的情感和對所遭遇問題的反應。此系列叢書處理的主題包括了：家庭關係、手足競爭、同儕關係、入學、以及對人與人之間差異的理解。Stan & Jan Berenstain, Rosemary Wells, Lois Lenski, Martha Alexander, Russell Hoban，也都是曾針對這些主題下筆的出色的作家。Helen Buckley除探討這些問題外，她的作品中也包括了一些有關祖母的優秀著作。

有些作家採取了一種不同的手法。Norman Bridwell的Ciifford叢書探討的是愛的本質，即使是面對缺陷的狀況下。Michael Band創造了一個動物主人翁Paddington Bear來描述一些述社會概念。兒童們喜歡以個人的方式探討Paddington在做各種事情時所遭遇的不幸。

當然，還有許多作家和書籍適合這個領域的教學。有的是試圖說明一個具體的問題，而有的則並非如此。許多書籍可用於簡單地說明一個問題

Illustration from I Saw a Ship A-Sailing, Delmar Publishers Inc.

這本書和其他題材類似的書很適合應用於有關海洋、旅行或船舶的教學單元裡

或開始一個關於某些社會問題的討論。對整個單元的宗旨作清楚的認識後,將有助於對這些書籍的選擇。

基本概念單元

基本概念單元主要針對數學、語言、字母等概念。在這些單元中,文學的作用是強化概念的學習,無論它是數數兒、空間關係,或是學習字母表中的一個字母,都有許多可以為此單元選擇的書籍,但有的書並不一定是為這一目的而寫作的。所以,廣泛地涉獵適宜的書籍和作者是很重要的。

Tana Hoban是一位使用照片來表達她的文字內容的作家。她的書籍長期以來被用在強化推、拉、數等概念。Eric Carle的作品則每一部都運用不同的想像力,對於強化兒童的概念學習也都相當有效。她的兩本書,《我的第一本有顏色的書》(*My Very First Book of Colors*)和《1,2,3到動物園》,已被用於幼兒教育多年。Jan Ormerod 的作品則側重於活動概念。較小的兒童被那大號而顏色鮮亮的插圖和簡單的文字所吸引。她的作

品還有：《彎曲與張開》（*Bend and Stretch*）和《嬰兒可做的101件事》（*One Hundred One Things to Do with Baby*）。

Donald Crews以關於汽車、火車、交通的書籍對兒童概念學習做了巨大的頁獻。Mitsumasa Anno, Arnold Lobel, Brian Wildsmith, Richard Scarry, Tomie dePaola, Ed Emberly, Seuss博士等，所有這些作家的作品都對兒童在這些方面的學習有無法估量的貢獻。他們的著作涉及的主題包括了：識字書、園藝種植、形狀、數、季節、分類。

節日單元

節日帶來了穿挿在日常生活中的慶祝活動，賦予人們溫暖、傳統、文化和歷史感。各種節日都能增進人們之間對人類共同本性的理解。沒有人會不讓家裡慶祝節日而觸怒孩子和家庭，而慶祝節日對於認識一個文化、宗敎及民族之多元性也是很重要的。由於絕大多數節日都具有一些宗敎內涵，或許先最好告訴家長哪些節日將要慶祝。如果先講明有些節日慶祝活動是非宗敎性的，用意僅是解釋性質的，那麼出現問題的可能性就會很小。

可要求父母參與節日慶祝活動。父母可根據自己對該節日的知識來爲兒童提供各種慶典的解釋。這將有助於在教育過程中讓兒童和他們的家庭整合在一起，同時也能加強親子關係。

教師在一開始就應認識班上孩子們的個別差異，如此一來在計劃節日單元時，才能在整個一年裡都有慶祝活動。可以安排要求父母在一開始就介紹一些特殊節日的習慣和傳統，以先了解哪些傳統對那些不熟悉這些節日的孩子將是可理解的和有趣的。

十二月份是一個重要的節日季節。一個很好的建議是，把聖誕節、（Hanukkan）、元旦節結合爲一個友誼慶典單元。活動可以包括：裝飾友誼樹，玩遊戲，製作糖果、禮物，打碎一匹獨角獸（Pinata），或者從事一種社團活動等。這些社交活動對於團體來說就像是一份禮物般。安排參觀托兒所、唱歌、或者爲食品室收集捐助等，都是很適合的活動。Tomie dePaola曾寫了一系列適合於節日的書籍，包括耶誕節：（*An Early American Christmas*），（*Baby's First Christmas*），（*Christmas Pageant*），（*Merry Christmas*），《巫婆奶奶》，（*The Friendly Beasts*），（*Tomie dePaola's Book of Christmas Carols*）。其他書籍並包括：Tasha Tudor的（*Take Joy: The Tasha Tudor Christmas Book*）和（*A Time to Keep*），Dick Bruna的（*The Christmas Book*），Hilary Knight的（*The Twelve Days of Christmas*），James Stevenson的（*The Night after Christmas*），Steven Kroll的（*Santa's Crash-Bang Christmas*），以及Margaret Wise Brown的（*Christmas in the Barn*）。

復活節（Easter）和逾越節（Passover）也可以連在一起慶祝。活動可以是復活節散步，用彩色蛋殼拼圖，復活節白兔訪問，共享一餐，孵小雞，做復活節帽子。可以使用的復活節書籍包括：Hans Wilhelm的（*Bunny Trouble*），Charlotte Zolotow的（*The Bunny Who Found Easter*），（*Mr. Rabbit and the Lovely Present*），Marrgaret Wise Brown的（*The Runaway Bunny*），以及Adrianne Adams的（*The Easter Egg Artists*）。

懺悔日（Mardi Gras）正好可以作爲漫長的冬季結束時之振奮愉快的活動。可以設計一次盛裝遊行並準備一些Cajun食品的樣品。其他可以考慮的流行節目則有：

- 聖派特里克節——3月17日
- 愚人節——4月1日
- 植樹節——4月28日
- 勞動節——5月1日
- 猶太教新年——9月／10月
- 收獲節——猶太、中國、亞洲——秋天
- 萬聖節——10月31日
- 感恩節——11月的最後一個星期四

有些不太爲人所知的節日也可以考慮：

- 普珥節（猶太幸福節）——3月
- Hina Matsuri（日本少女節）——3月3日
- Now-Ruz（愛爾蘭節日）——3月21-23日
- Holi（印度春節）——春天
- Song Kran（佛教新年）——4月中
- Tangonosekku（日本男人節）——5月5日
- 聖路西亞節（蠟燭和燈光）——12月13日
- Kwanza（非洲收穫節）——12月的最後一星期

其他節日和慶典也可以包括各種主題；例如，聖燭節、牙齒健康週、防火安全週。可供參考的資源包括了：Caroline Bauer, Carol Beckman, Roberta Simmons & Nancy Thomas, Bonnie Flemming & Darlene Hamilton, Judy Herr & Yvonne Libby，以及Pat Short & Billee Davidson所創作的書籍。其他有關節日的兒童讀物還有Charlotte Zolotow的（*Do You Know What I'll Do?*）（情人節），Joan Anglund的（*A Friend Is Someone Who Likes You*）（情人節），Adrianne Adams的（*A Woggle of Witches*）（萬聖節），Alice Dalgleish的（*The Columbus Story*）（哥倫布節）和（*The Thanksgiving Story*）（感恩節），I. L. Peretz和Uri Shulevitz的（*The Magician*）（逾越節），以及Liza Donnelly的（*Dinosaur's Halloween*）（萬聖節）。

兒童的積極參與能幫助他們理解每一個主題
Courtesy Diana Comer.

結語

　　從文學著手並擴展其主題以加強整個課程教育。以文學爲固定基礎，教師可以彈性地作出計劃。把所有分類領域的內容與文學相整合，則可爲計劃和課堂帶來凝聚力及穩定性，後者對幼兒教育來說相當重要。然而，各領域的整合仍能在課堂上發生令人驚訝而有趣的事情。

　　要實現教學中的整合，需要有周詳的計劃。採用網狀圖來做計劃能幫助教師選擇最適合的書籍來進行概念教學。網狀圖示計劃使教師能夠考慮和思索許多可能的選擇，事先制定計劃讓人有時間去收集及整理創造性和有效的學習活動所需要的材料及觀念。計劃網可以各種形式使用，這一章

裡使用的三種類型的網狀結構是閱讀網、單本書網、整合課程網。

　　無論新執業的還是有經驗的教師，都應當經常前往兒童圖書館，花大量時間翻閱書籍。應對那些有趣的和有幫助的書做筆記，並將它組織到近期的單元中，此外，還可以觀察兒童與書籍和圖書館間的相互作用。這是一種返回到兒童水平來思考文學的有效方式。這些活動讓教師在為制定創造性課堂教育計劃時，能作出最佳的選擇。即使簡單地瀏覽書籍，也可以在插圖、文字、人物的閃現中激發出各種構想、思維、和記憶。老朋友躍然紙上，而快樂的新朋友也把讀者吸引入他們的故事中，計劃和整合教學可以是一種相當迷人的過程。

思考與討論

1. 解釋「網」一詞在用於課程計劃時的含義。
2. 閱讀網、單本書網和整合課程網之間的區別是什麼？
3. 「最好是創造你自己的單元設計構想，而不是依賴別人？」請對這個說法表示贊成或反對的意見。
4. 兒童使用整合化課程教學的優點為何？
5. 是否有時教師不應藉由讀物來使用整合教學方法？理由為何？
6. 在什麼樣的狀況下，教師可以改變或改編一首詩歌或童謠以用在課堂？
7. 教師如何加強課程的整合？
8. 支持或反駁下述說法：系列叢書的使用從來都是不合適的方法，因為其品質很差。
9. 一領域的指南書籍如何有助於幼兒教育？
10. 哪些作家寫了各種涉及家庭生活或同儕關係的書籍？
11. 擇定一個一般主題並為這個主題建立一個整合課程網。先設定這個所計劃之單元針對的兒童年齡層。

12.選擇一個主題來建立閱讀網。

13.為學前兒童或幼兒園兒童建立一個單一書籍網。

兒童圖書書目

Adrienne Adams, *The Easter Egg Artists* (New York: MacMillan, 1976).

Adrienne Adams, *A Woggle of Witches* (New York: MacMillan, 1971).

Aliki (Brandenberg), *Digging Up Dinosaurs* (New York: Crowell, 1981).

Aliki (Brandenberg), *Dinosaurs Are Different* (New York: Crowell, 1985).

Aliki (Brandenberg), *My Visit to the Dinosaurs* (New York: Crowell, 1969).

Joan Anglund, *A Friend Is Someone Who Likes You* (New York: Harcourt, Brace, Jovanovich, 1983).

Aurelius Battaglia, *Animal Sounds* (Racine, WI: Western, 1981).

Margaret Wise Brown, *Christmas in the Barn* (New York: Crowel, 1949).

Margaret Wise Brown, *The Runaway Bunny* (New York: Harper, 1977).

Dick Bruna, *The Christmas Book* (New York: Methuen, 1964).

Eric Carle, *My Very First Book of Colors* (New York: Crowell, 1985).

Eric Carle, *I, 2, 3 to the Zoo* (New York: Collins World, 1969).

Donald Crews, *Freight Train* (New York: Penguin, 1985).

Alice Dalgleish, *The Columbus Story* (New York: Scribner's, 1955).

Alice Dalgleish, *The Thanksgiving Story* (New York: Scribner's, 1954).

Tomie dePaola, *Baby's First Christmas* (New York: Holiday House, 1988).

Tomie dePaola, *Christmas Pageant* (Minneapolis, MN: Winston, 1978).

Tomie dePaola, *An Early American Christmas* (New York: Holiday House, 1987).

Tomie dePaola, *The Friendly Beasts* (New York: Putnam, 1980).

Tomie dePaola, *Merry Christmas, Strega Nona* (New York: Harcourt, Brace, Jovanovich, 1986).

Tomie dePaola, *Tomie dePaola's Book of Christmas Carols* (New York: Putnam, 1987).

Liz Donnelly, *Dinosaur's Halloween* (New York: Scholastic, 1987).

Douglas Florian, *Discovering Frogs* (New York: MacMillan, 1986).

Angela Grunsell, *At the Doctor's* (New York: Franklin Watts, 1983).

Ruth Heller, *Plants that Never Bloom* (New York: Putnam, 1984).

Ruth Heller, *The Reason for a Flower* (New York: Grossett and Dunlap, 1983).

Jean Johnson, *Postal Workers A to Z* (New York: Walker, 1987).

Hilary Knight, *The Twelve Days of Christmas* (New York: MacMillan, 1981).

Steven Kroll, *Santa's Slam-Bang Christmas* (New York: Holiday House, 1977).

Robert McCloskey, *Time of Wonder* (New York: Viking, 1957).

Robert McClung, *Animals that Build Their Homes* (Washington, DC: National Geographic Society, 1976).

Jan Ormerod, *Bend and Stretch* (New York: Lothrop, Lee and Shepard, 1987).

Jan Ormerod, *One Hundred One Things to Do with Baby* (New York: Penguin, 1986).

I. L. Peretz and Uri Shulevitz, *The Magician* (New York: MacMillan, 1985).

Ole Risom, *I Am a Kitten* (Racine, WI: Western, 1970).

Ole Risom, *I Am a Puppy* (Racine, WI: Western, 1970).

Ruth Sawyer, *Journey Cake, Ho!* (New York: Viking, 1953).

Richard Scarry, *About Animals* (Racine, WI: Western, 1976).

Dr. Seuss (pseud. for Theodor Geisel), *How the Grinch Stole Christmas* (New York: Random, 1957).

James Stevenson, *The Night after Christmas* (New York: Scholastic, 1981).

Tasha Tudor, *Take Joy: The Tasha Tudor Christmas Book* (New York: Putnam, 1980).

Tasha Tudor, *A Time to Keep* (New York: MacMillan, 1977).

Hans Wilhelm, *Bunny Trouble* (New York: Scholastic, 1985).

Harriet Ziefert, *Bear's Busy Morning* (New York: Harper & Row, 1986).

Charlotte Zolotow, *The Bunny Who Found Easter* (Boston, MA: Houghton Mifflin, 1959).

Charlotte Zolotow, *Do You Know What I'll Do?* (New York: Harper, 1958).

Charlotte Zolotow, *Mr. Rabbit and the Lovely Present* (New York: Harper, 1977).

參考文獻

Roach V. Allen and Claryce Allen. *Language Experience Activities* (Boston, MA: Houghton Mifflin, 1976).

Bruno Bettelheim and Karen Zelan. *On Learning to Read* (New York: Vintage, 1981).

Bruce Joyce and Marsha Weil. *Models of Teaching* (Englewood Cliffs, NJ: Prentice-Hall, 1980).

Max van Manen. *The Tone of Teaching* (Portsmouth, NH: Heinemann, 1986).

CHAPTER
8

圖書治療

　　圖書療法（bibliotherapy）這個術語是由兩個詞組成的。這個詞的第一部分「biblio」是由一個希臘字衍生來的，是指書的意思。第二部分「therapy」是由另一個希臘字衍生來的，是治療身體疾病的方法。從字面上來看，圖書療法的意思是指用書籍治療身體疾病的方法。雖然這個詞的確含有這種意思，但它有著更廣泛的含意。圖書療法是指一個過程，在這個過程中，書籍被用於治療各式各樣的身體的、發展的、行為的，以及心理的問題。簡單地說，圖書療法是運用書籍和對這些書籍的討論來處理許多不同的問題。

　　為了充分利用圖書療法，需要有一些基本認識。當然，首先要理解圖書療法在教育中究竟意味著什麼。人們應當認識到它的潛在益處以及如何運用它。最後，還要認識到幼兒們的問題，並了解那些是能夠有助於治療這些問題的書籍，這將很有幫助的。

了解圖書療法

　　圖書療法原來被教師和圖書館員作為一種工具而且被運用，最早是由教育家David Russell & Caroline Shrodes所研究並認可的觀念，迄今已

有四分之一世紀多了。他們把圖書療法描述為一種過程，在其中讀者和書籍交互作用。在採臨床研究時，他們發現，圖書療法是一種評價人格和觀察個體適應與成長狀況的有效工具。

許多年以後，Patricia Cianciolo亦發表了她的觀點，採用較非臨床性的研究來觀察書籍能如何幫助兒童。她鑑別出圖書對兒童有積極之助益六個領域。其中兩個方面是關於教育和學習問題的。圖書可以灌輸兒童有關人類行為的知識，包括目標所被關心的領域之知識。書籍還可以幫助兒童逐漸理解所謂「自我治療」的意義。也就是說，兒童們將懂得，有時必須從內在來尋找問題的答案。而另兩個領域則涉及擴展自我的需要。透過書籍，一個人可以在自身之外找到興趣的所在。而且，也可以一種經控制的方式，用故事解除人們心中的意識問題。最後兩個方面著重於以圖書作為解決問題的工具。書籍為人們提供了辨識和彌補意識上之問題的機會，也就是說，當一個問題是別人的問題時，通常人們就能更輕易地談論這個問題。所以，可以藉由閱讀故事來澄清個人的困難，並獲得對自身行為的洞察。換句話說，我們可以藉由觀察故事中主人翁的問題，而看清楚自己遭遇的類似問題。Betty Coody支持這種觀點。她主張：圖書療法是建立在這一事實基礎之上即讀者透過對書中人物的認同即能更清楚地認識自己。

以圖書作為治療手段

Charlotte S. Huck & Doris Young Kuhn所描繪的一幅畫，說明了圖書療法如何被運用於使兒童體驗各式各樣與日常生活相伴隨的恐懼、焦慮、和擔憂。他們劃分出三種治療過程，並認為它們可與圖書療法的三個階段相對應並行。第一個過程是認同（identification），在這個過程中人們把自己與書中人物聯繫在一起。第二個過程是情緒渲洩（catharsis），意思是釋放情緒。並當與故事中的主人翁在一個相似的問題上產生認同時，人們可以在一定程度上釋放出那些自己生活中由同樣的問題所造成的緊張壓力和情緒。第三個過程是領悟（insight）人們發展出對自己處理某一個問

故事能為讀者提供一些他們在生活中沒有過的經驗，也可以引導讀者以不同的方式來看待生活。Watty Piper的《小車可做的事》(The Little Engine that Could)曾經鼓勵許多年幼的讀者付出自己最大的努力。即使在最困難的時候和面對最惡劣的情境時，它都能帶給兒童信心。這些故事能夠幫助讀者釋放緊張的情緒並創造自我價值。它們能向一個人說明如何去觀察估量情況以及解決問題。這一切都是透過我們對故事中的人物在尋常和不尋常的情境中所採用的應對方法之觀察而產生的領悟。經過這些過程，書籍擴展了兒童的體驗和世界。

　　所有的人都有著同樣的需要：食物、衣服、掩蔽所及安全。每一個人也具有他的需要例如，愛、對團體的歸屬感、自我肯定、以及對自我之特殊性的認識。這些需要中有許多是可以從書中得到滿足的。故事孕育了兒童的希望和夢想，它們強化了每一個兒童的獨特性，並提供了勇氣和友誼。

　　住在醫院裡的兒童對圖書療法特別需要。與長期疾病做抗爭的兒童在故事中找到了平靜和慰藉。故事能安慰並幫助患有慢性疾病的兒童，這種心靈上的結合能減輕他們所遭遇的創傷。加斯汀（Justin）是一個三歲的兒童，他在經過一星期痛苦的注射後，而在故事中找到了避難所。另一個孩子班澤明（Benjamin）透過故事認識到：生命有開端、中段，和結束。他定期到醫院檢查時一定會做的一件事，就是訪問「故事女士」。這是他去看醫生時最愉快與毫無恐懼的一部分。故事並不能讓班澤明逃離痛苦。相反地，正如他的醫生和他的母親所解釋的那樣，它們是他整個治療程序中的一個重要的部分。

　　小兒科醫生從不斷的檢查中觀察到，在孩子聽過並體驗一個故事之後，在隨後而來的檢查中便會更為放鬆。故事提供了一種治療的功能，讓兒童能夠應付恐懼和疑慮。故事既能教育兒童，也能幫助那些兒童忍受治療過程。然而，最大的好處之一，還是來自於兒童和講故事的人之間的人際交往。透過聲音和身體語言，講故事的人能傳達鎮靜和慈愛，幫助兒童對於恐懼的接受，無論對於小兒科病人還是健康兒童，這都是無價的。

　　父母、教師以及其他為患慢性病的兒童講故事的人，都必須認識到：這些兒童

圖 8-1　圖書治療　Courtesy Regina Houston.

有特殊的需要，而且這些需要超乎正常兒童的需要。治療和疾病的各個階段、以及恢復的過程中，行爲都會受到影響。人們應該注意，不要疏忽或誤解這些行爲變化。對於任何一位患慢性疾病兒童使用圖書療法的人來說，都有必要了解有關兒童的身體需要和問題的知識。講故事的人必滿懷興趣和關心。當然，這一點對所有的兒童來說也都是很重要的，但對於身患慢性疾病的兒童來說，尤其至關緊要。

續圖　*8-1*

題的動機之情緒上的認識。也就是說，透過觀察和理解故事中的人物如何應付一種情緒，人們可以更好的方式來應付生活中同樣的問題。

上述觀點是很有幫助的，因爲它針對兒童對圖書療法的使用提供了一個循序漸進、逐步深入的過程。然而，教師、家長和其他試圖使用圖書療法的人，應當保持謹愼的態度。對於幫助兒童減少與日常生活的焦慮來說，圖書療法是一種適宜的工具。但是，當兒童有嚴重的心理問題時，還是應當尋求專業人員的幫助，而這些專職人員均是受過適宜的訓練能來處理這些問題的。

有慢性疾病的兒童

圖書療法對治療患有生理疾病的兒童是一種有效工具。全國各地的醫院、診所、治療中心都經常使用這種方法來治療他們的小病人。在上文（圖 *8-1*）裡，Regina Houston介紹了對患有慢性疾病的兒童使用圖書療法時可能會發生的問題。她是麻州大學醫院小兒科病房的「故事女士」。

圖書療法的好處

應用圖書療法對兒童有許多益處。這項過程針對兒童面對困難時所產生的許多不同需要提出應對之道。當然，某一些需要比較能更適切地被滿足，有些則不然。圖書療法的成功與否取決於兒童本身，他面對的問題，以及當時所處的情意。此處所要探討的優點包括了：知識的獲得、相關性、同理心、行為選擇以及對生命的再度肯定。

知識

圖書療法的第一項優點是提供知識。那些闡述某一個特殊主題的書籍，通常可以使兒童以一種微妙的、毫無恐懼的方式獲得既準確的又可靠的知識。對兒童施予有關這個世界的現實和它的問題的教育，可以為他們提供一個可靠的知識基礎。通常，兒童之所以對一個問題產生焦慮，是因為沒有辦法從一個恰當的角度來理解這個問題。教育以及那些可以自書籍獲得的真理，對於消除神秘、錯誤概念和不正確的認識，是很有幫助的。當面對一個問題而對此一問題達到正確的認識時，事情會變得容易解決得多。

彼此關係性

彼此關係性（mutuality）是指分享的體驗。當兒童面對一個正對他們發生極深影響的問題時，通常會感到孤獨，甚至為自己所體驗到的孤獨感所驚嚇。透過書籍兒童可能會發現別人也有同樣的問題，因此這種孤獨感就會得到減輕。當人們逐漸認識到自己並不是這個世界上唯一具有這一問題的人時，這種認識本身是應付問題的一種有效的工具。

孩子可從書中或和朋友分享玩具熊中得到慰藉
Courtesy Diana Comer.

同理心

　　同理心（empathy）是指體驗別人的情感的能力。兒童並不見得與生就具備這種能力。如果參觀一下大多數校園，就會驗證一個事實：兒童對待那些他們認為與自己不同的人，既殘酷，又自私。在絕大多數情況下，這種殘酷性是出於無知和恐懼。也許只是其他兒童的穿著不同，所以，看上去有所不同，或者行為上有所不同而已。總之同理心的發展是兒童的成長中最重要的成就之一。同理心讓人性的發展達到最高的層次。

　　書籍能對讀者傳達了別人的思考和情感。透過書本，兒童開始了解，不僅自己是有價值的，別人也和自己一樣具有價值。也有人在思考是否這

就是教育所要扮演的眞正的角色。當然，答案是肯定的。只有學術成就，不重視品德發展的教育之價值是有限的。

品德發展和學術成就這兩個方面在教育中，處於獨特的重要地位。事實上，人們怎麼能在一堂課裡忽視任何一方面呢？當一個團體中有些孩子被忽視和傷害時，人們就不可能對這整班的兒童進行有效的教育。當有些兒童因爲害怕被「傳染」而被迴避一個患有腦性麻痺的孩子時，群體合作就不可能達成。一個班裡的社會關係對這個班的創造力表現有著直接的影響。教師對這些問題的強調或忽視，決定了是否這個班級會發展出情感和思想。當教師致力於強調一個班爲一個整體時，圖書療法的效果能達到最高。同理心的發展能讓孩子把別人看成和自己一樣，且有相似需求的個體。

行爲選擇

當面臨困難的問題時，成人們常常會有一種束手無策的感覺，兒童也不例外。他們可能過於集中注意當前的問題，以至無法退一步，從更大的格局來審視此一情境。

書籍提供了如何觀察別人應學著去看待一個問題的機會。透過書中主人翁在解決問題時所進行的各種不同的嘗試，兒童們認識到：對於一個問題的解決，可以有一些替代的方法。在和教師或成年人討論故事時，兒童能夠探索情境，並認識到生活中絕大多數事情都是可以有所選擇及變通的。這正是一種重要的且健康的生活所必須的技能。

對生活的再肯定

當所面對的似乎是一個巨大的問題時，這個世界可能看起來是一個冷酷的、令人驚懼的場所。世界本來就不是盡善盡美的，然而，生活中也有許多快樂的、美好的事情。在生活中確實會發生一些不幸的事情，但這個世界中的確也有一些眞正滿懷關心和愛心的人，這裡有鮮花、有鳥兒、有

歌聲、還有美麗的夕陽。當面臨困難時，兒童們需要認識到這一切。他們必能夠確認：在生活中有一些真正美好的東西。當然，這並不能使問題消除；它只是幫助人們正確地看待問題。

透過電視和傳播媒介，兒童接觸到許多生活中的嚴酷的現實。不幸的是，生活中美好的事物，並不像那些醜陋的事物那樣地被認為具有同等的新聞價值。兒童們必須有機會談論他們在所看到的事物中感到的恐懼。他們通常尋求來自成人之協助，以肯定人之存在的積極面。

圖書療法的運用

運用圖書療法處理幼兒們的問題和憂慮處，是一種強有力的、有效的工具。正像為兒童準備的任何活動或課程一樣，制定計劃將增強活動的效果。為了進行有效的計劃，必須認識到有關圖書療法的運用的一些重點，包括：年齡適宜性、書籍的選擇、有效的策略，以及對圖書療法之局限性的認識。

年齡適宜性

必須選擇適合該兒童年齡的書籍來作圖書治療，選擇標準和為其他目的選擇書籍的標準類似。人們應當認識處於不同發展階段的兒童所具有的理解力。也應當了解不同年齡的兒童所具有的問題之類型。當然，這些狀況可能因人而異，不過，舉例來說，人們應該合理地預見到三歲兒童會害怕黑夜。

成人們必須認識到：兒童所體驗到的恐懼對他們來說是非常真實的。最佳的回應方式，應是真誠和同情，而不應帶著嘲諷來看待兒童的恐懼。也許並不能幫助兒童完全克服恐懼，但卻可以建立起應付的技巧和對恐懼的處理手段。克服恐懼的一種有力的方式，是成人一貫性地對兒童作出回

可以用書籍作為討論新生嬰兒和手足問題的跳板
Courtesy Delmar Publishers Inc.

應，以強化事物是可以控制的概念；無論兒童的恐懼是真實的還是想像出來的，這項觀念都很有用。

對兒童來說，有各式各樣可能的問題來源。諸如：父母分離、離婚、收養、死亡、懷孕、或者手足的誕生，都是家庭中常發生的重要問題。也有一些問題與兒童應付眼前環境的能力有著密切的關係。其中可能包括：友誼、疾病、死亡、欺侮、學校、動物、搬遷、養父母的關心，以及自我價值。其他還有一些針對環境可能發生之事件的恐懼：這其中可能包括：核子戰爭、犯罪、恐怖主義、吸毒、綁架、墜機。如果兒童討論並描述了

與以上任一方面有關的恐懼，很有可能這一恐懼在這個孩子的內心是很真實的。

書籍的選擇

有相當多優秀的書籍可以滿足絕大多數問題的需要。可依據一般選擇書籍的標準來對插圖和文字進行評量，並對內容的準確性以及敘述風格特別注意。一本輕視問題或以過於簡化的方式解決問題的書，恐怕不會對兒童應付現實有任何幫助。在圖書療法中，現實的概念是極其重要的，即使書籍本身可以是虛構的。

使用動物或人為角色的書籍都很適合。即使熊不會說話。Stan & Jan Berenstain的作品對應付問題也是有效的，因為那些內容予人真實感。而會說話的熊能很簡單地讓兒童從他人的眼光來看待問題。動物角色的書籍，對於處理那些使兒童困窘的問題尤其適合。兒童往往很難面對那些使他們感到困窘的問題。而談論書中那些帶有同樣問題的動物，對他們來說，要更容易些。

為了達到後果，一本書必須在兒童程度上與他們進行交流。和成年人一樣，兒童不喜歡被居高臨下地談論。這種情況，往往會導致憤怒或溝通的終止。此外，故事還應有明顯的感染力，在故事開始沒多久，敘述者就必須能夠點出人物和情境。如果故事沒有足夠的吸引力來抓住兒童的興趣，書中的訊息或主題就不會產生作用。

有效的策略

事先進行計劃，可使圖書療法更為有效。而採用有效的策略也是很有幫助的。最有用的策略涉及一些內容：向家長通報情況；針對何時及如何使用圖書療法作出決定；計劃如何與兒童分享此一經驗。

研究事實

　　使用圖書療法，要很能掌握所利用的知識，及採用事實和眞實的資訊。無論其原本的意圖是如何的美好，摻假的知識和謊言只會破壞信任。如果內容超出了兒童的接受力，最好根據聽衆的年齡進行改編。瀏覽相關主題的書籍和文章，有助於您去選擇最佳的介紹式，以及衡量針對每一階段的孩子應介紹多少內容。

敏感地講述

　　使用圖書療法，既對兒童也對家庭有幫助。一個有問題的兒童並不是生活在一個眞空裡；他們往往生活在一個極有可能也認識到了這個問題的家庭。因此，讓父母了解如何處理這些問題，是具有積極之意義的。而具體的做法可以是會談、打電話、或者寫信。溝通的方法取決於問題的類型。在對待兒童時，預設兒童在最初的課程開始之前可能有的反應，將很有幫助的。透過這種預設，可以很容易計劃出對這些反應的回應方法。這樣的計劃很容易有助於確保圖書療法能夠以一種不令人生畏的、具有支持性的方式進行。如此一來，兒童們將會更能感到被這種經驗賦予力量。

選擇良好的時機

　　選擇好時機，對教學效果而言，是相當重要的，如果在兒童尚未準備好接受圖書療法前採用這種方法，結果是失敗的。使用圖書療法的人應受到兒童一定程度的信任。信任常常是需要由時間來換取的。因此，在入學的第一星期就討論身體或性虐，是不可取的。除了選擇施教的時機外，在一天中，也要挑選一個恰當的時機，因爲要充分討論一個問題，需要有足夠的時間。在一天即將結束時，或在一段自由遊戲時間的中間，開始一個有關新生嬰兒或種族問題的討論，是很不恰當的。當需要一段安靜的時間、一段充分的時間時，必須進行選擇：選擇談話的時間、傾聽的時間、消化內容的時間。

整合主體

沒有什麼問題是孤立的，同樣，也沒有什麼解決的方法是孤立的。所有生活的內容都和我們生存的其他方面是整合在一起的。把圖書療法的運用和課程教育的其他方面整合在一起，既是合乎邏輯，也是有效的。人們在圖書療法過程中所使用的許多書籍，也都適合於課程的其他內容，透過整合這些認識和問題，可以強化兒童的學習。

長期計劃

在計劃一項長期的整合性課程時，按照邏輯發展的步驟去計劃圖書療法是很有意義的。例如，人們該從自我概念著手，接著是家庭問題、學校問題、以及個人安全問題。這後面的每一個專題都是以前面曾介紹的專題為基礎的。當遵從這樣一個邏輯序列時，兒童的理解力會逐漸增加。

牢記角色

人們總有這樣的企圖：想要處理本應由別人去處理的問題。使用的教師應當牢記：使用圖書療法的目的是要促進兒童自己成長過程中所遇到的正常問題和恐懼之認識和理解。而一旦發現嚴重的心理問題，就應當立即由那些接受過專業訓練的人來處理。如果發現兒童在討論問題時出現焦躁不安或某些無意識流露的行為，應當和這個孩子私下談談。一個平靜的、鼓勵型的成人以和藹的、毫無恐嚇的方式提出問題，是對待一個受驚嚇的兒童的最有效的方式。如果兒童不能配合，並繼續表現出明顯不同於其他兒童的行為的反應，那麼最好與家長進行會談。在與家長交談時，重要的是要傾聽他們對這個問題的看法。當對這個問題達成相互理解時，再針對這個孩子作出最佳決策。

保持彈性

對待幼小的兒童，保持彈性是很重要的；對於圖書療法來說，尤其重要。人們必須隨時準備好作改變，可能要作出意想不到的轉換，或者根據情境的需要而作出退讓。在圖書療法過程中討論一個難題時，可以預先評

估兒童可能提出的任何問題，以確保每一個人都能了解將要探討的內容。能事先準備，就可以爲回答各種問題提供充分的訊息。若回答過於繁瑣，可能會令孩子失去興趣。然而，永遠都應當對問題作出應答。對一個以真誠方式提出問題的孩子，迴避作出任何應答，是最糟糕的作法。如果暫時不能提供一個合適的回答，也需要對此作出解釋。然而，一般說來，兒童通常在提出與現實的質問或困難有關的真正問題前，會先問一些簡單的一般性問題，所以要給兒童足夠時間來鼓起勇氣討論他們真正的憂慮所在。

關於兒童的擔憂

年幼的兒童在與年長的兒童、青少年、成人有著不同的憂慮。有時，成人認爲兒童在擔憂的問題，其實很少真正引起那些兒童的困擾。了解兒童憂慮的最好方法，是詢問或傾聽他們的心聲。有時，成人疏忽了這一點，但這種方式的確很有效。而間接的方法，如閱讀一本書並討論它，也能引出兒童心中真正的問題。想要了解兒童的憂慮並沒有什麼最佳的方法，因爲每一個人對事物有其不同應對方法，同樣的每一個兒童也會使用不同的方法和策略來處理問題。

然而，一般來說，有一些主題涵蓋了兒童要應付的相當廣泛的憂慮和問題。下面將從自我、家庭、朋友、他人、疾病和死亡、世界這些一般範疇裡來對這些主題進行討論。當然，這並不是組合這些方面的唯一方式。在此之所以採用這種方式，是因爲它構成了一個較易於理解的參考架構。

自我

我和小珍一樣漂亮嗎？我的球和小明的球打得一樣好嗎？我永遠都這麼矮嗎？新寶寶出生後，媽媽還有時間和我在一起嗎？這些只是幼兒們可能有的憂慮中的一小部分。雖然成人們會覺得這些問題很愚蠢，但它們對

於那些想要適應這個世界的孩子們來說，是非常實在的。如果其他孩子知道了這些問題，而因此奚落這個孩子，問題就會更多。這會成為人性黑暗面的第一課。

兒童需要成人為生活的此一黑暗面帶來光明。讓一組孩子坐下來，讀一本和這種情景有關的書，會激發每一個人去思考他們的行為以及這些行為可能對別人造成的後果。這種課程有助於體驗樹立良好自我的重要性。

有很多書籍可以用於探討此一主題。Tomie dePaola的《奧立佛是娘娘腔》（*Oliver Button Is a Sissy*）就有針對自己真誠地嘗試在感興趣的領域盡最大努力的觀念作了探討。在《憎恨》（*The Hating Book*）這本書裡，Charlotte Zolotow對憎惡情緒以及它對所涉及的意義作了研究。個人的恐懼情緒則在Phyllis Krasilovsky的《膽小鬼》（*Scaredy Cat*）、Morse Hamilton的《誰害怕黑暗》（*Who's Afraid of the Dark?*）、Tony Ross的《我要來捉你啦！》（格林）（*I'm coming to Get You*）、Mercer Mayer的《你是膽小鬼》（*You're the Scaredy Cat*）、以及William Joyce的《喬治縮小了》（*George Shrinks*）中進行了探討。關於無論在家裡還是在學校都要做一個有能力的人的問題之討論，可見於Robert Kraus的《立奧，晚啼的人》（*Leo the Late Bloomer*），*Barbara Robinson*的《一年級最胖的熊》（*The Fattest Bear in First Grade*），Phyllis Krasilovsky的《很高的小女孩》（*The Very Tall Little Girl*），Watty Piper的《小車可做的事》（*The Little Engine that Could*），Patricia Reilly Giff的《生日快樂，雷諾莫根》（*Happy Birthday, Ronald Morgan*），以及Miriam Cohen的《一年級要考試》（*First Grade Takes a Test*）和《我何時要閱讀》（*Wheh Will I Read?*）》。在《阿妮和被偷的麥克筆》Nancy Carlson探究了貪婪與內疚這一主題。最後，Jane Yolen的優秀作品《睡醜人》（*Sleeping Ugly*）為如何看待身體吸引力這一概念作了優異的探討。

家庭

　　家庭一直被視爲社會的基本社交單位，二十世紀以來，家庭結構產生了許多變化。家庭正變得越來越小，並在地理上傾向於有更廣泛的分佈。分離、離婚、單親家庭、以及分散居住的家庭，已越來越普遍。有時兒童因爲無法理解這些變化，而產生恐懼。兒童們不知道是否他們是導致離婚的原因，是否爸爸永遠都不會再回來了，以及是否他們會因家庭而分離等。他們還會擔心父母、祖父母以及他們自己的死亡問題。

　　來自家庭傳統的壓力也從來沒有消失過。新生嬰兒的出現、死亡、疾病、手足間的競爭、失業、貧窮以及無家可歸等，依然繼續對幼兒造成壓力。家庭生活中的問題可能造成各種後果，爲整個家庭帶來壓力。而在處理由這些變化帶來的恐懼方面，幼兒即是家庭中最無能的一員。這種恐懼與感受往往超出幼兒的語言表達和應付能力之上，因此在此狀況下，圖書療法確能對幼兒提供幫助。它並不能解決所有的問題，但能提供一個參考模式以及理解這些緊張壓力所需要的語言。

　　有關家庭問題的書籍包括：Russell Hoban的《法蘭西斯的褓姆》（*A Baby Sister for Frances*），Daniel Pinkwater的（*The Wuggie Norple Story*），Cynthia Rylant的《山中舊事》，Charlotte Zolotow的《將會發生何事？》（*something Is Going to Happen*），Martha Alexander的《沒人問我是否需要褓姆》（*Nobody Asked Me if I Wanted a Baby Sister*），以及Susan Lapsley的《我是被收養的》。接下來則是以父親爲中心人物的作品：Beverly Cleary的《雷馬納和他的父親》（*Ramona and Her Father*），Mercer Mayer的《只有我和父親》（*Just Me and My Dad*），Robert Munsch的（*50 Below Zero*），*Patricia Quinlan*的《爸爸照顧我》（*My Dad Takes Care of Me*），以及Miriam Stecher的《爸爸和十個兄弟》（*Daddy and Ben Together*）。母親是下列作品的中心人物：Joe Lasker的《媽媽是超人》（*Mothers Can do Anything*），Vera Williams

的《給媽媽的一把椅子》（*A Chair for My Mother*），以及Eve Meriam《工作中的媽媽》（*Mommies at Work*）。家庭中文盲問題的探討見於Eve Bunting的《星期三的驚奇》（*The Wednesday Surprise*）和Muriel Stanek的《媽媽不會認字》（*My Mon Can't Read*）。在Judy Blume的《痛苦與偉大》（*The Pain and the Great One*），Susan Bonners的《推過去了》（*Just in Passing*），Nancy Carlson的《哈瑞特和華特》（*Harriet and Walt*）以及Kevin Henkes的《勇者席拉雷》（*Sheila Rae, the Brave*）中，兄弟關係以及兄弟間的競爭則是中心主題。

影響家庭的問題也可以透過書籍來探討。貧窮是Margot Zemach的《好一個餿主意》（遠流）（*It Could Always Be Worse*）和Barbara Shook Hazen的《沒有錢的時候》（*Tight Times*）中的主題。Burt & Giota Kaufman的《旅館男孩》（*Hotel Boy*）中採用真實的照片來強化了一個即將無家可歸的故事。有兩本很值得注意的書，是關於患有阿滋海默症的祖父母的作品：Vaunda Micheaux Nelson的《永遠的祖母》（*Always Gramma*）和Jonah Schein的《毋忘我》（*Forget Me Not*）。最後，下列這些書籍巧妙地處理了想像的恐懼之主題：Mercer Mayer的《我的衣櫃有夢魘》（*There's Nightmare in My Closet*），Judith Viorst的《媽媽告訴我世上沒有怪物》（*My Mama Says There Aren't Any Zombies, Ghosts, Vampires, Creatures, Demons, Monsters, Friends, Goblins or Things*）。

朋友

隨著兒童的成長，他們從關注自己，轉向關注成為一個群體的一員的需要。他們想要在自己的家庭以外擴展自己的社交範圍，他們尋求友誼，而這是一個漫長的過程，必須經歷一條有許多障礙和陷阱的道路。由於人類在本質上就是一種社會性的生物，所以這是一條無論如何都要走的路。

幼兒對自己的朋友所說和所做的一些事情，有時反而是成人會畏縮不前的，然而，兒童可以選擇要怎麼深深地愛，要怎麼深深地恨，學步幼兒常常一會兒相互摟抱；一會兒又相互拉咬。學齡前兒童則常常更換自己最好的朋友，就好像他們是在玩一種紙牌遊戲一樣。幼兒園兒童就像在政治鬥爭中聲明主張一樣，會政治化地聲明最親密之友誼關係的開始和結束。結果，兒童期的友誼形成一種快樂、痛苦和混沌無秩序的混合。人們可以透過討論、理解、以及圖書療法的使用來處理這些問題。透過講一個聽起來和真實情況相似的故事，可以促成最好的和最敏銳的討論。

可以使用於進行圖書療法討論的書籍包括了：Miriam Cohen的《我會有朋友嗎？》(*Will I Have a Friend?*)，Else Holmelund Minarik的《不准打架、不准咬人》(*No Fighting, No Biting*)，Stan & Jan Berenstain的《與朋友在一起的麻煩》(*The Trouble with Friends*)，Janice Udry的《我們做朋友，好嗎？》(*Let's Be Enemies*)，Joan Anglund的《朋友就是喜歡你的人》(*A Friend Is Someone Who Likes You*)，Kathryn Hitte的《我所討厭的男孩》(*Boy Was I Mad*)，以及Marcia Brown的《最好的朋友》。關於在朋友家過夜這一主題的兩本優秀作品是：Kay Chorao的 (*Lester's Overnight*) 和*Bernard Waber*的《伊拉到我們家來過夜》。*James Marshall*的 (*The Cut Ups*) 頌揚友誼的快樂。Aliki的《我們是好朋友》探討了一個最好的朋友的搬家所引起的哀傷。而下列這些書籍論述了友誼的起伏現象：Arnold Lobel的《青蛙與蟾蜍好朋友》，Nancy Carlson的《巫婆女士》，以及Patricia Reilly Giff的《在盧妮太太房間的怪獸》(*The Beast in Ms. Rooney's Room*)。

其他人

兒童嘗試去發掘世界的意義，當事物無法完全與兒童認知相協調時，就會引起恐懼。這裡所謂「其他人」即指的是由於某些原因而可能引起兒童的壓力和恐懼的一個群體，他們也可能是這個兒童看到但並不認識的一

兒童有其各種的重要：了解周圍的世界、進行活潑的遊戲、和發展友誼，都是其中的一部份　Courtesy Diana Comer.

幼兒文學：在文學中成長

個孩子或鄰居，壓力和恐懼通常是由於兒童的無知所造成的；課堂裡有殘疾的兒童以及看起來和自己不一樣的少數民族兒童，都可能會引起焦慮，兒童常表現出對於殘疾的恐懼，因為他們害怕自己可能會被「傳染」上；而不熟悉的膚色、穿著、語言，也可能引起少數民族和非少數民族兒童的焦慮。通過圖書療法，兒童可以了解到：雖然人和人之間可能有差異，但他們都一樣是人。圖書療法可以減少無知，並把注意力集中在所有的人所共有的人性方面上。

在《我的朋友、傑可白》（*My Friend Jacob*）中，Lucille Clifton說明了理解和愛如何能戰勝恐懼。在這個故事裡，一個年幼、沒有殘疾的黑人兒童和一個心智遲鈍的十幾歲白人兒童間建立起了友誼。而種族和智力這兩個問題的嚴重性，已被動人的友誼所超越。這就是在一個故事中所要尋求的：好的故事具有超越接受人之差異性主題的重要訊息。一個單純著眼於人物差異的故事，恐怕未必有如此效果。故事必須具有普遍的吸引力。讀者才能因為故事引人入勝的品質而進入故事之中。

有許多書籍探討了「其他人」的這概念。身體殘疾在下列作品中得到了闡述和解釋：Lorraine Henriod的《祖母的輪椅》（*Grandma's Wheel-chair*），Curt & Gita Kaufman的（*Rajesh*），Joan Fassler的《霍伊幫助自己》（*Howie Helps Himself*），Susan Jeschke的《柏菲克特‧豬》，以及Berniece Rabe《平衡女孩》（*The Balancing Girl*）。視覺殘疾的討論則見於Jack Ezra Keats的《第三號公寓》（*Apartment Three*），Ada Litchfield的《手中的拐杖》（*A Cane in Her Hand*），Ellen Raskin的《眼鏡》（*Spectacles*），Miriam Cohen的《查理，明天見》（*See You Tomorrow Charles*），以及Patricia MacLachlan的《從祖父眼中望去》（*Through Grandpa's Eyes*）。聽覺殘疾的主題見於Ada Litchfield的《在她耳中的鈕釦》（*A Button in Her Ear*）和Jeanne Peterson的《我的妹妹是聾子》（*I Have a Sister, My Sister Is Deaf*）。其他殘疾和差異的討論是下列書籍的主題：Miriam Cohen的《一年級要考試》和《我什麼時候要閱讀》，Tomie dePaola的《奧立維是娘娘腔》，Charlotte Zolotow

的《威廉的娃娃》（*William's Doll*），Joe Lasker的《他是我兄弟》（*He's My Brother*），Susan Meddaugh的《怪獸》，Mitchell Sharmat的（*Sherman Is a Slowpoke*），以及Harriet Sobol的《我的弟弟是殘障》。

書籍還可以教育兒童去認識少數民族。美國黑人是許多作品的主題，諸如：Barbara Winther的《非洲的民俗故事》（*Plays form Folktales from Africa*），Jack Ezra Keats的《雪中的一天》（*The Snowy Day*），Lucille Clifton的《不相信春天的男孩》（*The Boy Who Didn't Believe in Spring*），Arnold Adoff的《黑是棕色是咖啡色》（*Black Is Brown Is Tan*）。有關西班牙裔美國人的書籍有Jack Ezra Keats和Pat Cherr的《我的狗狗丟了》（*My Dog Is Lost*），以及Wendy Kesselmann的《安琪利塔》（*Angelita*）。

疾病和死亡

疾病和死亡是生活的一部分，但絕大多數人對這兩者都有一定的恐懼。對於想要試圖理解這兩方面的兒童，焦慮可能會更重一些。這類問題會引起強烈的情緒感受，特別是如果這個人都與那些有嚴重疾病或即將死亡的人有親密關係的時候。因此，在處理這類問題時態度應該保持特別地謹慎，這很重要的。一個班級寵物的死亡可以提供一個機會來探索這個問題，其困難度會更低些。另一方面，治療以及看牙科醫生有關的恐懼，可以很容易地以圖書療法來應付。

探討疾病問題的書有：Barbara Kirk的《祖父，我及鐵屋》（*Grandpa, Me and the Treehouse*），Tomie dePaola的《先左腳‧再右腳》（英文漢聲）（*Now One Foot, Now the Other*），H.A. & Margaret Rey的《好奇的喬治到醫院》（*Curious George Goes to the Hospital*），以及Paula & Kirk Hogan的《醫院好可怕哦！》（*Hospital Scares Me*）。有關看醫生的問題的書籍有Harlow Rock-well的《我的牙科醫生》（*My Dentist*），Lillian Hoban's的《亞瑟的牙要掉了》（*Arthur's Loose Tooth*），Alma

Marshak Whitney的《好可怕哦！》（*Just Awful*），以及David McPhail的《大熊牙痛》（*The Bear's Toothache*）。Alvin Tresselt的《死之樹》（*The Dead Tree*）和Judith Viorst的《邦尼的十件好事》（*The Tenth Good Thing about Barney*）以一種謹慎的方式探討了死亡的問題。Tomie dePaola在《娜娜樓上，娜娜樓下》中以一種真誠和坦率的方式講述了一個祖輩的死亡。

世界

兒童的世界和成人的世界並無兩樣，但兒童以不同的方式來看待它。兒童生活的時間還很短，並沒有機會好好地研究我們的世界，也還沒有發展出理解現代生活之複雜的心理能力。然而，兒童會看新聞、聽成人表達他們的恐懼、以及觀察各種事情；例如，污染、犯罪、和鄰居的流離失所等。

兒童期恐懼

兒童有理由產生恐懼。實際上，有些恐懼可以算是一種健康的表徵。恐懼使人避免從事危險的活動，並提醒人們運用常識；然而，在另一方面，如果恐懼所產生的緊張壓力超出了兒童所能有效應付的程度，也會使人無法擺脫。成年人對這個世界的問題的反應，通常是複雜的、世故，令幼兒們無法理解的。當孩子們對一個重要的社會問題沒有滿意的理解時，他們就會改採自己的兒童世界的媒體中所看到的其他解決之道。

傳播媒介，特別是電視，常可看到對問題訴諸暴力的解決方式。這樣的結果是，兒童所獲得的價值觀常與人們所期望相悖。商業電視節目和玩具，都鼓勵暴力和戰爭遊戲。這常常使成人不安，且又不願去干預，因為他們認為這只不過是遊戲而已。

Doug Lipman是一位新英格蘭說故事的人，他曾針對兒童在電視裏看到的、由超級英雄表演的暴力遊戲之問題作研究。他也為家長和教師主持

了許多專題研討會，來表達了對此一問題的看法。他主張：人們應當從遊戲提供對需要的滿足之意義上，以及孩子的角度來看待這一問題，如果那些需要透過其他的方式得到滿足，那麼從事英雄遊戲的需要則會消失。成人並不一定要指望完全消除這種形式的遊戲。值得注意的是，在生活、歌曲和書籍中，也有許多可景仰的英雄。

壓力的原因

根據Doug Lipman的觀點，有六種潛在的情緒原因導致超級英雄的遊戲的產生。由於這種遊戲通常是壓迫或壓力下的結果，兒童會受到不同程度的影響。第一種壓力是兒童有時感到無力的事實。兒童需要具有一定程度的權力，以便感到自己的能力。成人可以避免權力鬥爭並利用兒童對權力的需要來發展他們的自立能力。第二個原因是無價值感。兒童需要不斷地意識到這一事實：他們是被愛的，是有很大價值的。男孩們尤其感受到要具有「超人之能力」的期望。必須讓兒童們知道：他們也能做好許多事情。

其他四個因素則對不同性別有不同的影響。第三個因素是男孩子所被要求的微妙的社會期望：他們不得不在任何時候都有一種指揮意識。他們常覺得自己可能無法滿足這種挑戰性要求。第四個因素是，男孩子很快了解到，他們是暴力的起因和目標。在過去的幾十年裡已有了一些關於性別角色的啟蒙教育，但男孩子們還是意識到：他們將在戰爭中殺人和被人殺，他們將捲入絕大多數暴力犯罪之中。第五個因素是：男孩子們並不被鼓勵去處理他們的情緒。他們意識到的期望是：他們「必須堅強」，不要「表現出他們的恐懼」。這是一個巨大的負擔，而且是一個既不健康、也不公平的負擔。第六個也是最後一個因素是有關女孩子的。女孩了解到：她們通常被期望保持對男性的依賴，她們就如同為男性的目標般地被對待。此一認知的一部分是透過男孩子的超級英雄遊戲傳遞的。女孩認為這種遊戲是男孩子們的適宜角色。而女孩的角色則有所不同。所有這些因素對於在一個嘗試消除暴力和性別主義態度社會中成長的兒童來說，都是不健康的。

關於世界壓力的書籍

對於兒童，這個世界可能是一個高度複雜而令人驚駭的場所。為了解兒童在這一方面的心理需要，圖書療法再一次成為一種有力的工具。透過書籍，兒童能了解許多事實，並透過與關心的、敏感的成人間之討論來看待這些事實。有關戰爭問題的書籍包括：Judith Vigna的《沒有人要核子戰爭》(*Nobody Wants a Nuclear War*) 和Seuss博士的《奶油戰爭》(*The Butter Battle Book*)。另一部有關戰爭主題的力作，是Yukio Tsuchiya最近重新整理的《忠心的大象》(*Faithful Elephants*)。它是對戰爭的非人性和非理性的沉痛回憶。兒童和成人都會為它的內容所感動。有關污染的書籍有：Seuss博士的 (*The Lorax*) 和Stan & Jan Berenstain的 (*The Berenstain Bears and the Coughing Catfish*)。在其他領域所介紹的其他書籍也可能適用於這裡所討論的主題。

結語

圖書療法對不同年齡、不同階級的孩子而言，都是一種強而有力的工具。它甚至對非常幼小的兒童也是有效的。教育者不能忽視兒童在他們嘗試成為自己環境的一部分的這個過程中所產生出的情緒和感受。兒童的認知必須被澄清和擴展。這祇能是透過這樣一個過程來實現：兒童消除他們的無知，並獲得應付這一世界的能力及信心。

運用圖書療法有許多好處。運用圖書來澄清錯誤概念和鼓勵討論，可以引導出理解與自信之路。當兒童們感到安全和有能力時，學術方面的成就就可以得到進步。雖然有些益處並不一定是直接的，但使用圖書療法的教師或家長將有助於長期增加心理成長的可能。當然，在處理高度情緒化的主題、以及嚴重的心理需要時，應當特別謹慎。

圖書療法可以用於各種兒童問題。這些問題包括與：自我、家庭、朋友、其他人、疾病和死亡、以及世界有關的問題。最後，有許多書籍可以用於這種療法。所使用的任何書籍都應當認真地選擇。除了使用書籍的一般標準外，對於用於圖書療法的書籍之內容和表現形式，應當特別注意。

思考與討論

1.何謂圖書療法？

2.人們如何知道是否一本書適合於某一個年齡的兒童？

3.爲什麼說一本有關某一問題的書籍，本身必須是本好書是一項很重要的前提？

4.簡單介紹超級英雄遊戲的一些情緒起因。

5.如果超級英雄遊戲並不都是不好的，那麼這種類型的遊戲在教育上的作用是什麼？

6.爲什麼教師在使用圖書療法時應小心謹慎？

7.運用圖書療法的優點有哪些？

8.幼兒可能擔憂的問題有哪些？

9.恐懼既可以是有益的，也可以是不利的。什麼時候是不利的？什麼時候是有益的？

10.簡單解釋人們在圖書療法中應當利用的那些策略？

11.爲兒童列出三本探討了下列任一主題的書籍：離婚、貧窮、戰爭、手足競爭、死亡、疾病、少數民族群體及殘疾。

12.運用圖書療法時，家長的關注和參與重要嗎？爲什麼呢？

13.爲什麼要給兒童讀有關戰爭的書？

兒童圖書書目

Arnold Adoff, *Black Is Brown Is Tan* (New York: Harper & Row, 1973).

Martha Alexander, *Nobody Asked Me if I Wanted a Baby Sister* (New York: Dial, 1971).

Aliki (Brandenberg), *We Are Best Friends* (New York: Mulberry, 1982).

Joan Anglund, *A Friend Is Someone Who Likes You* (New York: Harcourt, Brace, Jovanovich, 1958).

Stan and Jan Berenstain, *The Berenstain Bears and the Coughing Catfish* (New York: Random House, 1987).

Stan and Jan Berenstain, *The Trouble with Friends* (New York: Random House, 1987).

Judy Blume, *The Pain and the Great One* (New York: Dell, 1974).

Susan Bonners, *Just in Passing* (New York: Lothrop, Lee and Shepard, 1989).

Marcia Brown, *Best Friends* (Racine, Wisconsin: Golden Press, 1967).

Eve Bunting, *The Wednesday Surprise* (New York: Clarion, 1989).

Nancy Carlson, *Arnie and the Stolen Markers* (New York: Viking Penguin, 1987).

Nancy Carlson, *Harriet and Walt* (Minneapolis, Minnesota: Carolrhoda, 1982).

Nancy Carlson, *Witch Lady* (New York: Viking Penguin, 1985).

Kay Chorao, *Lester's Overnight,* (New York: E. P. Dutton, 1977).

Beverly Cleary, *Ramona and Her Father* (New York: Morrow, 1977).

Lucille Clifton, *My Friend Jacob* (New York: E. P. Dutton, 1980).

Lucille Clifton, *The Boy Who Didn't Believe in Spring* (New York: E. P. Dutton, 1973).

Miriam Cohen, *First Grade Takes a Test* (New York: Dell, 1980).

Miriam Cohen, *See You Tomorrow, Charles* (New York: Dell, 1983).

Miriam Cohen, *When Will I Read?* (New York: Dell, 1977).

Miriam Cohen, *Will I Have a Friend?* (New York: Macmillan, 1967).

Tomie dePaola, *Now One Foot, Now the Other* (New York: G. P. Putnam, 1981).

Tomie dePaola, *Oliver Button Is a Sissy* (New York: Harcourt, Brace, Jovanovich, 1979).

Tomie dePaola, *Nana Upstairs, Nana Downstairs* (New York: G. P. Putnam, 1973).

Joan Fassler, *Howie Helps Himself* (Chicago: Albert Whitman, 1975)

Patricia Reilly Giff, *The Beast in Miss Rooney's Room* (New York: Dell, 1984).

Patricia Reilly Giff, *Happy Birthday, Ronald Morgan* (New York: Viking Penguin, 1986).

Morse Hamilton, *Who's Afraid of the Dark* (New York: Avon, 1983).

Barbara Shook Hazen, *Tight Times* (New York: Viking Penguin, 1979).

Kevin Henkes, *Sheila Rae, the Brave* (New York: Viking Penguin, 1982).

Lorraine Henriod, *Grandma's Wheelchair* (Chicago: Albert Whitman, 1982).

Kathryn Hitte, *Boy Was I Mad* (New York: Parents Magazine Press, 1969).

Lillian Hoban, *Arthur's Loose Tooth* (New York: Harper & Row, 1985).

Russell Hoban, *A Baby Sister for Frances* (New York: Harper & Row, 1960).

Paula and Kirk Hogan, *Hospital Scares Me* (Milwaukee, Wisconsin: Raintree, 1980).

Susan Jeschke, *Perfect the Pig* (New York: Scholastic, 1980).

William Joyce, *George Shrinks* (New York: Harper & Row, 1985).

Curt and Gita Kaufman, *Hotel Boy* (New York: Atheneum, 1987).

Curt and Gita Kaufman, *Rajesh* (New York: Atheneum, 1985).

Jack Ezra Keats, *Apartment Three* (New York: Macmillan, 1983).

Jack Ezra Keats, *The Snowy Day* (New York: Vanguard, 1962).

Jack Ezra Keats and Pat Cherr, *My Dog Is Lost* (New York: Thomas Y. Crowell, 1960).

Wendy Kesselmann, *Angelita* (New York: Hill and Wang, 1970).

Barbara Kirk, *Grandpa, Me and the Treehouse* (New York: Macmillan, 1987).

Robert Kraus, *Leo the Late Bloomer* (New York: Simon and Schuster, 1971).

Phyllis Krasilovsky, *Scaredy Cat* (New York: Macmillan, 1959)

Phyllis Krasilovsky, *The Very Tall Little Girl* (New York: Random House, 1969).

Susan Lapsley, *I Am Adopted* (Scarsdale, New York: Bradbury Press, 1975).

Joe Lasker, *He's My Brother* (Chicago: Albert Whitman, 1974).

Joe Lasker, *Mothers Can Do Anything* (Chicago: Albert Whitman, 1972).

Ada Litchfield, *A Button in Her Ear* (Chicago: Albert Whitman, 1976).

Ada Litchfield, *A Cane in Her Hand* (Chicago: Albert Whitman, 1977).

Arnold Lobel, *Frog and Toad Are Friends* (New York: Scholastic, 1970).

Patricia MacLachlan, *Through Grandpa's Eyes* (New York: Harper & Row, 1980).

James Marshall, *The Cut Ups* (New York: Viking Penguin, 1984).

Mercer Mayer, *Just Me and My Dad* (Chicago: Goldencraft, 1977).

Mercer Mayer, *You're the Scaredy Cat* (New York: Parents Magazine Press, 1974).

Mercer Mayer, *There's a Nightmare in My Closet* (New York: Dial, 1968).

David McPhail, *The Bear's Toothache* (New York: Little Brown, 1972).

Susan Meddaugh, *Beast* (Boston: Houghton Mifflin, 1981).

Else Holmelund Minarik, *No Fighting, No Biting* (New York: Harper & Row, 1958).

Eve Miriam, *Mommies at Work* (New York: Alfred Knopf, 1961).

Robert Munsch, *50 Below Zero* (Toronto, Ontario, Canada: Annick, 1986).

Vaunda Micheaux Nelson, *Always Gramma* (New York: G. P. Putnam, 1988).

Jeanne Whitehouse Peterson, *I Have a Sister, My Sister IsDeaf* (New York: Harper & Row, 1977).

Daniel Pinkwater, *The Wuggie Norple Story* (New York: Four Winds, 1980).

Watty Piper, *The Little Engine that Could* (Eau Claire, Wisconsin: Hale, 1954).

Patricia Quinlan, *My Dad Takes Care of Me* (Toronto, Ontario, Canada: Annick, 1987).

Berniece Rabe, *The Balancing Girl* (New York: E. P. Dutton, 1981).

Ellen Raskin, *Spectacles* (New York: Atheneum, 1972).

H. A. and Margaret Rey, *Curious George Goes to the Hospital* (Boston: Houghton Mifflin, 1966).

Barbara Robinson, *The Fattest Bear in First Grade* (New York: Random House, 1969).

Harlow Rockwell, *My Dentist* (New York: Greenwillow, 1975).

Tony Ross, *I'm Coming to Get You* (New York: Dial, 1984).

Cynthia Rylant, *When I Was Young in the Mountains* (New York: E. P. Dutton, 1982).

Jonah Schein, *Forget Me Not* (Toronto, Ontario, Canada: Annick, 1988).

Dr. Seuss (pseud. Theodor Geisel), *The Butter Battle Book* (New York: Random House, 1984)

Dr. Seuss (pseud. Theodor Geisel), *The Lorax* (New York: Random House, 1971).

Mitchell Sharmat, *Sherman Is a Slowpoke* (New York: Scholastic, 1988).

Harriet Sobol, *My Brother Steven Is Retarded* (New York: Macmillan, 1977).

Muriel Stanek, *My Mom Can't Read* (Chicago: Albert Whitman, 1986).

Miriam Stecher, *Daddy and Ben Together* (New York: Lothrop, Lee and Shepard, 1981).

Alvin Tresselt, *The Dead Tree* (New York: Parents Magazine, 1972).

Yukio Tsuchiya, *Faithful Elephants* (New York: Houghton Mifflin, 1988).

Janice Udry, *Let's Be Enemies* (New York: Harper & Row, 1961).

Judith Vigna, *Nobody Wants a Nuclear War* (Chicago: Albert Whitman, 1986).

Judith Viorst, *My Mama Says There Aren't Any Zombies, Ghosts, Vampires, Creatures, Demons, Monsters, Fiends, Goblins or Things* (New York: Atheneum, 1977).

Judith Viorst, *The Tenth Good Thing about Barney* (New York: Atheneum, 1971).

Bernard Waber, *Ira Sleeps Over* (Boston: Houghton Mifflin, 1972).

Alma Marshak Whitney, *Just Awful* (London: World's Work, 1971).

Vera Williams, *A Chair for My Mother* (New York: Greenwillow, 1982).

Barbara Winther, *Plays from Folktales from Africa* (Boston: Plays, 1976).

Jane Yolen, *Sleeping Ugly* (New York: Coward McCann, 1981).

Margot Zemach, *It Could Always Be Worse* (New York: Scholastic, 1976).

Charlotte Zolotow, *Something Is Going to Happen* (New York: Harper & Row, 1988).

Charlotte Zolotow, *The Hating Book* (New York: Harper & Row, 1969).

Charlotte Zolotow, *William's Doll* (New York: Harper & Row, 1972).

參考文獻

Doris Brett, *Annie Stories* (New York: Workman, 1988).

Eileen Burke, *Early Childhood Literature: For Love of Child and Book* (Newton, Massachusetts: Allyn & Bacon, 1986).

Betty Coody, *Using Literature with Young Children* (Dubuque, Iowa: William C. Brown, 1983).

Charlotte S. Huck and Doris Young Kuhn, *Children's Literature in the Elementary School* (New York: Holt, Rinehart and Winston, 1983).

Margaret Mary Kimmel and Elizabeth Segel, *For Reading Out Loud!* (New York: Delacorte, 1983).

Jim Trelease, *The New Read-Aloud Handbook* (New York: Viking Penguin, 1989).

CHAPTER 9

文學與傳播教育媒體

在美國，孩子們幾乎從受孕起，就接觸到各種的傳播媒介，而使用超音波螢幕來檢查未出生的胎兒，已經是一種很普遍的醫療檢查了。關於兒童與電視、錄影帶、電影、以及其他傳播媒體的關係，有著許多爭議和探討。既然這些傳播媒體在今天是既有的事實，這些爭辯也就沒有什麼實際意義。每個美國家庭通常都至少有一部電視機。許多電視節目都在描寫生活中的暴力、貪婪、以及不符現實的景象。許多家庭還擁有自己的攝影機（VCRs）、錄放影機、鐳射唱片（CD）及影碟（LD）等，而且這樣的家庭之數量還在不斷增多中。諸如：家裡訂閱報紙和雜誌、電影院看電影、觀看高速公路旁的大廣告牌等，而且越來越多的家庭擁有個人電腦，在在顯示傳播媒體於人們的生活中無所不在。由於許多傳播媒體是以登廣告營利的目的而製作的，所以，其品質不可能總是適合兒童。而教師和家長的角色，就是有效地利用傳播媒體，幫助兒童開始作出批判性的選擇。

傳播媒體和文學

人們可能想知道傳播媒體與文學間的關係是什麼。事實上，傳播媒體和文學間，有兩種關係：一是友好、和諧的關係，另一種則是敵對的關係。

和諧的關係是指文學和傳播媒體相互融合，為兒童提供更強有力的學習經驗。精化傳播媒體節目的膚淺內容文學則可以透過傳播媒體使兒童能夠更了解一個概念或事件，傳播媒體也可加強一本書之內容的感官效果，而使兒童對書中的內容有更深的體驗和投入。傳播媒體還可以被用來作為進一步討論一本書的跳板。

當傳播媒體到處充斥，應取代了書籍在兒童生活中的地位，所謂敵對關係就產生了。傳播媒體總是要在兒童生活中出現的。家長和教師的責任就在控制傳播媒體，而不是讓傳播媒體控制他們的孩子和他們自己。如果想要讓傳播媒體成為兒童生活中的一種積極的力量，就必須針對它計劃，以使其最高品質的作品能夠用來強化兒童的生活。以提供經驗而言，媒體本身是有價值的，但應當十分謹慎，要監視它，不可使它取代文學、遊戲、成人監督、或者友誼的發展等各方面的地位。

傳播媒體的類別正迅速地增加中。人一天難免不聽聞有關新的吸引人的錄影帶、鐳射唱片、影碟，或者傳真機所傳來的消息，兒童生活中主要的傳播媒體則通常包括了：電視、錄音帶、電影、幻燈片、雜誌、報紙、和電腦遊戲等。所有這些媒體都將在本章予以討論。在選擇這類產品時，成人應很謹慎。因此，本章亦將對選擇的標準提出一些建議。而重點將放在如何配合書籍來更有效地使用每一種傳播媒體，以達到增強故事效果的目的。

電視：坐在椅子上觀看世界

毫無疑問地：電視是一種很奇妙的傳播媒體。從一把很舒適的安樂椅或沙發上，人們就可以體驗去非洲打獵旅行的樂趣，參加故事中公主的婚禮，在太空中行走，或是目睹一場第三世界國家的血腥軍事衝突。透過電視獲得的經驗似乎有無窮的多樣性，而這恰好構成了一個問題，我們花在看電視上時間實在太多了。

電視的負面影響

　　根據統計，到兒童進入幼兒園起，他們已經看過5,000小時的電視節目。從三歲到七歲之間，一般的美國兒童要看15,000小時的電視。這比同樣的孩子們在這些年裡在教室裡所花的時間還要多2,000小時。在17歲之前，這些孩子總共要在電視上看過350,000部商業片和18,000部暴力片。針對兒童的商業節目通常鼓勵他們去吃那些沒有什麼營養的垃圾食物。暴力片則通常描述用一種簡單的方法就可以解決一些複雜的問題。

　　大量看電視對學校的功能已經造成影響，孩子看電視看得越多，他們的學校成績就變得越差；過度沈迷於電視還會削弱兒童對疾病、偏狹、種族主義、死亡等人類問題作出正常的情感反應之能力；幻想與現實之間的界限變得十分模糊，這顯然對兒童很不利。

　　電視所提供的節目以及在這些節目中所包含的商業性內容，則是另一個問題。電視節目的品質不斷在下降，我們的社會似乎越來越深陷於虛飾和暴力之中；高品質的節目逐漸減少，取而代之的是更具暴力色彩的節目，而這一問題與故事率、觀眾佔有率、及廣告收入大有關係。

　　在過去的幾年裡，節目內容的品質已達到了一個新的低點。以前，仿製電視節目中人物的兒童玩具，在一個節目受到歡迎後才被創造出來進行銷售。現在，新的節目則是依據一個玩具的成功的銷售為基礎來企劃的，這些玩具包括：機器人、玩偶、以及活動玩具。結果，那些看電視節目的孩子實際只是在看一個持續半小時的廣告而已。

對看電視控制

　　絕大多數成人都知道兒童看電視看得太多了。而他們意識到自己在看電視上花的時間也同樣太多了。人們有必要更深刻地認識並思考這一問題將造成的後果，在認知問題，人們必須了解到一些關於電視的基本事實，

唯有這樣才能開始作出適宜的反應。

意識其嚴重性

要意識到這一問題的嚴重性，需要做更深入的研究。為了更清楚地探究這問題，需要分出幾個步驟：第一，人們可以收集一些有關過度看電視這一問題的資料，並分發給教師、兒童看護者，以及家長。這些資料可以從各個機構例如，國家教育委員會（National Education Association）兒童電視機構（Action for Children's Television），以及國際閱讀協會（International Reading Association）取得。

第二，收集有關兒童看電視的資料會有很大的啟發性。可以分發電視收視記錄表給家長。表上為每星期每一天裡的每半個小時都留下一個記錄格子，兒童每看半個小時的電視，便劃掉該時段的一格，家長便可以統計出一個自己孩子每星期看電視的概況圖。如果一張圖表很多區域被塗黑或劃記號，就表示坐在電視機前所花的時間很多，這個圖表要比其他任何資料都更有說服力。

理解

當人們開始認識到關於任何一個事物的基本事實時，就更能夠採取控制，並對此作出更好的決定。兒童需要發展對電視中的某些基本事實的理解，以便對此作出決定。一個有效的方法，便是使用一部錄影機來播放和停止不同的商業廣告和電視節目。停下來時，討論所看的內容，兒童將開始理解並採取控制。例如，一則廣告使用各式各樣的宣傳技巧來鼓動消費者購買某種產品。當暫停下來討論這種商品，兒童將開始理解究竟怎麼回事。這種理解並不會減弱他們對人的信任。相反，還會增強他們對關心他們的人的信任。並使他們意識到自己的智慧以及做出決定的能力。此外，運用語言來解決問題，也會增強他們對語言的駕馭能力。

兒童通常可以理解什麼叫「過度」。如果整天都在下雨，將會怎麼樣？如果我們所能吃的東西只有蘋果，將會怎麼樣？也可以用電視作這種比較。如果我們醒來時都在看電視，那將會怎麼樣？如果沒有電視，會是怎

樣？和食物和活動一樣，兒童將可以了解到：電視可以是生活中的一部分，但從不是唯一的內容。電視可以幫助我們學習如何烹飪、畫畫以及理解許多事物。它可以是一部美妙的機器，然而，電視僅僅是生活的一部分，生活還有其他許多重要的部分。

反應

認知是有幫助的，但所作出的反應才是關鍵。只是取消或大幅度地減少看電視的時間，只能部分地解決問題。當一種活動被減少時，重要的是，要讓健康有益的替代活動填補由此而空出的時間。否則，兒童還是會懇求再回復原來看電視的習慣。Jim Trelease & Marie Winn都建議了一些方法，即在家裡減少或取消看電視時可以參考使用。他們介紹了各式各樣的家庭和個人活動，藉此也可開闊兒童的視野和興趣。而這些構想中有許多是以閱讀、文學、家庭故事為核心的。

對大量看電視的反應措施之一，是讓人們思考這樣的狀況對他們的生命將有何意義。對年輕人來說，完全杜絕看電視恐怕是不實際的。無論怎樣，人們所希望的所有事情不可能完全達成。例如，絕大多數人意識到電視中展現的暴力，也知道它對幼兒的不良影響。然而，杜絕所有的電視暴力，並不能杜絕兒童可能體驗到的所有的恐懼、噩夢、攻擊性。Selma Frailberg在她的《魔術年代》（*The Magic Years*）裡主張：這些恐懼是人類發展的一個自然階段。也就是說即使不看電視，兒童們會透過各種管道產生這些恐懼。

當然，這並不是說，毫無監督、不加區分地看電視的做法是可以接受的。相反地，人們的回應措施應當是利用更多的時間和兒童談論並傾聽他們的想法。透過嘗試理解兒童的觀點，來幫助兒童更適切的認識他們自己。更好的理解有助於更好的控制，無論這一主題是一個被講述的故事，還是一個收看的電視節目，都是如此。透過這種方式賦予兒童能力，他們較能隨著自己的成長對許多事物作出批判性的選擇。透過理解電視中的內容，他們能逐漸針對他們需要看什麼、看多少，作出更富有批判性的選擇。這

樣一來，他們便能更恰當地選擇替代看電視的活動。

電視的正面影響

　　雖然電視有這麼多負面影響，然而，值得欣慰的是，我們總是可以看到一些為兒童製作的高品質的優秀電視節目，還是有一些適合兒童的精彩的電視節目的。在過去，這樣的節目例如，「叮噹學校」(Ding Dong School)，(Howdy Doody)，「袋鼠船長」(Captain Kangaroo)，(Kukla, Fran and Ollie)，都是膾炙人口的。「袋鼠船長」和另一些高品質的兒童節目例如，「羅傑先生的鄰居」都帶給了兒童認識這個世界的快樂。這個節目中的主人翁羅傑先生運用語言、幽默和故事作為節目的內容。他還出版了一系列供兒童和父母一起使用的書籍。這些知識性的書籍都不是以訓示兒童的口吻寫的，它們包括了諸如：日間托兒所、醫生、新生兒等主題。

　　當兒童電視研討會從市場研究轉向豐富的兒童節目策劃時，產生了「芝麻街」。透過Jim Henson的人物和各式各樣的角色扮演，「芝麻街」以一系列簡短的、適合幼兒所能維持的注意時間的小品，提供了學習經驗。這是最早的為兒童創作的以多種族人為特點的節目之一。婦女、少數民族、殘疾者在節目中都富有真實性和尊嚴。

　　有些節目則直接注重教授閱讀和介紹高品質的兒童文學。由教育電視機構(Agency for Instructional Television)出品的John Robbins的「閱讀故事」(Read-It)，便是這樣一個節目。每一天講一個故事，同時螢幕上配有圖畫。在故事結束之前，會問兒童他們認為這個故事將怎樣結束，接下來再告訴孩子們原書名稱和作者姓名。鼓勵孩子們去找到這本書，看看作者是怎樣結束這個故事的。

　　閱讀彩虹（Reading Rainbow）也直接訴諸文學。在每一個章節裡，給兒童介紹一本或多本書籍。透過圖畫、動畫、音樂、以及對故事的個人反應，擴展了書的形式。在介紹完每一本書後，讓那些表達出對這本書的

個人反應的兒童來評價這本書。這個節目介紹了各式各樣的書籍，從古典的到現代的。在這些作品中有：Ezra Jack Keats的《下雪天》(*The Snowy Day*)，Aliki的《如何做一本書》，Jane Yolen的《月下看貓頭鷹》，Tomie dePaola的《比爾和彼德到尼羅河下游》(*Bill and Pete Go down the Nile*)，Bill Martin Jr.的《數繩子的結》(*Knots on a Counting Rope*)。

商業頻道也為改編了一些非常著名的兒童讀物。這些作品的品質參差不齊；有些作品驚人地反映出原作的真實內容，而有些作品則被嚴重地扭曲。有線電視透過迪士尼（Disney）和發現（Discovery）頻道也把一些節目和文學結合在一起。同樣，這些改變作品的品質優劣也很不一樣。

運用電視

電視可以是一種學習工具，家長和教師應試著利用它的力量，透過選擇適當的電視節目，家長和教師可以強化兒童的基本概念技能、社會化技能以及自尊。有成千上萬的電視廣告可以被用於教授兒童營養的知識。如何做出重要的決定。透過批判分析玩具廣告，兒童們可以對他們是否真的一定要買那個玩具作出更好的選擇。

發展兒童自己的節目對他們來說很有吸引力。可以用一個大紙箱當成電視，讓兒童在裡面演出自己喜歡的節目和廣告，這種在自由遊戲時間裡自發性的表演，也可以促進語言的發展。簡短的戲劇和廣告可以以他們所聽過的故事為基礎，以幫助兒童重新再呈現出故事的過程。強調的重點不應放在表演是否出色上，而應當放在此一經驗中兒童對語言的應用上。

視聽資訊及設備

視聽資訊包括：唱片、錄音機、錄音帶、錄影帶、光碟、影碟、幻燈電影、幻燈片、電影、以及相關的設備。所有這些資源都可以很有效地強

化課程教學。與這些材料有關的文學作品是很容易取得的。因此，絕大多數視聽資源都可以運用於擴展和加強在課堂中所講授的文學作品。

當使用任何一種視聽設備來加強故事的效果時，需要花更多時間來策劃及組織表現方式。和讀原版作品這種形式相較，兒童對於內容的理解，可能需要更多的協助。而教師可能亦很少涉及這種表現形式。機器設備可能對放映或播放的時間、步調作了限制。正像所有設備一樣，錄音機或放音機無法覺察兒童臉上的疑惑表情。所以，視聽設備無法也不應當取代教師、家長或書籍。它們永遠都應當是故事閱讀的輔助工具。

有各種管道可取得視聽資源。公共圖書館和小學圖書館都是很好的來源。它們通常有各式各樣與文學有關的材料。新的資訊可從各種商業管道購買。唱片公司和教育設備公司通常有產品目錄。以電影來說，許多公司都在一段時間內願意出租影片。

選擇視聽資源的標準

當把一本書轉換成其他媒體的視聽資訊來介紹時，需要仔細地篩選。一個故事的電影或幻燈電影版本，既不應該被捨棄、也不應取代原來的故事。故事的影像、流暢性、情感，應當和閱讀原版故事具有同樣的影響力。視聽表現形式的有效運用，應當打破閱讀的侷限，為兒童生動地再現出故事。

有些公司在保持對故事原作的忠實性方面，比其他公司做得更成功。例如，Weston Wood公司在他們的幻燈片電影裡沿用書籍中的完整文字。在該電影裡，他們使用圖像學方法，取代動畫。而在動畫片裡，畫家創作了數百幅圖畫，以便產生電影上的動作。圖像學技術使用了來自原書插圖中的幾百幅圖片來產生同樣的效果。這些圖片取自不同的角度，注重反映原始插圖的意象。使得影片能生動的抓住了文字的情境和活動。

圖像學技術的優點並未抹殺故事精心製作的動畫版本的價值。迪士尼影城多年來成功地生產了許多故事的動畫版本。然而，迪士尼故事通常並

不能忠實地反映原始著作。它們當中許多作品可以說是新的故事，有它們自己的內容，對兒童來說，看和聽原來的故事也是很重要的。這可以增強文學的神奇性，以擴展兒童對故事的理解。

　　培養閱讀的願望、發展對文學的興趣，是家長和教育者應努力培養幼兒的兩個非常重要的目標。選擇視聽資源時，應當牢記這些標準：這些影片應當加強原始版本的故事；對兒童來說應當要清楚的而且具有連貫性；它們應當創造或擴展原故事的神奇效果；而原來的故事也不應當被視聽資源而取代。

運用視聽資源

　　在各式各樣的傳播媒體裡，有大量的視聽資源是可以取得的；例如，唱片、卡帶、光碟、影碟，都可以播放故事、音樂或配有音樂的故事。它們可以用、也可以不用原始書籍中的圖像視覺材料。電影、錄影帶、幻燈電影包括了一個故事的視覺和聲音的重現。這些產品之間的價格各不相同。任何一種視聽資源的選擇，都應當以它如何以最佳方式表現或體現故事之一整體效果爲主要依據。當這一點明確無疑時，各種可能的活動可以同時和這些視聽資源相結合。

唱片和卡帶

　　最好在房間裡安排一個特別的、安靜的區域來聆聽唱片和卡帶。這個區域既可用於教育目的，也可用於自由遊戲及傾聽。耳機的使用，可以讓孩子在聽故事時不會使整個房間都充滿聲音。使用故事的錄音帶是很有幫助的。絕大多數故事錄音帶都會出現信號，指示需要翻頁。即使兒童不會讀文字，他們也會隨著故事的進程不斷地翻頁，而逐漸熟悉這些文字的意思和語言表達出的概念。著名作品的優秀卡帶有：Margery Williams的《天鵝絨兔子》（*The Velveteen Rabbit*），Stephen Cosgrove的《摩根煤礦》（*Morgan Mine*），Matt Newman（改寫）的《小紅帽》（*Little Red*

Riding Hood），以及Ann McGovern的《石頭湯》（*Stone Soup*）。此外，無論教師在什麼時候講述故事，都可以增加搭配使用的課堂卡帶。孩子們可以反覆聆聽這些錄音卡帶。

午睡時播放的故事卡帶既可以幫助兒童回憶故事，又可以使孩子們安靜一段時間。有些卡帶可以借給家長。這樣，家長就可以和孩子一起聽故事，以進一步的討論來增強體驗。

電影、幻燈電影、錄影機

幻燈電影把靜止的畫面顯示在螢幕上，來敘說故事。通常使用一種卡式裝置，包括了故事的聲音和畫面。被轉換成幻燈的優秀作品包括有：Arnold Lobel的《老鼠湯》（*Mouse Soup*），Peggy Parish的《亞美利亞、班第利亞和小寶寶》（*Amelia Bedelia and the Baby*），Claire Huchet Bishop以及Kurt Weise的《五個中國兄弟》，以及Norman Bridwell的《在馬戲團的克利佛》（*Clifford at the Circus*）。電影把教室變成了一個小電影院，以此來講述一個故事。其他類型的電影都可以被運用於創造與故事和課堂教學有關的照片和幻燈。

錄影機的功能很類似於電影，也就是把故事顯示在一個電視螢幕或監視器上。Troll Associates出版許多古典故事的錄影帶，包括：「布萊梅的音樂家」（The Brementown Musicians），「小紅帽」（Little Red Riding Hood），「醜小鴨」（The Ugly Duckling），以及「三隻小豬」（The Three Little Pigs）。這些錄影帶的價格差別很大。

所有這些傳播媒體都可以提供給一群孩子共同使用。而錄影機和幻燈機則可讓幼兒單獨使用。和唱片、卡帶一樣，這些形式都不應當取代書籍來講故事的形式。相反地，這些形式也都可以用於擴展和加強故事。例如，如果在課堂上使用童話故事，這個概念就可以透過在電影上再次呈現這些故事而得到擴展。如果使用攝影機，穿著服裝的孩子們就可以自己表演出這些故事。

照片和幻燈片可以表現出任何書籍的主題。無論原書的插圖還是來自

書籍和雜誌的圖片，都可以使用。這些圖片可以用來作為原始故事的出發點。表演整個故事的兒童照片也可以變化發展成一個故事。

使用視聽設備進行創作時，在活動前最好先考慮一些事情：應當先通知家長，如果這些圖像將要被出版的話，這點尤其重要，如果家長不希望他們的孩子被包括進去，這個要求應當無條件地被接受。讓家長事先有所了解，也讓他們有機會為自己的孩子打扮得漂漂亮亮的；如果要使用服裝或道具，也可以讓家長有充分的時間去作好準備。

最好是作好計劃。包括事先練習使用設備，以便能達到充分熟練的水準。諸如：燈光以及額外的繩子等東西，在活動前也要準備好。最後，永遠都要準備好一個預備方案。設備可能會丟失或損壞，孩子也可能生病，總之，一個替代計劃可以幫助預計目標的實現。即使在出現問題的情況下，活動也可以進行。

雜誌和報紙

雜誌和報紙在我們的文化中充斥著，然而，要找到高品質的、能抓住兒童興趣的雜誌，卻是件很難的事；同樣，要教導對幼兒能恰當地使用報紙，需要有一些創造性。(圖9-1)概括了適合幼兒的高品質雜誌。

雜誌和報紙價格很便宜，有許多文字，也包含許多很精美的插圖。使用它們作為發展幼兒閱讀能力的材料是很合適的。要以與文學教育相結合的形式實現這一點，有兩個步驟很重要：

- 必須有選擇報紙和雜誌的決定標準
- 必須建立一套活動和策略有效地來使用它們

Cricket, Box 52961. Boulder. Colorado 80322，包括詩歌和其他兒童創作的作品（適合幼稚園到小學四年級）。

Ranger Rick, National Wildlife Federation, 1412 Sixteenth Street NW, Washington, DC.，包括有關自然和環境的內容（學齡前兒童到小學二年級）。

Scienceland, 501 Fifth Avenue, Suite 2102, New Yrok, New Yrok 10017，以有關科學的生動圖片爲特色（學齡前到幼稚園兒童）。

Sesame Street Magazine, P.O. Box 52000, Boulder, Colorado，以基本概念活動和故事爲特點（學齡前到幼稚園兒童）。

Stone Soup, Children's Art Foundation, P.O.Box 83, Santa Cruz, California 9506，包括兒童藝術、故事和詩歌（六歲到十三歲）。

Surprises, P.O.Box 236,Chanhassen, Miiesota 55317，包括供家長和兒童一起進行的活動（四到十二歲）。

Turtle, children's Better Health Institute, P.O.Box 10003, Des Moines, Iowa 50340，包括有關健康的詩歌、故事和遊戲（學齡前兒童）。

Your Big Backyard, National wildlife Federation, 1412 Six-teenth Street NW, Washington, D.C. 20036，包括自然故事、活動、照片和配方（學步兒童和學齡前兒童）。

Highlights for Children, 2300 West Fifth Avenue, P.O.Box 269, Columbus, Ohio 43272，包括兒童故事、詩歌、活動（學齡前兒童和幼稚園兒童）。

Let's Find Out, Scholastic, 2931 Ezst McCarty Street, Jefferson City, Missouri 6510，包括有關節目、季節和其他主題的活動和遊戲（學齡前兒童到幼稚園兒童）。

圖9-1　以幼兒爲對象的雜誌
Courtesy Walter Sawyer.

使用雜誌和報紙的標準

有兩個基本的標準應予以考慮：其一，必須確定是否這些雜誌、文章、故事或插圖足以支持課程或活動的目標或目的、是否與這堂課的課程互相協調？是否能強化所要學習的概念？是否闡明了課堂上要做的事情的意義？是否以某種方式擴展了學習？對這些問題的回答將有助於確定這些印刷媒介是否能夠充分發揮，並配合本課程的目的。

其二，必須確定這些內容對兒童的適宜性，不要只注重這些內容對成人的吸引力，而必須以兒童的眼光來看待它。那些可能對成人而言很出色的照片，也許對兒童來說太複雜、不太明確了。一段可能對成年人很有吸引力的文字，對一個兒童來說又可能太抽象而令人費解。

運用雜誌和報紙

除了（圖9-1）中所列舉的雜誌外，其他雜誌當然也是很有用的。雖然文字部分可能並不適合，但其他雜誌的名稱和插圖，也許對於強化及擴展故事的概念是有幫助的。例如，體育雜誌可能包含很多插圖和照片，很適合用於有關體育和運動技能的閱讀單元；家庭雜誌可能包含一些正在給孩子們講的故事中所提到的食物的照片；報紙廣告可能包括一些語言教學和故事活動中所用到的字詞和短語。

各種與故事有關的簡易活動，都可以藉助雜誌和報紙上剪下來的圖片和文字來進行。可以用動物、食物、各種形狀的圖片來製作剪貼。可以用房屋、卡車、動物或這些東西的部分來製作分類表。一項體育活動的順序、一種植物的生長、或者一塊點心的烤製之圖片，都可以剪下來，貼起來作為一種設計。一系列或成套的有關圖片可以組合起來呈現給兒童，以便他們能針對這些圖畫創造出自己的故事。也可以利用索引卡片在上面黏貼各種類型的圖片，來創作出各種遊戲（例如，戰爭、老婦人）。把這些設計製

作在板子上，可以保護它們供長期使用。

電腦與軟體

　　關於讓幼兒使用電腦，有許多爭議。兒童生活在一個越來越科技化的社會當中，當進入學校時，必須對電腦有所了解。電腦將爲他們的閱讀提供一個很高的起點。而另一方面，也有一些人對於讓幼兒使用電腦提出警告，他們認爲電腦讓兒童偏離社會交往；而且軟體品質通常很差；而兒童在這樣幼小的年齡還沒有準備好使用電腦，關於這個問題來自兩個方面的所有意見，都有一定的道理，其答案依兒童的年齡而異的。

　　重要的是，對這個問題要有一個明確的認識，並對於在幼兒的閱讀發展教育中電腦的使用量，作出有根據的決定。Jane llene Davidson在她的著作中對這一問題作了全面的考察，書名叫作《在幼兒教育一起成長的兒童和電腦》（*Children and Computer: Together in the Early Childhood Classroom*）。這一章所持的觀點是：電腦可以是輔助和加強幼兒閱讀能力的一種有效工具。然而，它必須是作爲一個經過仔細思考的周全計劃之一部分而被使用，這個計劃必須考慮到了兒童的發展、使用電腦的目的、以及將要使用的軟體等。

使用電腦的標準

　　使用電腦的標準必須考慮到兒童的發展，使用電腦的目的，以及所選擇使用的軟體。

兒童發展

　　兒童的發展對於使用鍵盤和其他電腦周邊設備的能力有所影響。根據Rosalind Charlesworth的說法，精細的運動發展通常跟隨在大動作發展

之後。使用電腦所需手眼協調,可能一直要到六或七歲時才成熟。因此,人們可能會對讓兒童獨立地在一個電腦終端機上工作的適宜性提出質疑。

　　另一方面,如果由教師來控制或指導鍵盤的使用,而讓孩子們看螢幕,也許就更適合使用電腦。並不是說,不應允許兒童獨自操作電腦。發展任務設立了一定的時間階段,體驗並操縱環境中的各個部分的機會,可以而且應當予以提供,然而,當允許兒童控制一台電腦的時機,必須考量現實的狀況。

目的

　　讓兒童使用電腦的目的很簡單,可能以讓兒童接觸強而有力的技術為目的。雖然這也是一個目的,但這一點並不必須是閱讀教育計劃的一部分。如果目的是要驅使幼兒們學習字母和數字識別,那麼就違背有關發展兒童閱讀能力的現代思想。這種做法試圖讓兒童偏離社會交往以及種種創造那些對語言發展十分重要的故事和事件的機會。這樣的訓練還可能導致一種把語言和閱讀當作單調和無聊的活動觀念。

　　運用電腦可以與閱讀發展的現代觀念同時並存,如果它被用於加強和促進閱讀能力發展的話,可以透過多種方式來實現,正如上面說到的,教師可以控制或指導鍵盤的使用,而兒童則在相互之間及與螢幕上的程序之間進行交流。教師指導著群體,讓技術只作為一種工具,以有意義的方式創造並再創造語言和故事。教師還可以提供各種機會,讓兒童們成對地相互交流以及與電腦交流,以便完成一項任務,指導是為兒童使用電腦提供有效機會的關鍵。

軟體

　　大量的低品質軟體到處可見。這些劣質軟體提供兒童操作的機會非常少,甚至只是單調的機械反應,使得這類型的軟體變得沒有什麼用途,不過是在電子螢幕上複製了一張紙或是一頁指導手冊。人們應當嚴肅地質問:使用如此昂貴的電子設備只是去做一種簡單到僅僅用鉛筆和紙就可以完成的任務是否必要。

所選擇的軟體最好能用於鼓勵原始故事的發展，或者再創造出兒童所聽到的故事。有一些創造性藝術程序和簡化的文字處理軟體均可以達到這一目的。這種方法將越發緊密地與閱讀能力發展的現代思潮聯繫在一起，它還可以為兒童提供一種遠比簡單地回憶機械性知識更有意義的經驗。

電腦的使用

　　最好是把電腦當作一種工具而不是目的來使用。學習電腦幾乎對所有的人都很重要，但兒童要在兒童早期熟練掌握這些內容不是必須的，幼兒教育計劃的重點應當在於使用電腦作為一種促進閱讀能力發展的工具。雖然可以允許兒童實際地使用電腦，但如果教師能使用電腦來指導兒童的語言發展，它會發揮更大的作用。

　　例如，可以用電腦程式來探討一個先前讀過的故事的電腦版本。已經有了一些現成的版本，包括：Margery Williams的《天鵝絨兔子》和H.A. Rey的《好奇的喬治去逛街》（*Curious George Goes Shopping*），《在外太空的好奇的喬治》（*Curious George in Outer Space*）和《好奇的喬治去圖書館》（*Curious George Visits the Library*）。其他有些書籍也即將有電腦版本。一個語言經驗法（LEA）故事可以作為原始內容在電腦上創造出來。一個先前讀過的故事，可以運用兒童的語言在電腦上再重現出來。運用放大的字母，學術派的「銀行街作家」（Bank Street Writer），便可以完成這一目的。一種可以替代性的文字處理軟體是由Henson Associate & Sunburst Communications創作的「Muppet Slate」。它是為幼兒所設計的，在文字處理編排中結合字詞和圖畫。這些方法的重要性在於：側重的著眼點是語言的學習和對故事的理解，而不是電腦。這和幼兒閱讀課程之目的和目標是相吻合的。

結語

　　商業傳播媒體對幼兒們的生活有相當重要的影響。它源源不斷地帶來了新的觀念和形象。然而，兒童需要以自己的步調成長。他們通常不能分辨呈現在他們眼前的東西哪些是重要的、哪些是不重要的；哪些是真的、哪些是假的。他們接觸電視、視聽材料、報紙、雜誌和電腦軟體。問題並不在於兒童應當或不應當接觸這些東西；無論怎樣它們總是存在的。然而，教師和家長的問題是，如何控制兒童所接觸之傳播媒體的量、時間和使用。

　　透過適宜的引導和使用，商業傳播媒體可以支持兒童閱讀能力的發展。過早介紹以及用量不當，都使兒童對現實中的各方面感到困惑。教師和家長需要出於他們自己的目的決定如何使用媒體，而不是出於使媒體獲得發展的目的來使用。雖然過度花時間看電視會導致嚴重的問題，但它也可以輔助一些建設性的目的。同樣的，視聽資源、雜誌、報紙以及電腦，也都是如此。成年人必須為它們的有效使用確立適宜的結構，考量的關鍵包括了理解兒童的發展，為媒體的使用確立明確的目的，以及為這些目的仔細地選擇適當的媒體。

思考與討論

1.過度使用傳播媒體會有哪些不良影響？

2.電視有哪些正面影響？

3.電視有哪些負面影響？

4.為什麼在看電視活動被減少或取消時，提供一些替代性活動是很重要的？

5.讓幼兒有效地運用電視的原則是什麼？

6.描述一種活動，可讓電視用於促進閱讀能力的發展。

7.讓幼兒有效地運用視聽資源的標準是什麼？

8.描述一種活動，可讓視聽資源被用於促進閱讀能力的發展。

9.讓幼兒有效地使用印刷媒介的標準是什麼？

10.描述一種活動，可讓印刷媒介可被用於促進閱讀能力的發展。

11.讓幼兒有效地運用電腦的標準是什麼？

12.描述一種活動，可讓電腦可被用於促進閱讀能力的發展。

13.看電視並不是引起作噩夢和童年期恐懼的唯一原因，但電視中的暴力會如何影響幼兒呢？

14.電腦技術在幼兒媒體計劃中扮演的角色是什麼？

兒童圖書書目

Aliki (Brandenberg), *How a Book Is Made* (New York: Crowell, 1986).

Claire Huchet Bishop and Kurt Weise, *The Five Chinese Brothers* (New York: Coward-McCann, 1938), tape by Weston Woods, Weston, Connecticut.

Norman Bridwell, *Clifford at the Circus* (New York: Scholastic, 1981).

Stephen Cosgrove, *Morgan Mine* (Los Angeles, California: Price/Stern/Sloan, 1984).

Tomie dePaola, *Bill and Pete Go down the Nile* (New York: Putnam, 1987).

Ezra Jack Keats, *The Snowy Day* (New York: Viking, 1962).

Arnold Lobel, *Mouse Soup* (New York: Random House, 1983).

Bill Martin, Jr., *Knots on a Counting Rope* (New York: Holt, 1987).

Ann McGovern, *Stone Soup* (New York: Scholastic, 1986).

Matt Newman (adapt.), *Little Red Riding Hood* (Chicago, Illinois: Society for Visual Education, 1980).

Peggy Parish, *Amelia Bedelia and the Baby* (New York: Enrichment Materials, 1983).

H. A. Rey, *Curious George Goes Shopping* (Allen, Texas: DLM, 1983).

H. A. Rey, *Curious George in Outer Space* (Allen, Texas: DLM, 1983).

H. A. Rey, *Curious George Visits the Library* (Allen, Texas: DLM, 1983).

Margery Williams, *The Velveteen Rabbit* (Mahway, New Jersey: Troll, 1988), computer program by Sunburst Communications, Pleasantville, New York.

Jane Yolen, *Owl Moon* (New York: Philomel, 1987).

參考文獻

California Department of Education, *Student Achievement in California Schools, 1979–80 Annual Report* (Sacramento, California: Author, 1980).

Rosalind Charlesworth, *Understanding Child Development—For Adults Who Work with Children* (Albany, New York: Delmar, 1987).

Jane Ilene Davidson, *Children and Computers: Together in the Early Childhood Classroom* (Albany, New York: Delmar, 1989).

Selma Frailberg, *The Magic Years* (New York: Charles Scribner's Sons, 1959).

Susan Haugland and Daniel Shade, *Development Evaluations of Software for Young Children* (Albany, New York: Delmar, 1990).

Paul Kopperman, *The Literacy Hoax: The Decline of Reading, Writing and Learning in the Public Schools and What We Can Do about It* (New York: Morrow, 1980).

Frank Mankiewicz and Joel Swerdlow, *Remote Control: Television and the Manipulation of America* (New York: Times Books, 1978).

Neil Postman, *Teaching as a Conserving Activity* (New York: Delacorte, 1980).

Wilbur Schramm, Jack Lyle and Edwin B. Parker, *Television in the Lives of Our Children* (Stanford, California: Stanford, 1961).

Jim Trelease, *The New Read-Aloud Handbook* (New York: Viking Penguin, 1989).

Marie Winn, *Unplugging the Plug-in Drug* (New York: Penguin, 1987).

CHAPTER

10

結合社區資源

　　每一個社區，不論其大小，都包含各式各樣的豐富資源。幼兒可以而且也應當了解這些資源。從嬰兒後期到幼兒園時期，兒童被自己周圍的世界深深地吸引，透過這種內在的動機，人們可以利用社區可資運用的人物和場所來豐富兒童的生活。例如，帶領兒童參觀圖書館、汽車修理店、銀行，或帶他們去訪問農民、護士、或書店老板。無論哪種場合，社區活動都可以與文學及兒童的教育計劃結合在一起。

　　在考察一個社區時，以各個不同的方式去審視它是很有幫助的。首先，一個社區包含各種人物和場所，人們有著不同的工作，各種場所有許多不同的功能，這些建築物有各種不同的目的，它們就像巨大的空盒子，有各式各樣的用途；例如，倉庫、辦公樓、或者貿易大樓。其他建築有特殊的設計，可以作為警察局、教堂、或者醫院。考察社區的另一種方式就是確定如何讓兒童充分利用它；是把兒童帶入這個社區呢？還是把社區中的各種人物帶入兒童的世界呢？實際上，兩種方式都是有效的，這裡將針對每一種方法加以討論。

走向社會：探索社區

　　戶外教學（field trip）是教育計劃中令人興奮的內容，應被視為計劃整合的部分。它也是一個有效的學習經驗，在一個整合的計劃中安排一次戶外教學是很有意義的。而閱讀則可以很容易的與計劃中的這部分整合在一起。以社區為基礎，這種結合可能十分廣泛和多樣化的。對於建立一個幫助兒童不斷了解周遭世界的計劃而言，所參觀的每一個地方都將是很重要的。圖書館、博物館、公園、動物園、銀行、劇院、市政建築，都是適合作戶外教學的好地方。在嘗試做這種參觀之前，應先建立一個完善的戶外教學計劃。

戶外教學計劃

　　一次成功而有效的戶外教學，必須注意戶外教學的細節以及學習的要點。忽視任何一方面都可能使戶外教學變成一種對兒童無意義或有危險的經驗。

戶外教學

　　帶領一群兒童進入社區時，首先必考慮的是安全。如果事先有所準備，戶外教學就會進行得順利。事先必須與目的地的有關人員共同做一些安排，以預先了解孩子將面對的戶外經驗。其次戶外教學要安排一個溫暖的好天氣裡；例如，早秋或是晚春，可以避免考慮額外的衣物，不必因為天氣不佳而終止旅行，不必顧慮交通條件。父母的許可字據、孩子的名牌、車輛的安排，也都是必須注意的細節。如果是一個步行的戶外教學，必須要強調過十字路口的安全問題，以及避免孩子走失等問題。

MARCHING FEET
by Rachel Mabood   Illustrated by Daniel Sylvestre

任何一次戶外教學都可以透過一本書為這次經歷確定基礎而進行準備
Courtesy Delmar Publishers Inc.

學習細節

　　對於一個參觀消防隊的戶外教學，人們應思索：這個戶外教學計劃的過於簡單是否是因為只有一個街口的路程？如果空間上的接近性是這個教學計劃的主要原因，那麼也許它只是一次娛樂的活動，而不是一種學習的機會。透過周詳的整合計劃，不難選擇出一個既適合戶外教學的目的地，又適合在戶外教學的前後閱讀的書籍。適宜的文學書籍將有助兒童期待、喜愛和享受戶外教學的經驗，並獲益良多。

向兒童們介紹圖書館已是很容易的事情因爲圖書館安排了專門邀請兒童的時間
Courtesy Diana Comer.

圖書館

在任何一個把書籍和文學視爲兒童發展的重要因素的教育計劃裡,參觀圖書館是顯而易見的。幾乎所有的社區都有長時間開放的圖書館。即使沒有這樣的條件,或者每星期只有一次的圖書流動車時,安排一次這樣的經歷也是值得的。訪問圖書館可以產生多種重要的效果:其一,兒童們可以了解到,圖書館是少數幾個集中有大量圖書的地方之一。其二,他們可以認識到圖書巨大的多樣性。最後,兒童們可以懂得,圖書館是一種能超越書本本身而學到很多東西的場所。向兒童介紹圖書館的優秀故事作品包

括：Anne Rockwell的《我喜愛圖書》（*I Like the Library*），或者El-izabeth Levy的《圖書館稀奇怪事》（*Something Queer at the Library*）。

學會熱愛圖書

從嬰兒後期開始，孩子便有可能理解「書是良師益友」這個道理。作為圖書方面的專家，圖書館管理員可以加強對孩子們解說有關愛護書籍的認識。雖然孩子們已經看到家長和教師示範出愛護書籍的適宜方法，但圖書館的教育將能有助於強化這些觀念。其他概念諸如：不要在書籍上塗寫、抹畫，也可以得到強化。兒童通常不去區分供著色的書和那些不應當在上面塗寫的書。

提前與圖書館員取得聯繫，還可以強化其他有關愛護書籍的觀念。把一本書看作一個朋友的想法是很有幫助的。正如一個人對朋友很友好一樣，人也應當對圖書友好。這包括：保持書頁平整、不要把髒物弄到書上、妥善保管圖書、不要把書弄濕。有關書籍的其他概念包括：喜愛它們、與別人共享它們、按時把它們歸還到圖書館去。圖書館員通常希望向兒童們解釋，一旦書籍從書架上被取走後不更換書籍的重要性，最好圖書館員確保書籍能放回到正確的位置，以便別人可以查找。

一個圖書的世界

圖書館是社區中一個特殊的地方。人們在圖書館裡可以看到許多各式各樣的人：年輕的、年老的、富有的、貧窮的、男人、女人，以及兒童。這些人之所以都去那裡是因為圖書館為每一人準備了大量的書籍和資源。

過去，圖書館員總是設法使圖書館保持一個絕對安靜的場所。如今，兒童們能在圖書館裡安靜地談論一個計劃，甚至傾聽圖書館員大聲朗讀一個故事。有一些專門為學步兒童和學齡前兒童準備的節目。圖書館提供一些與兒童書籍有關的電影和玩偶表演，以便鼓勵兒童使用圖書館。夏季閱讀課程、手工藝課、烹飪、唱歌，以及戲劇化的故事表演，都是現代圖書館提供的節目內容。

成人可以示範利用圖書館和認識圖書員的好處。例如，辦一張借書卡，

人們可把一些好書拿回家閱讀一個星期。透過詢問圖書館員人們可以找到一個最喜愛的作者或者一個最喜愛的專題的最新書籍。

不僅僅只有圖書

圖書館放的不僅僅是書籍。它們還有錄影帶、幻燈片、電影、唱片、雜誌，以及歷史檔案。地區歷史資料對兒童是最有吸引力的，尤其是那些自己的家庭長期居住在這一社區的兒童。透過使用這些歷史記錄，可以找到許多有趣的問題的答案：一百年以前這個社區的生活是什麼樣子？這裡有印第安人嗎？它是一片無人居住的地方，還是一個村鎮？這裡有建築嗎？那時有我們的學校嗎？郵票、地圖、以及照片，通常都可以在圖書館裡找到，並提供回答許多這類問題的資料。這種活動可以是未來的戶外教學以及開發關於這一主題的語言經驗故事的跳板。

透過研究歷史檔案，可以發現英雄人物。圖書館可以幫助兒童了解那些許多年以前曾經居住和工作在這個社區的人們的犧牲和貢獻。一旦了解了這些知識，它便可以引導其他活動。兒童們可以去訪問這些人物的童年舊居，或者請這些人物的後代來看望兒童。

圖書館是一個具有多種功能的場所。它擁有關於幾乎任何一個主題的極其豐富多樣的資源。圖書館員願意幫助訪問者和團體查找信息和資料。圖書館是一個兒童們可以用於多種目的的場所。

博物館、公園、動物園

博物館、公園、動物園提供各不相同的機會去幫助擴展和豐富兒童生活。它們是一些特殊的場所，把生活的大量內容壓縮到一個人們在幾小時時間裡便可以經歷的架構之中。所有這些場所都有自己獨特的地方。博物館可以側重與藝術、科學、自然歷史、技術等等。有些特別的博物館可能重視一個殖民時期的村莊。公園的特徵在於各種不同的地形、樹木、花園。不同的動物園可能包括一些同樣的動物，然而，許多動物園在鳥類、猴子、

透過那些探討和擴展現代技術的書籍，可以使訪問科學博物館的旅行更爲有趣
Courtesy Delmar Publishers Inc.

爬行動物或大型貓科動物方面都有自己的獨特之處。有些場所，像天文館
水族館，既不能歸爲博物館，也不屬於動物園，然而，它們都可以用於給
幼兒們帶來有效的學習經驗。這些資源大多數都有指定的教育指導，可以
使孩子們的戶外敎學活動成爲最有收益的經歷。所有這些場所都可以與課
程中的閱讀結合在一起。

　　書籍可以在一次戶外敎學之前、之中、之後使用。作爲一種鼓勵學生
在戶外敎學時保持集體行動的方式人們可以在旅行之前讀Miriam Cohen
的《迷失在博物館中》（*Lost in the Museum*）。當帶領一群兒童參觀藝術博

物館時，人們可以停下來，講一個有關參觀藝術博物館的故事。Laurene & Marc Brown的《參觀美術館》（*Visiting the Art Museum*）講述了一個家庭參觀一所藝術博物館的故事。有兩本書探討了藝術博物館裡的繪畫復活的故事。在James Mayhew的《凱蒂的照片展》（*Katie's Picture Show*）中，有五件古老的傑作復活，其中有一個是Renoir，一個是Rousseau。Jon Agee在《克勞梭的神奇繪畫》（*The Incredible Paintings of Felix Clousseau*）中對這一主題作了進一步探討，在訪問自然博物館的戶外教學中可以使用Aliki有關恐龍的書籍。

所使用的書籍不必局限在博物館或是公園上。相反地，應當時時刻刻在頭腦裡想著學習的目的去選擇書籍。例如，人們希望兒童學習有關在該場所可以看到的動物、昆蟲、植物的內容。在這種情況下諸如：Millicent Selsam的《後院的花蟲》（*Backyard Insects*）就很適合。這種類型書籍的另一個很好的例子是Bianca Lavies的《莉莉池塘》（*Lily Pad Pond*），它附有一個森林池塘的生態風景的精美照片，圖片依序介紹了一個蝌蚪不斷展爲一隻青蛙的全部過程，完全抓住了幼兒們的心。在戶外教學中使用這樣的書籍可大大地加強兒童的學習和理解。博物館商店通常提供有關的書籍和藝術品，它們可以用於訪問之前和之後的討論；大型博物館通常安排兒童商店，它可以成爲一次戶外訪問的內容之一。

社區服務場所

沒有各式各樣的服務設施，一個社區就不可能存在。一些服務設施包括：救火隊和警察局，是絕對必要的；而另一些服務設施例如，商店，則主要是提供方便；還有其他一些服務設施；例如，電影院，則只是供娛樂的。然而，每一個場所都可以增加社區生活的品質。在這些場所工作的人有各種各樣有趣的工作，他們的工作對於社區是非常重要的。透過理解這一點，兒童們可以建立起對社區更深入的認識。社區服務場所基本上劃分爲兩類：商業性的和公共服務性的。

商業性場所

那些以贏得利潤而賺錢的場所，便是商業性場所。這些場所包括：銀行、商店、報紙業大樓、劇院、花店、以及醫院等。兒童們可以理解這些場所對於社區的重要性，因為他們通常認識一些在這些場所工作的人。對這些場所的了解，能幫助兒童更理解他們可能閱讀的有關這些商業場所的書籍。

會見一些這類商業性場所裡工作的人，了解他們所從事的工作，是很有幫助的。可以請一個工作人員來為孩子們講一個有關的故事。諸如：Barbara 的《動物園歌曲》（*Zoo Song*）、Vlasta van Kampen & Irene C. Eugen的《駝鳥》（*Orchestranimals*） 等書籍，不僅適合於動物園，也適合於交響音樂廳。可以與訪問一家商店相結合的書籍有：Bargaret Gordon 的《超級市場老鼠》（*The Supermarket Mice*），Tracy Campbell Pearson 的《店員》（*The Storekeeper*），David McPail《皮克豬和神奇照相簿》（*Pig Pig and Magic Photo Album*），以及Marjorie Sharmat & Mitchell Sharmat的《匹薩妖怪》（*The Pizza Monster*)》。當訪問與商業有關的運輸部門時，可以使用的書籍有：Donald Crews的 《火車快跑》（遠流），Gail Gibbons的《火車》（*Trains*），以及Anne Rockwell的《飛機、汽車、卡車、火車及貨車》（*Planes，Car，Big Wheels，Trains and Trucks*）。

公共服務場所

除了在社區看到的商業機構外，一些公共的和私人的機構的工作，還提供了許多服務。這些服務通常目的在於為居民提供保護、維持良好的健康、以及滿足居民的宗教需要。提供這些服務場所是相當多樣化的，這使它們成為有趣的戶外訪問的目標。它們包括：水質過濾廠、救火隊、警察局、醫院、診所、牙科治療所、氣象站、律師事務所、法院、教堂等。這些場所通常設置有特殊的設施。用來完成有關社區安全和健康的重要工作。在這些場所工作的人通常十分願意解釋他們的工作對社區的重要性。

有大量的各式各樣的書籍可以同時用於訪問一個公共服務場所的戶外教學活動相結合。當訪問一個救火隊時，可以閱讀Daivd Bennett的《火災》（*Fire*），或者Anne Rockwell的《救火車》（*Fire Engines*）。是Margaret Rey & A.J. Shalleck的系列叢書之一，適合於訪問警察局的使用。有關好奇的喬治的系列叢書中的其他書籍涉及他訪問水族館、餐館、馬戲團、醫院、以及自動洗衣店。若是訪問教堂或猶太教堂，可以使用Kay Chorao的《老鼠》（*Mouse*）。

無論什麼時候制定一項戶外教學計劃，重要的是要向幫助你達成任務的人致謝。贈送一本孩子在旅行之後創作的語言經歷故事影印，是一種很周到的親切的表示。你的感謝還可以附上一些有關此次訪問的照片或孩子們的繪畫。邀請電臺、電視臺或報紙的記者和攝影師陪同孩子們一起戶外教學，是另一種表示此次活動的重要性的方法。

對人的訪問

雖然，要安排所有你希望孩子們訪問的地方是不可能的，但其實孩子們親自去參觀這些場所也並不總是絕對重要的。許多時候，人以及他們所從事的工作才是更重要的。在這些情形中，如果一個從事有趣的或特殊的工作的人來課堂上接受訪問，會是更有意義的經歷。人通常都是要表現自己的卓越的，十分願意花時間來從事這種活動。他們可以向孩子們解釋他們的工作，描述他們在工作中使用的一、兩件設備，或者講一個有關他們的工作的故事。

孩子們的家長能夠代表著不同的職業和機構，可以是被邀請的對象。在人們考慮對教育計劃中的學習有積極貢獻的人時，家長可能是最容易被忽視的群體。因此，重要的是，關於教育，要保持和家長的經常的、有效的溝通。這樣，他們將能更好地支持教育計劃，並對它作出貢獻。課堂訪問者的其他來源可以包括來自社區商業和服務機構的代表。

邀請家長來參與

　　家長通常尋求各種方式以便使他們能夠積極地參與到自己孩子的教育中來。無論對教育計劃的書籍和內容，家長的參與都能有利於家長、孩子和教育計劃。透過在計劃中安排家長的參與，兒童們看到其他成人來示範書籍的重要性。這有助於孩子們理解書籍和如何同生活相聯繫。此外，兒童們通常喜歡他們自己的家長訪問課堂這種事情，並爲之感到驕傲。

　　重要的是要對這樣的事實保持敏感：有的家長不能參與。這可能並不是因爲他們不願意參加。有些工作和雇主無法或不能允許家長請假參與他們孩子的課堂活動。當處於這種情況時，其他家庭成員應當被邀請。年長的同胞、姑媽、叔叔、祖父母、通常代表了其他願意和渴望對孩子的教育有所貢獻的人士來源。

　　仔細地計劃一次家長訪問可促成這種活動的成功。邀請家長參加日間的早期晚期活動，可以幫助他們更容易避開工作時間來安排訪問。一星期裡的哪一天合適、嚴寒的氣候、一年裡的什麼季節，以及茶點的準備，都是在計劃邀請家長參與時要考慮的因素。備忘錄和時間表可以爲家長、教師以及計劃本身提供幫助。透過周詳的計劃，所作的安排就不會誤時。制定計劃還可以有助於確保不會疏忽通知、感謝信之類的事宜。爲家長訪問預先建立一個時間表，可以幫助計劃所有有關的事宜。提前通知其他家長訪問的時間，也會是很有幫助的。他們也許能夠參加計劃的制定，或者進一步討論此次訪問以及要給孩子提出的設想。這些內容都可以加強這一計劃和學習。

　　正如計劃中的任何有效的內容一樣，文學和書籍能夠與家長訪問整合在一起。如果家長要訪問課堂，解釋他們的工作例如，烤麵包、律師、水管工、或者汽車修理技師，那麼，讓他們講一個有關的故事會加強這一訪問的效果。這個故事可以由教師或家長挑選。可以向家長介紹資料的來源，以便幫助他們選擇適宜的書籍。例如，可以在所計劃的訪問的兩個星期之

前，把一本Jim Trelease或者Dorothy Butler的圖書目錄送到家裡。這樣，家長可以仔細地考慮大量的故事，選擇出他們認為最適合於他們所要談論的內容的書籍。家長還可以使用自己家裡的、以前因為與自己的職業有關而買的兒童書籍。

以這種方式邀請家長參與教育是一種積極的方法，因為它把家長整合到自己孩子的教育之中。家長的參與還促成利用一種有價值的資源：家長的工作生活。當然，絕大多數家長願意幫助學校教育的日常工作。這些工作包括：烤點心、指導戶外教學、幫助舉辦學校晚會。然而，透過家長參與實際的教育計劃，也為他們提供他們十分看中的尊嚴和身分。

與家長溝通

一個有效的家長參與計劃的關鍵是溝通。家長必須意識到他們的孩子的教育生活中所發生的內容。他們需要知道在課堂中發生什麼事情。他們如何能幫助課堂教育，以及他們在家裡能為孩子們做些什麼。這絕不只是尋常了解一下這個月要學習的主題以及家長給他們的孩子閱讀的建議。這樣的溝通，即使是給予特別的注意，也過於一般化，不會有多大指導作用。

這並不是意味著：必須準備一套完整的家庭指導計劃，去重複課堂上所做的事情。這只是會增加給孩子們的不健康的壓力。相反，如果家長對於正在學習的主題、對為什麼學習這些內容、以及他們希望在家裡閱讀的書籍有更好的見解，他們便處於一種更為積極的參與姿態。這一主張並不是要給任何人施加壓力。著眼點是放在給家長提供充分的信息，以便積極地參與。如果做到了這一點，他們將能夠幫助使他們的孩子的教育生活更富有意義。

通知與通訊

與家長進行正式的和非正式的溝通，是訊息的基本來源。它們可用於通知家長所學習的具體的主題、課堂訪問的時間表、會議通知，以及需要

特殊幫助的特殊計劃。通訊還被用於建議一些與計劃有關的書籍和故事。

問卷和調查

問卷和調查表可以分別地分發，或者登載在通訊上。無論用哪種方式，它們都有助於促進雙向溝通。透過徵詢信息和意見，家長得到機會來提供有關他們的需要和可能的貢獻的訊息。他們可能提供的訊息包括：他們願意參與的課堂訪問，他們可以示範的拿手本事，所關心的問題，以及他們願意參與的活動。

社區代表

在許多情況下，可以從一個計劃中兒童家長的身分列表中找出社區代表來。如果找不到的話，商業部門、市政部門、服務機構以及慈善機構可以作為進行接觸的潛在資源。選擇什麼樣的人，應當以教育計劃和兒童們的學習目的為基礎。隨便邀請一個恰好碰上的人來訪問課堂，並沒有什麼價值。雖然這也可能有娛樂性，但如果這一訪問與教育計劃毫無關係，那它就只是一次消遣而已。

被選擇作課堂訪問的人可以代表一次戶外教學即將訪問的同樣的機構。關鍵是要包括各種各樣的訪問者，他們能專長於計劃中的各個具體的領域。他們可以是銀行職員、護士、音樂家、建築工人、辦公室職員，或者牙科醫生。這樣，他們所選擇給孩子講的書籍就可以是同樣多樣化的。一個律師可以使用Peter spier的《我們人類》（*We the People*），而一個護士則可以使用Melanie Rice & Chris Rice的《關於我》（*All about Me*）。一個牙科醫生可以選擇Bernard Wolf的《邁可與牙醫》（*Michael and the Dentist*），而一個電視氣象預報員則可以讀Mary Szilagyi的《雷雨》（*Thunderstorm*）。一個4-H代表或者農場主可以選擇讀Brenda Cook的《有關農場動物》（*All about Farm Animals*）。

一個氣象預報員的課堂訪問可以配合許多關於暴風雨的書籍中的任何一種
Courtesy Delmar Publishers Inc.

　　課堂訪問要求和戶外敎學同樣的認眞的計劃。儘早作出安排可以幫助
所有相關的人員。在訪問之後你寫的感謝信以及附上的孩子們創作的插圖
或一本語言經驗故事書，通常很受客人讚賞。在訪問之前和之後在家長通
訊上刊登通知，是很有用的。這使家長能透過討論和聽他們的孩子講述這
一經歷來擴展這一學習。

結語

　　絕大多數社區都有大量的資源，它們對幼兒教育非常有用。這些資源可能因地而異，但諸如：消防隊、餐館這樣的場所，在任何地方都是很尋常的。由於學習通常取決於背景知識以及對世界的理解的發展，把一個社區的各種資源包括到教育計劃中來，是非常有益的。運用文學加強一個整合課程的這一部分內容，可以擴展孩子們的學習。

　　一個社區可以被看作由場所人組成。構成社區的場所是多樣化，包括從圖書館到商店到教堂的任何內容。社區的人反映了這種多樣性，絕大多數社區中，有各個領域的工作人員，諸如：銀行、消防隊、音樂、牙醫。無論是帶著孩子去這些工作場所，還是請工作人員來訪問孩子，都能學到很多東西。這種學習可以透過在學習之前和之後運用恰當的、有關的書籍來得到強化。

　　家長可以是幫助安排外出教學和課堂訪問的重要人員。發掘這一資源的一個重要成分，是有效的雙向溝通。這種溝通使家長和教師雙方都能理解兒童們的問題和需要。經由這種溝通，可以計劃更為有效的教育和學習。

思考與討論

1. 有哪些方式可以使兒童們了解他們的社區？
2. 爲什麼戶外教學應當被計劃爲一個整合的教育計劃的一部分？
3. 對於幼兒來說，了解他們的社區爲什麼很重要？
4. 在戶外教學計劃中要考慮的兩個重要方面是什麼？
5. 從一個訪問公共圖書館的戶外教學中，兒童們可以學到那些內容？
6. 什麼時候以及爲什麼應當把閱讀和戶外教學結合使用？
7. 人們應當如何選擇與戶外教學相結合的書籍？
8. 爲什麼一個課堂訪問者能時常提供和戶外教學同樣有意義的經驗？
9. 家長如何能作爲訪問者對兒童的教育作貢獻？
10. 爲什麼有效的溝通對於家長成功地參與教育計劃是十分重要的？
11. 怎樣能使家長／學校溝通更富有意義？

兒童圖書書目

Jon Agee, *The Incredible Paintings of Felix Clousseau* (New York: Farrar, Straus and Giroux, 1988).

David Bennett, *Fire* (New York: Bantam, 1989).

Barbara Bottner, *Zoo Song* (New York: Scholastic, 1987).

Laurene Krasny Brown and Marc Brown, *Visiting the Art Museum* (New York: E. P. Dutton, 1986).

Kay Chorao, *Cathedral Mouse* (New York: E. P. Dutton, 1988).

Miriam Cohen, *Lost in the Museum* (New York: Dell, 1979).

Brenda Cook, *All about Farm Animals* (New York: Doubleday, 1989).

Donald Crews, *Freight Train* (New York: Scholastic, 1989).

Gail Gibbons, *Trains* (New York: Holiday House, 1987).

Margaret Gordon, *The Supermarket Mice* (New York: E. P. Dutton, 1984).

Bianca Lavies, *Lily Pad Pond* (New York: E. P. Dutton, 1989).

Elizabeth Levy, *Something Queer at the Library* (New York: Delacorte, 1977).

James Mayhew, *Katie's Picture Show* (New York: Bantam, 1989).

David McPhail, *Pig Pig and the Magic Photo Album* (New York: E. P. Dutton, 1986).

Tracy Campbell Pearson, *The Storekeeper* (New York: Dial, 1988).

Margaret Rey and A. J. Shalleck, *Curious George Visits a Police Station* (New York: Scholastic, 1989).

Melanie Rice and Chris Rice, *All about Me* (New York: Doubleday, 1987).
    Ann Rockwell, *Big Wheels* (New York: E. P. Dutton, 1986).
    Ann Rockwell, *Cars* (New York: E. P. Dutton, 1984).
    Ann Rockwell, *Fire Engines* (New York: E. P. Dutton, 1986).
    Ann Rockwell, *I Like the Library* (New York: E. P. Dutton, 1977).
    Ann Rockwell, *Planes* (New York: E. P. Dutton, 1985).
    Ann Rockwell, *Trains* (New York: E. P. Dutton, 1988).
    Ann Rockwell, *Trucks* (New York: E. P. Dutton, 1984).
    Millicent E. Selsam, *Backyard Insects* (New York: Four Winds, 1983).
    Marjorie Sharmat and Mitchell Sharmat, *The Pizza Monster* (New York: Delacorte, 1989).

Peter Spier, *We the People* (New York: Doubleday, 1987).

Mary Szilagyi, *Thunderstorm* (New York: Bradbury, 1984).

Vlasta van Kampen and Irene C. Eugen, *Orchestranimals* (New York: Scholastic, 1989).

Bernard Wolf, *Michael and the Dentist* (New York: Four Winds, 1980).

參考文獻

Dorothy Butler, *Babies Need Books* (New York: Atheneum, 1985).

Susan Hill, *Books Alive!* (Portsmouth, New Hampshire: Heinemann, 1989).

Jim Trelease, *The New Read-Aloud Handbook* (New York: Viking Penguin, 1989).

And they all lived happily ever after . . .

附錄A

Books

Annick Press, Firefly Books, 3520 Pharmacy Avenue, Unit 1-C, Scarborough, Ontario, Canada, M1W 2T8

Atheneum Books, Division Macmillan Publishing Company, 866 Third Avenue, New York, New York 10022

Avon Books, 1790 Broadway, New York, New York 10019

Ballantine Books, Division Random House, 201 East 50th Street, New York, New York 10022

R. R. Bowker Company, 205 East 42nd Street, New York, New York 10017

Bradbury Press, Division Macmillan Publishing Company, 866 Third Avenue, New York, New York 10022

Children's Book Council, 67 Irving Place, New York, New York 10003

Children's Press, 1224 West Van Buren Street, Chicago, Illinois 60607

Children's Television Workshop, 1 Lincoln Plaza, New York, New York 10023

Clarion Books, Division Houghton Mifflin Company, 1 Beacon Street, Boston, Massachusetts 02108

Coward-McCann, Division G. P. Putnam's Sons, 200 Madison Avenue, New York, New York 10016

Crowell, Division Harper & Row, 10 East 53rd Street, New York, New York 10022

Crown Publishers, 225 Park Avenue South, New York, New York 10003

Delacorte, Division Doubleday & Company, 245 Park Avenue, New York, New York 10167

Dell Publishing Company, 1 Dag Hammarskjold Plaza, New York, New York 10017

Dial Books, Division E. P. Dutton, 2 Park Avenue, New York, New York 10016

Doubleday & Company, 245 Park Avenue, New York, New York 10167

E. P. Dutton, 2 Park Avenue, New York, New York 10016

Farrar, Straus & Giroux, Division Harper & Row, 19 Union Square West, New York, New York 10003

Four Winds, Division Macmillan, 866 Third Avenue, New York, New York 10022

Golden Books, Division Western Publishing Company, 1220 Mound Avenue, Racine, Wisconsin 53404

Greenwillow, Division William Morrow, 105 Madison Avenue, New York, New York 10016

Grosset & Dunlap, Division G. P. Putnam's Sons, 200 Madison Avenue, New York, New York 10016

Harcourt, Brace Jovanovich, 1250 Sixth Avenue, San Diego, California 92101

Harper & Row, 10 East 53rd Street, New York, New York 10022

Hill & Wang, 19 Union Square West, New York, New York 10003

Holiday House, 18 East 53rd Street, New York, New York 10022

Holt, Rinehart & Winston, 151 Benigno Boulevard, Bellmawr, New Jersey 08031

Houghton Mifflin, 1 Beacon Street, Boston, Massachusetts 02108

Alfred Knopf, Division Random House, 201 East 50th Street, New York, New York 10022

J. B. Lippincott, Division Harper & Row, 10 East 53rd Street, New York, New York 10022

Little, Brown and Company, 34 Beacon Street, Boston, Massachusetts 02106

Lothrop, Lee & Shepard, Division William Morrow, 105 Madison Avenue, New York, New York 10016

McGraw-Hill, 1221 Avenue of the Americas, New York, New York 10020

Macmillan Publishing Company, 866 Third Avenue, New York, New York 10022

William Morrow, 105 Madison Avenue, New York, New York 10016

Mulberry Books, Division William Morrow, 105 Madison Avenue, New York, New York 10016

Pantheon Press, Division Random House, 201 East 50th Street, New York, New York 10022

Parents Magazine Press, Division E. P. Dutton, 2 Park Avenue, New York, New York 10016

Philomel Books, Division G. P. Putnam's Sons, 200 Madison Avenue, New York, New York 10010

Prentice Hall, 1230 Avenue of the Americas, New York, New York 10020

Price, Stern and Sloan, 360 North La Cienega Boulevard, Los Angeles, California 90048

Puffin Books, Division Viking Penguin, 40 West 23rd Street, New York, New York 10010

G. P. Putnam's Sons, 200 Madison Avenue, New York, New York 10010

Raintree Publications, 330 East Kilbourn Avenue, Milwaukee, Wisconsin 53202

Random House, 201 East 50th Street, New York, New York 10022

Scholastic, 2931 East McCarthy Street, Jefferson City, Missouri 65102

Scott Foresman, 1900 East Lake Avenue, Glenview, Illinois 60025

Charles Scribner's Sons, Division Macmillan, 115 Fifth Avenue, New York, New York 10003

Simon & Schuster, 1230 Avenue of the Americas, New York, New York 10020

Troll Associates, 320 Route 17, Mahwah, New Jersey 07430

Viking Penguin, 40 West 23rd Street, New York, New York 10010

Franklin Watts, 387 Park Avenue, New York, New York 10016

Western Publishing, 1220 Mound Avenue, Racine, Wisconsin 53404

Albert Whitman, 5747 West Howard Street, Niles, Illinois 60648

Workman Publishing, 708 Broadway, New York, New York 10003

Book Clubs

Walt Disney Music, Discovery Series, Department 5W5, 5959 Triumph Street, Commerce, California 90040

Firefly Book Club, Scholastic, 2931 East McCarthy Street, P.O. Box 7503, Jefferson City, Missouri 65102

Parents Magazine Read-Aloud Book Club, 1 Parents Circle, P.O. Box 10264, Des Moines, Iowa 50336

Seesaw Book Club, Scholastic, 2931 East McCarthy Street, P.O. Box 7503, Jefferson City, Missouri 65102

Sesame Street Book Club, Golden Press, 120 Brighton Road, Clifton, New Jersey 07012

Dr. Seuss and His Friends, The Beginner Readers Program, Department ZBU, Grolier Enterprises, P.O. Box 1797, Danbury, Connecticut 06816

Troll Book Club, 320 Route 17, Mahwah, New Jersey 07498

Trumpet Book Club, P. O. Box 604, Holmes, Pennsylvania 19043

Weekly Reader Children's Book Club, 4343 Equity Drive, P.O. Box 16613, Columbus, Ohio 43216

Big Books

Delmar Publishers, 2 Computer Drive West, Albany, New York 12212

Goldencraft-Children's Press, Western Publishing, 5440 North Cumberland Avenue, Chicago, Illinois 60656

Learning Well, Department DF, 200 South Service Road, Roslyn Heights, New York 11577

Random House, Department 436, 400 Hahn Street, Westminster, Maryland 21157

Rigby, P.O. Box 797, Crystal Lake, Illinois 60014

Scholastic, P.O. Box 7501, 2931 East McCarthy Street, Jefferson City, Missouri 65102

Wright Group, 10949 Technology Place, San Diego, California 92127

附錄B

DATE	TITLE	AUTHOR/ILLUSTRATOR
1938	*Animals of the Bible*	Helen Dean Fish/Dorothy P. Lathrop
1939	*Mei Li*	Thomas Handforth
1940	*Abraham Lincoln*	Ingri and Edgar Parin D'Aulaire
1941	*They Were Good and Strong*	Robert Lawson
1942	*Make Way for Ducklings*	Robert McCloskey
1943	*The Little House*	Virginia Lee Burton
1944	*Many Moons*	James Thurber/ Louis Slobodkin
1945	*Prayer for a Child*	Rachel Field/Elizabeth Orton Jones
1946	*The Rooster Crows*	Traditional/Maud and Miska Petersham
1947	*The Little Island*	Golden MacDonald/Leonard Weisgard
1948	*White Snow, Bright Snow*	Alvin Tresselt/Roger Duvoisin
1949	*The Big Snow*	Berta & Elmer Hader
1950	*Song of the Swallows*	Leo Politi
1951	*The Egg Tree*	Katherine Milhous
1952	*Finders Keepers*	William Lipkind/Nicholas Mordvinoff
1953	*The Biggest Bear*	Lynd Ward
1954	*Madeline's Rescue*	Ludwig Bemelmans
1955	*Cinderella, or The Glass Slipper*	(Trad.) Charles Perrault/Marcia Brown
1956	*Frog Went A-Courtin*	ed. John Langstaff/Feodor Rojankovsky
1957	*A Tree Is Nice*	Janice May Undry/Marc Simont
1958	*Time of Wonder*	Robert McCloskey
1959	*Chanticleer and the Fox*	(Adaptation) Geoffrey Chaucer/Barbara Cooney
1960	*Nine Days to Christmas*	Marie Hall Ets and Aurora Labastida/Marie Hall Ets

1961	*Baboushka and the Three Kings*	Ruth Robbins/Nicolas Sidakov
1962	*Once a Mouse*	Marcia Brown
1963	*The Snowy Day*	Ezra Jack Keats
1964	*Where the Wild Things Are*	Maurice Sendak
1965	*May I Bring a Friend?*	Beatrice Schenk DeRegniers/Beni Montresor
1966	*Always Room for One More*	Sorche Nic Leodhas/Nonny Hogrogian
1967	*Sam, Bangs & Moonshine*	Evaline Ness
1968	*Drummer Hoff*	Barbara Emberly/Ed Emberly
1969	*The Fool of the World*	Arthur Ransome/Uri
1970	*Sylvester and the Magic Pebble*	William Steig
1971	*A Story–A Story*	Gail E. Haley
1972	*One Fine Day*	Nonny Hogrogian
1973	*The Funny Little Woman*	(Retold) Arlene Mosel/Blair Lent
1974	*Duffy and the Devil*	Harve Zemach/Margot Zemach
1975	*Arrow to the Sun*	(Adaptation) Gerald McDermott
1976	*Why Mosquitoes Buzz in People's Ears*	(Retold) Verna Aardema/Leo and Diane Dillon
1977	*Ashanti to Zulu: African Traditions*	Margaret Musgrove/Leo & Diane Dillon
1978	*Noah's Ark*	Peter Spier
1979	*The Girl Who Loved Wild Horses*	Paul Goble
1980	*Ox-Cart Man*	Donald Hall/Barbara Cooney
1981	*Fables*	Arnold Lobel
1982	*Jumanji*	Chris Van Allsburg
1983	*Shadow*	(Translation) Blaise Cendrars/Marcia Brown
1984	*The Glorious Flight: Across the Channel with Louis Bieriot*	Alice and Martin Provensen
1985	*St. George and the Dragon*	(Retold) Margaret Hodges/Trina Schart Hyman
1986	*The Polar Express*	Chris Van Allsburg
1987	*Hey Al*	Arthur Yorinks/Richard Egielski
1988	*Owl Moon*	Jane Yolen/John Schoenherr
1989	*Song and Dance Man*	Karen Ackerman/Stephen Gammell
1990	*A Red-Riding Hood Story from China*	Lon Po Po/Ed Young (illustrator and translator)

附録C

The following are the all-time best selling children's hardbound books in the United States, according to Publishers Weekly:

1. *The Tale of Peter Rabbit* by Beatrix Potter
2. *Pat the Bunny* by Dorothy Kunhardt
3. *The Littlest Angel* by Charles Tazewell
4. *The Cat in the Hat* by Dr. Seuss
5. *Green Eggs and Ham* by Dr. Seuss
6. *The Children's Bible*
7. *The Real Mother Goose* illustrated by Blanche F. Wright
8. *Richard Scarry's Best Word Book Ever* by Richard Scarry
9. *One Fish, Two Fish, Red Fish, Blue Fish* by Dr. Seuss
10. *Hop on Pop* by Dr. Seuss

幼兒文學　　　　　　　　　　　　　　　愛彌兒叢書 5

著　　　者☞Walter Sawyer & Diana E. Comer
譯　　　者☞ 墨高君
校　　　閱☞ 吳幸玲
出 版 者☞ 揚智文化事業股份有限公司
發 行 人☞ 葉忠賢
執行編輯☞ 賴筱彌
文字編輯☞ 鄭美珠
登 記 證☞ 局版北市業字第 1117 號
地　　　址☞ 台北市新生南路三段 88 號 5 樓之 6
電　　　話☞886-2-23660309　23660313
傳　　　真☞886-2-23660310
郵政劃撥☞14534976
印　　　刷☞ 偉勵彩色印刷股份有限公司
法律顧問☞ 北辰著作權事務所　蕭雄淋律師
初版四刷☞1998 年 8 月
定　　　價☞ 新台幣 350 元
I S B N ☞957-9272-48-4
E-mail ☞ufx0309@ms13.hinet.net

國立中央圖書館出版品預行編目資料

幼兒文學：在文學中成長／*Walter Sawyer,*
Diana E. Comer 合著；墨高君譯. --初版.
--臺北市：揚智文化，*1996*〔民*85*〕
面；　公分.　　　（愛彌兒叢書；6）
譯自：*Growing up with literature*
含參考書目
ISBN 957-9272-48-4(平裝)

*1.*學前教育－教學法　*2.*兒童文學－教學
法　*3.*閱讀法

523.2　　　　　　　　　　　　*84012720*